O Teatro Laboratório de Jerzy Grotowski 1959-1969

© by Jerzy Grotowski, dos textos de Jerzy Grotowski. Todos os direitos reservados.
© by Ludwik Flaszen, dos textos de Ludwik Flaszen
© by Eugenio Barba, do texto de Eugenio Barba

© 2001 by Ludwik Flaszen e Carla Pollastrelli, da curadoria do livro

SERVIÇO SOCIAL DO COMÉRCIO – SESC SP
ADMINISTRAÇÃO REGIONAL NO ESTADO DE SÃO PAULO

Presidente do Conselho Regional
Abram Szajman
Diretor do Departamento Regional
Danilo Santos de Miranda

Superintendente de Comunicação Social
Ivan Giannini
Superintendente Técnico Social
Joel Naimayer Padula
Superintendente de Administração
Luiz Deoclécio Massaro Galina
Superintendente Assessoria Técnica e de Planejamento
Sérgio José Battistelli

Edições SESC SP

Gerente
Marcos Lepiscopo
Adjunto
Évelim Lúcia Moraes
Coordenação Editorial
Clívia Ramiro
Produção Editorial
Juliana Gardim
Colaborador
Marta Colabone

EQUIPE DE REALIZAÇÃO

Supervisão Editorial
J. Guinsburg
Revisão de Texto
Lilian Miyoko Kumai
Iracema A. de Oliveira
Carla Pollastrelli
Produção
Ricardo W. Neves
Sergio Kon
Raquel Fernandes Abranches

O Teatro Laboratório de Jerzy Grotowski
1959-1969

Textos e materiais de Jerzy Grotowski e Ludwik Flaszen
com um escrito de Eugenio Barba

Curadoria de Ludwik Flaszen e Carla Pollastrelli
com a colaboração de Renata Molinari

Tradução para o português: Berenice Raulino

Fondazione
Pontedera Teatro

1ª edição, São Paulo: Perspectiva/Edições SESC SP, 2007.
2ª edição, São Paulo: Perspectiva/Edições SESC SP, 2010.

Dados Internacionais de Catalogação na Publicação (CIP)
(Câmara Brasileira do Livro, SP, Brasil)

O Teatro Laboratório de Jerzy Grotowski 1959-1969 / textos e materiais de Jerzy Grotowski e Ludwik Flaszen com um escrito de Eugenio Barba; curadoria de Ludwik Flaszen e Carla Pollastrelli com a colaboração de Renata Molinari; tradução para o português Berenice Raulino. – São Paulo: Perspectiva: Edições SESC SP; Pontedera, IT: Fondazione Pontedera Teatro, 2010.

Título original: Il Teatr Laboratorium di Jerzy Grotowski 1959-1969
2ª edição
ISBN 978-85-273-0783-3 – Perspectiva
ISBN 978-85-98112-35-0 – Edições SESC SP

1. Grotowski, Jerzy 2. Teatro - História 3. Teatro - Polônia 4. Teatro Laboratório I. Grotowski, Jerzy. II. Flaszen, Ludwik. III. Barba, Eugenio. IV. Pollastrelli, Carla. V. Molinari, Renata.

07-1583   CDD-792.02

Índices para catálogo sistemático:
1. Teatro Laboratório : Artes da representação 792.02

2ª edição
[PPD]

Direitos reservados em língua portuguesa a

EDITORA PERSPECTIVA LTDA.

Av. Brigadeiro Luís Antônio, 3025
01401-000 São Paulo SP Brasil
Telefax: (11) 3885-8388
www.editoraperspectiva.com.br

SESC São Paulo
Edições SESC SP

Av. Álvaro Ramos, 991
03331-000 São Paulo SP Brasil
Tel.: (55 11) 2607-8000
edicoes@edicoes.sescsp.org.br
www.sescsp.org.br

2019

SUMÁRIO

Danilo Santos de Miranda
p. 9   O Mundo, o Palco e a Inversão dos Papéis

Roberto Bacci e Cacá Carvalho
p. 11   Lembrança de um Sorriso

Carla Pollastrelli
p. 13   Prefácio

Ludwik Flaszen
p. 17   De Mistério a Mistério: Algumas Considerações em Abertura

AS ENERGIAS DA GÊNESE

Jerzy Grotowski
p. 35   Invocação para o Espetáculo *Orfeu*

Jerzy Grotowski
p. 37   Alfa-Ômega

Jerzy Grotowski
p. 38   Brincamos de Shiva

Jerzy Grotowski
p. 40   Farsa-Misterium

Jerzy Grotowski
p. 48   A Possibilidade do Teatro

Ludwik Flaszen
p. 75   Os Antepassados e *Kordian* no Teatro das 13 Filas

Ludwik Flaszen
p. 85   O Teatro Condenado à Magia

Ludwik Flaszen
p. 87 A Arte do Ator

Ludwik Flaszen
p. 91 Hamlet no Laboratório Teatral

Eugenio Barba
p. 98 Rumo a um Teatro Santo e Sacrílego

PRÁTICAS NA EXPANSÃO

Jerzy Grotowski
p. 105 Em Busca de um Teatro Pobre

Ludwik Flaszen
p. 113 Depois da Vanguarda

Jerzy Grotowski
p. 119 Teatro e Ritual

Jerzy Grotowski
p. 137 A Voz

Jerzy Grotowski
p. 163 Exercícios

Jerzy Grotowski
p. 181 Sobre a Gênese de *Apocalypsis*

A PERSPECTIVA PELO AVESSO

Jerzy Grotowski
p. 199 O Que Foi

Jerzy Grotowski
p. 212 O Diretor como Espectador de Profissão

Jerzy Grotowski
p. 226 Da Companhia Teatral à Arte como Veículo

p. 245 Teatrografia

Nota dos curadores

Nas diversas seções, os textos são acompanhados por uma breve informação relativa às circunstâncias da composição e a destinação de uso. Isso especialmente para os textos inéditos.

No que diz respeito aos textos de Jerzy Grotowski que já apareceram em revista ou em volume, os curadores seguiram as disposições de Thomas Richards e de Mario Biagini – aos quais foram confiados pelo autor a tutela e os direitos dos próprios textos – com relação às versões a serem consideradas "definitivas" para cada escrito. Isso considerando-se o fato de que em muitos casos o autor submeteu os próprios escritos a um constante trabalho de revisão e de retradução.

Para cada texto de Jerzy Grotowski são fornecidas (em uma nota no fim, na ordem) a indicação da primeira publicação e da versão indicada como "definitiva" pelo autor.

Assinala-se também a primeira publicação em volume juntamente com outras indicações consideradas relevantes para a história dos textos.

Danilo Santos de Miranda*

O Mundo, o Palco e a Inversão dos Papéis

Logo após ter-se incorporado ao Teatro Laboratório, ainda na cidade de Opole, Ryszard Cieślak, aquele que viria a ser o principal ator e, durante anos, o mais próximo colaborador de Grotowski, ouviu do encenador o seguinte comentário: "Representamos tão completamente na vida que, para fazer teatro, bastaria cessar a representação".

A frase poderia ser apenas uma retomada da ideia barroca de que o mundo é, todo ele, teatro, se não se convertesse em regra de uma dramatização visceralmente despojada. Aliás, em um dos primeiros textos desta coletânea aqui editada, "Brincamos de Shiva", podemos ler: "O teatro indiano antigo, como o japonês antigo e o helênico, era um ritual que identificava em si a dança, a pantomima, a atuação. *O espetáculo não era representação da realidade (construção da ilusão)*, mas *dançar* a realidade (uma construção artificial, algo como uma 'visão rítmica' voltada à realidade)".

Tais indícios nos levam a pensar, e o cremos sem despropósitos, que talvez Grotowski buscasse no teatro muito mais uma forma de vida – que se poderia qualificar de autêntica ou de íntegra – do que uma realização dramática tradicional. Pois a primeira constatação que enuncia no "Em Busca de um Teatro Pobre" diz que o ritmo de vida da civilização moderna se caracteriza justamente por atos demasiadamente medidos, por tensões, por um sentimento de predestinação e morte, pelo desejo de ocultar os verdadeiros motivos pessoais e assumir, ao contrário, uma variedade de papéis e de máscaras. Ou seja, na vida corriqueira já somos atores.

E o que oferece o teatro, em contrapartida? Para aquele que sai do papel trivial da vida para consagrar-se ao papel reservado da cena, a arte dramática permite dedicar-se a motivos mais elevados, autoriza a retirada

*. Diretor do Departamento Regional do Sesc São Paulo

das máscaras sociais e torna possível uma ação completa, qual seja, a de uma união física e espiritual. Essa experiência, evidentemente, só se justifica de modo pleno quando oferecida a um espectador. De preferência, na intimidade de um espaço ao mesmo tempo laico, por sua natureza, mas sagrado nas intenções, e no qual aconteça, finalmente, "a emergência de um só". O ator cênico teria pois em seu ministério não só a preocupação de alcançar uma essência teatral, mas também a de revelar uma pobreza quase mística, quer dizer, despida dos falsos caracteres do mundo, ainda que considerados indispensáveis à sobrevivência pessoal ou à convivência social.

O SESC de São Paulo teve a rara oportunidade de acolher Jerzy Grotowski e seu último grande colaborador, Thomas Richards, entre o final do mês de setembro e o início de outubro de 1996, ocasião em que promoveu três atividades bastante concorridas: um simpósio de três dias no Teatro Anchieta, sob o título de *A Arte como veículo*; duas sessões comentadas do documentário de Mercedes Gregory, a respeito dos métodos aplicados no Workcenter de Pontedera, efetuadas no CineSesc; e uma demonstração livre do método, realizada nas dependências da Pinacoteca do Estado.

É claro que a organização do evento constituiu um fato de importância na história das realizações teatrais do Brasil e de nossa instituição. Mas como os que puderam dele participar não foram, compreensivelmente, muitos, temos agora uma ocasião favorável de ampliarmos a experiência a um público bem maior, constituído por pesquisadores, estudantes e aficcionados, nele incluídas as atuais e as futuras gerações. Essa possibilidade nos é dada, mais uma vez, pela editora Perspectiva, cujo catálogo de textos dedicados ao universo teatral continua insuperável em nosso país.

Roberto Bacci e Cacá Carvalho

Lembrança de um Sorriso

Ler ou reler hoje os escritos teatrais de Jerzy Grotowski equivale a parar o tempo, a mergulhar em um conhecimento que não permite aproximações ou improvisações, um conhecimento em que cada termo utilizado é a síntese de uma experiência rigorosa: palavras que servem mais para trabalhar do que para definir.

Mesmo assim, passando de boca a boca, de cabeça a cabeça, também essas palavras se cansaram, perdendo a necessária aderência com a própria origem; assim, viajando pelo mundo, escutamos muitas vezes termos grotowskianos que eram seguidos por perguntas sobre Grotowski. Foi o encontro com uma grande adesão emotiva em relação a um mito do trabalho teatral, cuja linguagem tão rigorosa se coloria porém, às vezes, com as necessidades, as expectativas e a imaginação de quem falava ou de quem perguntava, até perder o sentido original.

Então era melhor calar, evitar a confusão ou a ambiguidade que o eco de cada palavra repetida traz consigo, conscientes porém da necessidade, por parte de muitos, de conhecer mais para compreender melhor.

Este livro com curadoria de Carla Pollastrelli e Ludwik Flaszen, construído com o rigor necessário e uma especial atenção às traduções, pode concretamente ajudar a reaproximar as palavras de Grotowski de sua verdadeira prática, trazendo a quem o ler uma atenção e uma consciência novas sobre aquilo que foi o real trabalho teatral de Grotowski e do Teatro Laboratório.

Tivemos por anos o privilégio (nem sempre cômodo) de estarmos próximos a Grotowski; Jerzy foi para nós primeiro um colega, depois um amigo e, em um sentido muito especial, um mestre.

Grotowski foi um grande diretor que conseguiu livrar-se do teatro justamente para reafirmar o valor dele e este livro, voltando às raízes, à força original da sua investigação, servirá certamente também para compreender melhor o que Grotowski empreendeu "depois" da fase teatral. Nesse sentido pode ser um instrumento importante de aprofundamento para todos aqueles que, em outubro de 1996, foram de modos diversos testemunhas e participantes do extraordinário projeto do Workcenter of Jerzy Grotowski and Thomas Richards em São Paulo, realizado por iniciativa do Sesc.

Destas páginas, do seu passado teatral, Grotowski nos fala, se soubermos lê-lo, do nosso futuro e do futuro do teatro mesmo.

Aos tantos colegas brasileiros que terão nas mãos este livro gostaríamos, por fim, de dar um presente que é também uma advertência. Grotowski era uma pessoa doce que todavia incutia sujeição e é difícil exprimir como esses dois contrários se manifestavam nele ao mesmo tempo. Se o observamos com os olhos da memória, podemos dizer hoje que o ponto de encontro dessas duas diferentes vibrações da sua personalidade estava em um singular sorriso: um sorriso pelo qual nos sentíamos observados, mas no qual podíamos nos abandonar com confiança.

Lendo estas páginas, nos lembramos daquele sorriso.

Setembro de 2006

P.S. A publicação em português deste livro é um projeto da Casa Laboratório para as Artes do Teatro, o grupo de trabalho que há dois anos funciona em São Paulo sob a direção artística de Cacá Carvalho e da Fondazione Pontedera Teatro; faz parte das atividades que a Casa Laboratório realiza no âmbito da cultura teatral compartilhando com as pessoas de teatro brasileiras um patrimônio de conhecimentos, documentos, práticas, metodologias: instrumentos essenciais do fazer artístico.

Em nome de Grotowski, fez-se promotor desta iniciativa editorial, que é ao mesmo tempo uma iniciativa "teatral", o SESC São Paulo, que há dez anos tornou possível o encontro entre o mestre polonês e artistas e estudiosos chegados de todo o Brasil e da América Latina e que hoje apoia, com a costumeira visão de longo alcance, as atividades da Casa Laboratório.

Carla Pollastrelli

Prefácio

No outono de 1999, vários meses depois do desaparecimento de Grotowski, aflorou nos meus colegas – Roberto Bacci e Luca Dini – e em mim mesma o desejo, talvez a necessidade, de pensar um encontro que nos permitisse "reescutar", reconfrontar-nos com um patrimônio vivo e ainda agora provocante. Aquele patrimônio de impulsos, sugestões, audácia, sabedoria que, de modos diversos, continua a ser tão importante na biografia profissional e pessoal daqueles que nos anos setenta deram vida ao Teatro di Pontedera e depois, nos anos oitenta criaram as condições para a atividade do Workcenter of Jerzy Grotowski and Thomas Richards. Ainda não estava claro, naquela primeira fase de elaboração, se o encontro deveria ser na forma de seminário ou de congresso, mas com certeza não seria um congresso "in memoria". Antes um espaço onde dar voz aos protagonistas e testemunhas da experiência do Teatro Laboratório; uma ocasião adequada para criar uma ponte com as gerações de artistas e estudiosos para os quais Grotowski é um nome ou um capítulo nos livros de história do teatro – quase uma figura lendária.

No decorrer de longas conversas (algumas com a participação de Thomas Richards e Mario Biagini) tomou forma o projeto total com o título *Jerzy Grotowski: Passado e Presente de uma Pesquisa*, subdividido em três fases, a primeira das quais, dedicada ao Teatro Laboratório entre Opole e Wrocław, ocorreu em Pontedera em outubro de 2001.

De minha parte, aproveitando a oportunidade do congresso, havia também a vontade de reunir alguns escritos de Grotowski, publicados em revistas inencontráveis e portanto de fato inéditos, e propor sua publicação como materiais de trabalho. Eu tinha em mente sobretudo certos escritos de caráter metodológico, que na realidade descobrem um horizonte bem além da metodologia ("Teatro e Ritual", "Exercícios", "A Voz"), mas queria republicar também o texto canônico

"Em Busca de um Teatro Pobre", em uma nova tradução, segundo a vontade do autor. Ao mesmo tempo Ludwik Flaszen me enviara algumas páginas inéditas – "arqueo" ou "paleo" Grotowski, como ele as definia – encontradas no seu arquivo particular.

Em novembro de 2000 organizamos em Pontedera um encontro preparatório do congresso para o qual convidamos os amigos do Centro de Documentação de Wrocław na Polônia e, evidentemente, Ludwik Flaszen. E foi naquela ocasião, graças à sua contribuição e às suas propostas, que se fechou o cerco, foi lá que tomou forma esta publicação na sua composição atual, bem mais ampla do que o meu projeto inicial. Restava-me apenas iniciar o trabalho das traduções.

Por muitos anos, ainda antes de trabalhar junto a Grotowski em Pontedera, fiz parte da "confraria" dos tradutores tendo feito voto de fidelidade à "literalidade" da palavra dita e do texto original; um voto trabalhoso que induz a desenvolver uma espécie de língua franca: às vezes eficaz como uma lâmina, às vezes um tanto deselegante e tortuosa. Frequentemente, nos meses de trabalho nas traduções, parecia-me ouvir de novo a voz de Grotowski: a sua voz que falava no ritmo dos escritos – a maioria transcrições de conferências – e a sua voz que requeria a fidelidade, a palavra precisa. Voltavam-me à mente as longas sessões noturnas junto com ele a procurar os verbos, as preposições, a forçar – às vezes reinventar – a língua, fazer as frases tropeçarem para que também o leitor tropeçasse e se detivesse. E os primeiros obstáculos que põe o italiano são justamente termos como "recitare", "interpretare", semanticamente muito distantes da prática teatral de Grotowski; o outro problema é a carência de termos técnicos apropriados para denotar as diversas abordagens do trabalho nos ensaios. Apesar das dificuldades da tradução, a longa convivência com os textos desta coletânea foi uma aventura apaixonante que me permitiu, entre outras coisas, encontrar companheiros de armas de outros empreendimentos dos anos passados, como o número monográfico de *Sipario* dedicado ao Teatro Laboratório, publicado em 1980. Renata Molinari – que seguiu de perto muitos projetos e passagens de Grotowski e do Teatro Laboratório e aqui deu uma insubstituível contribuição de competência, rigor, dedicação – era a curadora, enquanto minhas eram as traduções dos textos do polonês. Mas penso também nas pessoas que, nos anos em que Grotowski esteve em Pontedera, se empenharam em pontuais traduções, em diversas línguas, dos seus textos ou das transcrições de encontros. Com elas, em certos períodos, criara-se uma espécie de trabalho transversal de tradução que levava como resultado a versões "definitivas" ou a novos "originais" que substituíam aqueles de início.

Este livro me propiciou longas sessões de trabalho, que tinham sempre o traço emocionante da descoberta, com Ludwik Flaszen.

Lembro-me de um encontro em um café de Paris onde se apresentou com um envelope volumoso que continha os tesouros das páginas "paleo" e começou a seguir as pegadas da primeira aparição de palavras como "arquétipo", "signo" e depois "teatro pobre". Flaszen, que como autor é praticamente desconhecido fora da Polônia, foi um guia extraordinário e indispensável através dos textos dos inícios (dos quais redigiu as notas bibliográficas) e me parece importante publicar aqui alguns dos seus escritos dos anos sessenta, além do magistral prefácio, composto para este volume.

O caráter inicial de coletânea de materiais explica algumas peculiaridades no aspecto gráfico desta publicação, por exemplo o fato que os diversos textos – sobretudo na seção "paleo" – apresentem uma impostação gráfica não homóloga. Quis-se manter, nos limites do possível, as características dos originais; veja-se particularmente "A Possibilidade do Teatro", com os negritos, subnegritos, itálicos e listas esquemáticas. Trata-se de uma brochura de 1962 que associa a declaração de princípios teóricos e metodológicos, aplicados também a cada um dos espetáculos, com evidentes intenções promocionais; englobando amplos fragmentos de críticas, com a malícia de não omitir uma crítica arrasadora, saída sob pseudônimo no órgão cotidiano do partido (mas o nome do jornal foi omitido!). Nesse sentido note-se que as matérias, publicadas em jornais e revistas importantes da época, devem-se em parte aos "grandes nomes" da crítica polonesa.

Nos textos adotou-se, por outro lado, de modo homogêneo a denominação "Teatro Laboratório", seguindo o hábito de Grotowski que costumava traduzir o nome original "Teatr Laboratorium" nas línguas em que falava ou escrevia.

Enfim, esta coletânea se fecha com uma teatrografia para a qual me reportei amplamente a Zbigniew Osiński – definido por Flaszen como "Heródoto" do Teatro Laboratório – a quem vai também o mérito de ter tirado dos arquivos e do esquecimento as páginas de "Brincamos de Shiva".

A cinco anos da primeira publicação na Itália, esta primeira edição em língua portuguesa vê a luz – não por acaso no Brasil – graças a uma feliz conspiração: o empenho do SESC São Paulo, instituição que ostenta já uma tradição de projetos em nome de Grotowski; a adesão partícipe de Jacó Guinsburg e da sua editora Perspectiva; as atividades no âmbito da cultura teatral da Casa Laboratório para as Artes do Teatro. Todavia este empreendimento não teria sido possível sem o trabalho apaixonado, competente e paciente de Berenice Raulino sobre as traduções. Berenice aceitou confrontar comigo, durante extenuantes sessões telefônicas, a versão em português de todos os textos deste volume, no esforço incansável de descobrir a solução mais fiel ao original, aceitando manter todas as asperezas da língua falada original e a peculiar linguagem de Grotowski.

Para terminar, o meu pensamento vai para Cacá Carvalho, para Márcio Medina e para os colegas mais jovens do grupo da Casa Laboratório: para o seu entusiasmo contagiante, a sua curiosidade, o seu empenho na aventura do teatro. A eles dedico este trabalho, semente de novos encontros e travessias, entre Itália e Brasil.

Setembro de 2001 – outubro de 2006

Ludwik Flaszen

De Mistério a Mistério:
Algumas Considerações em Abertura

Esse volume é uma coletânea de textos: esquecidos, memoráveis mas dificilmente acessíveis, publicados há muito tempo e apenas em polonês. O *status* editorial de alguns deles é tal que é como se nunca tivessem sido publicados.

Viram a luz no intervalo de alguns decênios. O primeiro texto traz a data de 1959, o último: 1992. Referem-se – independentemente do período em que foram escritos ou publicados – àquela fase da atividade do Teatro Laboratório dirigido por Jerzy Grotowski que ele – na sua individual peregrinação criativa – definirá depois de anos como a inicial: "o teatro dos espetáculos".

Compõem o volume – por iniciativa do editor e com o generoso consenso dos herdeiros de Grotowski – também algumas páginas antediluvianas do subscrito, em cujo carma foi inscrito o papel de cofundador e coanimador do Teatro Laboratório, além de "advogado do diabo" de Grotowski, em uma osmose que durou muitos anos. Aqueles escritos esparsos faziam parte, certa época, dos textos fundadores, enquanto hoje são o testemunho modesto de algo que superou o autor. Reimprimimos também um texto importante daquela época, cujo autor é Eugenio Barba, assistente de Grotowski – de 1962 a 1963 – no trabalho sobre *Akropolis* e sobre *A Trágica História do Doutor Fausto*. Ele, além disso, anotou com agudeza aquelas experiências e foi engenhoso apóstolo delas no mundo, antes de imprimir a própria marca no teatro do nosso tempo.

Evidentemente esta é sobretudo uma coletânea de escritos de Grotowski. Certamente não substitui a leitura do clássico *Em Busca de um Teatro Pobre*: integra-a significativamente. Não está excluído que ela permita que o leitor atento corrija algumas certezas relativas ao Teatro Laboratório nos anos entre 1959 e 1969.

No princípio era o ato, mas – por sorte – era também a palavra. A leitura do paleo-Grotowski, como influirá na efígie, fixada na história e na lenda, do mestre de Opole e de Pontedera? Mudará alguma coisa? E o que ao contrário confirmará?

Talvez esses textos, organizados aqui em ordem rigorosamente cronológica, que aparecem em um mundo tão diverso daquele em que nasceu o Teatro Laboratório e quando Grotowski já não está mais entre nós, esses textos, essas sequências de palavras escritas em tempos diversos, se maravilharão por si mesmos, com a própria proximidade recíproca nestas folhas e com a proximidade com o ano 2001.

Grotowski amava repetir – para dizer a verdade com o passar do tempo – que as palavras e as definições não têm grande importância, que de bom grado podia substituir uma fórmula ou uma palavra. Porque só a prática, só o ato conta. No entanto, a ideia de fixar as próprias experiências na palavra talvez não o tenha jamais abandonado. E também no papel impresso anunciou ao mundo os seus propósitos reformadores e rebeldes, sobretudo na juventude.

Antes que nos encontrássemos no trabalho sobre a construção do Teatro Laboratório, ele tinha provavelmente notáveis ambições literárias. Escrevia poesias, tendo superado a idade canônica da adolescência para essa ocupação. Antes de conhecê-lo pessoalmente, entre 1956 e 1958, eu lia os seus artigos na imprensa, sobretudo local. Tinha a pena pesada e ávida de exprimir tudo de uma vez, inclusive o sentido último da Vida e do Cosmo; também os seus primeiros espetáculos em Cracóvia e no Teatro Laboratório eram assim, mas com lampejos de talento diretorial. Se a grandeza cresce sobre um certo fracasso ontológico, arriscaria a afirmação de que a sua cresceu sobre o fracasso literário.

Porém persistia nos esforços: a obstinação era um dos segredos do seu gênio. Restituiu a palavra ao serviço da vocação que lhe é própria. Mestre inigualável da palavra falada, magnífico retórico e – por assim dizer – pregador, mas também sofista refinado, até o fim parecia esperar o momento oportuno, escolhido sempre de modo premeditado, para pronunciar-se também por escrito, na página impressa. Consciente das próprias carências literárias, frequentemente usava a forma da entrevista. E se valia da ajuda de escribas devotos e humildes, a cuja corporação também eu, livre homem de pena de renome próprio, me vi pertencer, quando me foi pedida ajuda na redação de um certo texto seu... Mais de um entre os pertencentes à corporação de bom grado hoje pode testemunhar – junto com os tradutores desses escritos de uma língua a outra, e nem sempre estava claro qual fosse a língua do original – como Grotowski-Autor-da-Mensagem-Verbal travava batalhas maniacais de horas e horas para cada palavra: a única capaz de exprimir exatamente o seu pensamento além das barreiras linguísticas.

Nesse Fausto, faminto por espaços infinitos, hospedava o pedante teimoso e meticuloso Wagner de robe, que velava sobre a apropriada articulação dos desejos desmesurados do patrão.

Apesar daquilo que repetidamente declarou, Grotowski atribuía às palavras uma enorme importância. Como se de uma certa enunciação no papel impresso, e até mesmo de uma palavra ou de uma fórmula, dependesse o mais alto ser ou não ser. Se se prescinde do problema das gafes políticas, que podiam custar caro no mundo precedente à queda do muro de Berlim, o que era para ele essencial nessa meticulosidade linguística? A Santíssima Precisão – Nossa Senhora da sua vida? A eficácia da palavra como apelo ao inconsciente do destinatário? A fé na força do Logos – apesar de si e da convicção declarada – até mesmo na sua mísera forma discursiva? O fato de que aquilo que não é formulado com palavras não existe, ou não existe suficientemente? Assim como para aqueles da geração de hoje não existe o que não seja fixado em forma de imagem em movimento...

Aliás, não sem afã os textos de Grotowski atingiram a forma definitiva. Era como o legendário pintor que percorria os museus onde estavam expostas as suas obras-primas e as corrigia às escondidas. Grotowski fazia correções inexoravelmente, quando com o tempo encontrava formulações mais felizes. Acontecia não querer difundir formulações ou ideias que já tinha superado: aproveitando a ocasião de uma nova edição, transformava o velho texto de acordo com o estado atual das coisas. Assim, por exemplo, a famosa fórmula histórica "ato total" chegou a escritos publicados anteriormente, em que substituiu definições do tipo "o real ato espiritual do ator", que podiam sugerir práticas introspectivas, já corrigidas no trabalho com os atores em favor de uma psicofísica ativa, aberta ao espaço externo, onde tudo é contato, troca, comunhão, ato em relação com o Outro.

É como se Grotowski fugisse do si mesmo definível: procurava o ator que não fosse ator, a atuação que não fosse atuação, o ensinamento que fosse desaprender. Aí deixava para trás o seu pedante Wagner, que pretendia codificar em parágrafos o fluido processo da vida.

Abandonou o propósito de escrever – segundo o modelo do seu mestre Stanislávski – um manual sobre a arte do ator, para não cair nas armadilhas inevitáveis em um empreendimento do gênero, dos estereótipos, que eram a sua verdadeira fobia. Procurava a estreita passagem entre a Precisão, que é a condição do profissionalismo, e a Vida. Na caça ao Mistério do Vivente ("corrente da vida" é um dos seus termos "técnicos") mudava as modalidades do trabalho e procurava as palavras que denominassem o mais fielmente possível a fluida tangibilidade da Experiência. O Grotowski prático é um homem em perene perseguição das palavras...

Para dizê-lo em termos simples: Grotowski tinha constantemente necessidade da inovação terminológica. Afirmava que a prática precede a sua formulação discursiva. Mas foi sempre assim? Não houve talvez palavras que precederam a prática? Palavras-projeto, palavras-intento, palavras-sonho? A nossa atividade no Teatro Laboratório começou com a palavra "mistério", mas quando Grotowski o realizou na prática?

E o que seria a obra que traz o nome de Grotowski e a sua mensagem sem a produção verbal que acompanha a prática? Sem essas fórmulas, essas descrições de experiências, esses comentários? Têm um significado múltiplo, além daquele evidente: dão testemunho de algo cujo *status* – por assim dizer – ontológico é a transitoriedade. A verbalização, o autocomentário, uma denominação feliz constituem um fator indispensável do resfriamento de um aparato superaquecido, mas também um elemento de fermentação. Não é possível separar as precisas análises técnicas ou os comentários da mágica ressonância daqueles "teatros pobres", "desnudamentos", "atos totais", "caminho negativo", "união de espontaneidade e disciplina"...

Como autor de palavras publicadas tinha períodos de suspensão: preferia que por ele falassem outros. Ou preferia rodear-se do silêncio que era uma espécie de declaração. A estação da expansão neste âmbito foram os anos logo depois de *O Príncipe Constante* (1965-1969), quando o mundo se abriu ao nosso Teatro Laboratório, enquanto a base das saídas era já Wrocław, cidade aberta. A expansão fora preparada ainda em Opole, onde pendia sobre nós a ameaça de liquidação. E logo depois: a vertiginosa celebridade de Grotowski, precedida pela celebridade subterrânea entre os eleitos. Nesse período sai *Em Busca de um Teatro Pobre*. Pouco tempo depois veem a luz textos como "Exercícios", "A Voz" e "Teatro e Ritual", até agora esparsos em várias revistas, e que o leitor encontrará na segunda parte deste volume. E o trabalho evoluía continuamente dirigindo-se com dramáticas serpentinas rumo à última obra teatral de Grotowski e do grupo do Teatro Laboratório: *Apocalypsis cum figuris*. Anteriormente essa evolução fora anunciada pela mudança de nome: Instituto do Ator. Era preciso vigiar com o máximo cuidado aquilo que saía com a marca "método Grotowski". Antes que saísse *Em Busca de um Teatro Pobre*, Grotowski já estava em outro ponto no trabalho com os atores. E na transmissão verbal era mais reservado, menos generoso de detalhes técnicos, de formulações codificadas, de receitas para os exercícios.

Procurava de fato – o meticuloso explorador do impossível – também o método que não fosse método.

Não queria multiplicar a população mundial – já bastante numerosa – de especialistas do "método Grotowski". A estes, logo, junto com todo o Teatro Laboratório dá um golpe, rompendo violentamente com a arte do teatro enquanto esfera – apesar dos esforços extremos que não tinha economizado – condenada incuravelmente ao Belo, ou seja à Aparência, enquanto a única ocupação digna é o caminho da Vida na Verdade, ou seja, da Essência.

Com o passar dos anos se torna menos radical no seu separar-se da arte materna e paradoxalmente se aproxima dela, embora não volte nunca mais a criar espetáculos. Trabalhará – como pesquisador-pedagogo – na própria versão do "método das ações físicas" de Stanislávski, e o conhecido livro de Thomas Richards o documenta muito bem. E é interessante que todas as explorações de Grotowski depois do Teatro Laboratório, na sua diáspora institucional, geográfica e espiritual, sejam conduzidas em osmose com as técnicas do ator, no cruzamento com as *performing arts*, assim Grotowski rebatiza a sua antiga esfera de ação. Não basta: em constante contato e troca com a população atoral e com os filhos de Téspis de qualquer espécie! E seus escribas pensantes e aliados ativos na palavra são teatrólogos universitários altamente qualificados, em lugar dos críticos, dos jornalistas e dos vagabundos de um tempo, plenos de paixão, sem títulos.

A arte como veículo é um campo específico, mas não pode prescindir da vizinhança, da parentela secreta ou evidente com aquilo que à la antiga se chama de teatro. É testemunho vívido disso o texto de Grotowski, provavelmente já clássico, que fecha este livro.

A esses recursos do "teatro reprimido" devemos a terceira parte da nossa coletânea. Grotowski já fala depois do teatro, como de uma perspectiva pelo avesso. Depois de experiências que considera fundamentais por ele mesmo, observa o seu antigo ofício. São o olhar e a voz da outra margem. À guisa de capítulo de uma autobiografia artística. Sem as redundâncias do velho combatente, livre da constrição do segredo profissional, Grotowski diz aqui coisas novas, ou de modo diverso de antes. Talvez sem saudade?

A história dos discursos e dos textos de Grotowski é um tema de investigações à parte. De qualquer forma, atrás da prudência de Grotowski em manipular as palavras, com medida cuidadosa é preciso farejar certos propósitos astutos, o desejo de exercitar um controle absoluto sobre a própria imagem aos olhos da opinião pública, ou os prazeres inquietos de Narciso no jogo com os seus espelhos.

Os jogos linguísticos de Grotowski são ricos e – depois dos desajeitamentos, das poeticidades e das circunvoluções chancelerescas do estilo dos anos juvenis – alcançam uma harmonia peculiar e uma beleza, por assim dizer, objetiva. E assim a Grotowski coube encontrar a própria realização também na escrita, quando a tinha encontrado como diretor teatral, guia de atores, mestre das *performing arts* e *teacher of Performer*. Diversos textos seus, embora não concebidos como literatura, sobre o papel, mas na troca de energia com um auditório vivo, tornam-se obras emblemáticas e podem ser parte importante de cada antologia dos manifestos teatrais ou artísticos do século – já? – passado.

A obra e o comentário são como uma coisa só. Não é um caso excepcional no século das numerosas revoluções artísticas em que cada uma das artes teve que meditar a própria essência para acompanhar as inquietudes e as acelerações dos tempos. Em alguns casos, o comentário era digno da obra; às vezes a superou. São as duas asas, partes inalienáveis da sua superfície portante. Quer dizer talvez que os nossos tempos pertencem às épocas que o filósofo da história qualificaria como alexandrinas? Não o sabemos. A cada modo: *scripta manent*.

Mas o que havia no princípio? À época da nossa gênese? Quando fundamos com Grotowski o Teatro Laboratório e fizemos o primeiro gesto para separar a luz da obscuridade? Daquele tempo provêm os textos de abertura do presente volume.

É o ano de 1959. Estamos na Polônia, um país de soberania limitada, com um governo – depois dos movimentos de desestalinização de 1956 – moderadamente totalitário. As liberdades artísticas e de pensamento são maiores. A política cultural oficial se abranda, as tendências da arte moderna, até mesmo da ocidental, não são mais proibidas.

Começa para nós um jogo apaixonante que naquele regime não termina nunca: como construir o próprio nicho ecológico de liberdade? Como ser si mesmos – não reconciliados, rebeldes, zangados – funcionando legalmente, no único âmbito possível de uma instituição subvencionada? Definimos então o nosso teatro como "teatro experimental profissional". O nome e o *status* de "laboratório" virão depois.

O primeiro texto da coletânea, escrito por Grotowski, é "Invocação a Orfeu" (segundo Cocteau), com o qual inauguramos a nossa atividade. Era dito no final do espetáculo, como epílogo. É uma prece de agradecimento ao mundo que dança os seus múltiplos opostos e que *é dança*. Grotowski precisava de uma declaração verbal para esclarecer o sentido do seu espetáculo. E qual é a relação entre o teatro e a dança plena de sentidos do universo? Naquele momento a resposta são as palavras, acrescidas pelo diretor às palavras do autor. E de onde vem esse *Orfeu*? Tão na vanguarda, parisiense, àquele tempo ultramoderno? Cobraram-nos depois de termos aberto o nosso ambicioso teatro com um trabalho qualquer. Não esqueçamos porém quem era o protótipo mítico do herói de Cocteau: atrás dele ocultavam-se os segredos do orfismo. E a ele se ligavam os mistérios, segundo os testemunhos dos antigos.

Então, no princípio era a dança. E o mistério – ou seja, o ritual iniciático secreto – como alusão e tentação. O sonho do teatro como ritual.

Iniciático? Naqueles anos tudo isso teria parecido absurdo e pretensioso. De resto, assim foi acolhida a "Invocação".

O segundo texto da nossa coletânea lembra os rabiscos infantis, era tracejado sobre um lençol branco que caía no final do espetáculo subsequente de Grotowski, *Caim* segundo Byron. O texto da escrita, dessa vez provocativamente ingênuo, contém uma mensagem afinada com o precedente. O final de *Caim* era uma dança louca, extática de todos os personagens do espetáculo em volta do misterioso Alfa-Ômega, Deus e Lúcifer – como ali aparece – em uma única encarnação. O ingênuo comentário no fundo alivia a sobrecarga metafísica daquela dança, o seu deslize em direção à alegoria. Portanto temos aqui a dança escrita e a dança dançada. De novo o sentido do espetáculo é declarado no epílogo, acrescido pelo diretor.

O subtítulo do drama de Byron é "mistério", o subtítulo do espetáculo: "grotesco ou seja mistério". A dança cósmica e o mistério, ali auto ironicamente entrelaçados com o "grotesco", são os patronos de uma obra que deve exprimir os importantes segredos do Ser.

E em fechamento àquela mesma primeira temporada 1959-1960, ainda um "mistério" na versão de Grotowski: *Mistério Bufo* segundo Maiakóvski. O texto do poeta foi integrado por fragmentos de uma outra peça sua e, no início e no fim, por trechos tirados dos "mistérios" medievais poloneses. O espetáculo, subdividido ao modo de Dante em "inferno", "purgatório" e "paraíso", tratava de forma burlesca, à la Bosch, o "mundo como fluir e devir perenes", como eu tinha escrito no programa da peça, porque dessa vez Grotowski, como letrista, calou-se. Mas a ideia do autor do espetáculo era a mesma. Nesse mistério – onde não falta o escárnio endereçado à "nova classe" com a sua estética de "gente bonita em belas paisagens" – há mais *bufo* que mistério, menos emanações mágicas com relação aos espetáculos precedentes; aparecem evidentes referências ao trabalho do ator "biomecânico" de Meierhold com a sua ostentada composição do corpo, a ritmização das ações e a acrobacia. É como o anúncio de algo que não se dançará mais apenas nas enunciações do diretor, que integram o texto do autor, nem sequer nos finais alegorizantes.

Dos dois seguintes textos de Grotowski os títulos falam amplamente e claramente: "Brincamos de Shiva" e "Farsa-Misterium". São as primeiras tentativas de generalização teórica das pesquisas daquele tempo. Conduzem-nos ao longo do mesmo rasto da gênese: o rasto duplo da Dança e do Mistério.

Os textos remontam ao mesmo período: quando o autor trabalhava na encenação de *Sakuntala*, segundo Kalidasa, o antigo drama indiano, originário da civilização predileta do diretor. Esses textos não eram destinados à publicação. O primeiro era um apêndice da tese para obtenção de diploma em direção de Grotowski e foi acabar no arquivo da Escola Teatral de Cracóvia. Enquanto o segundo – escrito para a discussão no seminário teórico do nosso teatro – encontra-se nos arquivos particulares dos colaboradores próximos e de amigos de confiança. Na página de abertura do documento datilografado aparece a observação: "materiais teóricos de trabalho para uso estritamente interno".

Menciono aqui os dados que deveriam constar da nota bibliográfica, porque surpreende o fato de que escritos tão importantes tenham ficado escondidos como documentos restritos. Fui consultado sobre cada detalhe desses textos e não incentivei o autor a publicá-los. Quem naqueles anos na Polônia tivesse louvado a divindade hindu como patrono da vanguarda teatral teria sido aparecido como orientalista um pouco louco; e quem tivesse considerado que a vocação da arte do teatro seja substituir os ritos religiosos oficiais (ideia aliás próxima do vanguardista polonês Witkacy!) teria arriscado sérios problemas como perigoso extremista-livre pensador, encontrando-se em desacordo com a linha ateia, embora pragmática, do partido e do estado sobre questões relativas à religião e à Igreja.

Sakuntala, cuja criação alimentou "Brincamos de Shiva" e "Farsa-Misterium" (ou talvez seja mesmo o contrário?), não se inscreveu no livro de ouro das obras-primas do teatro do século xx. O próprio Grotowski o tratava em um certo sentido como madrasta, embora lhe reconhecesse um certo papel nas pesquisas que conduzia junto com o grupo. Na realidade foi um daqueles espetáculos-laboratório, espetáculos-incubadeira, cuja importância se vê só em perspectiva. Um espetáculo semelhante – alguns anos mais tarde – será o protoplasmático, inacabado *Estudo sobre Hamlet*.

Em *Sakuntala* pela primeira vez, graças à fantasia do arquiteto Gurawski, a ação dos atores descia do palco frontal difundindo-se por toda a sala. E o sonho do ritual adquiria a sua transposição espacial. A relação ator-espectador tornava-se móvel, múltipla, prenhe de variadas potencialidades. Nesse espetáculo aparecia também a partitura do ator, minuciosa, matematicamente exata: a partitura corporal e vocal. O corpo-voz. Era o corpo-voz que emitia os sons das palavras compostos musicalmente, o corpo-voz que se movia segundo estruturas precisamente fixadas e ritmizadas. Mas então era um brincar com os signos, era virtuosismo, "convencionalidade". Em que medida era "mistério"? O sonho da dança cósmica se aproximava do seu substrato: o ator como corpo-voz (onde a voz é órgão invisível do corpo).

Essas duas ligas dinâmicas que se encontraram em *Sakuntala*, o ator-espectador e o corpo-voz, tornam-se, no futuro próximo, a palavra de ordem ou a marca de fábrica do teatro de Grotowski.

A época da nossa gênese foi um tempo de explorações intensas e de discussões entre nós. "O Teatro das 13 Filas – dizia Grotowski alguns anos depois, já da perspectiva do crescente prestígio – seria uma outra coisa se não nos tivéssemos encontrado no momento oportuno com Flaszen, com o arquiteto Gurawski. Esse teatro seria uma outra coisa se fossem outros atores, pessoas de sensibilidade diferente, outros em vez de Cieślak, da Mirecka ou de Jahołkowski. O teatro seria melhor ou pior, mas seria diverso." (Cfr. Zbigniew Osiński, *Grotowski i jego Laboratorium*, Warszawa, 1980). Essas palavras, hoje que Grotowski nos fugiu entre os imortais, podem soar estranhas.

No tempo da gênese não era tudo evidente, diversas opções estavam abertas: também querendo supor com certeza que um criador de nível não comum traga consigo desde o princípio a visão original da obra futura, todos os ingredientes das suas futuras realizações... Grotowski estava devorado pela fome de Absoluto. Cada espetáculo seu queria – com todos os meios e de todos os modos – evocar o Grande Todo, dançar todos os seus recessos de uma vez. Como governar aquela fome impaciente, que consumia também a nós, Messias confederados do teatro? Como tornar o Absoluto consistente?

Em um certo sentido fingindo não vê-lo – substituindo o Grande Absoluto pelo "absoluto da teatralidade" mais próximo ao ofício. Seguir a pegada daquilo que é inalienável matéria prima do teatro, daquilo que é especificamente teatral. Passar através do buraco da agulha da teatralidade em estado puro (Grotowski possivelmente não usou esse adjetivo, porque era um teimoso conteudista). Esse caminho conduzia através daquilo que pouco depois teria recebido o nome de "teatro pobre".

Com "Brincamos de Shiva" e "Farsa-Misterium" estamos no teatro como ritual, onde o espectador deve participar ativamente, procedimento que logo foi abandonado. E o mistério deve coexistir com a farsa – aquele vizinho irônico que o arremeda e desse modo o torna crível. Aqui ainda toda essa xamanice, própria daquela esfera arcaica, devia passar através da autoderrisão, do grotesco entendido como distância, da magia das brincadeiras infantis, do jogo de "convencionalidade", em uma palavra: através de todo o moderno aparato próprio, na Europa cartesiana, dos céticos, dos rebeldes e dos hereges. Grotowski, rebelde e herege coerente, abandona logo a metade asseguradora da fórmula, a "farsa", quando descobre – depois de algumas abordagens precedentes que abriram o caminho – a total, misteriosa seriedade em *Akropolis*, com o silêncio dos espectadores no final ao invés dos aplausos.

Como se chegou a isso: o leitor encontrará a descrição no ensaio de Grotowski intitulado "Teatro e Ritual". Aqui gostaria de assinalar algumas "correspondências" entre esses primeiros textos, do período da gênese, e aquilo que nasceria alguns decênios depois.

Em "Brincamos de Shiva" lemos: "a dança da forma", "o pulsar da forma". E a antiga autodefinição de Shiva, o deus do teatro: "Eu sou pulsar, movimento e ritmo". Essas fórmulas eram então novas em Grotowski e não correspondiam totalmente a sua definição de então – bem mais ampla – de teatralidade que era para ele "o substituto laico do ritual religioso". Eram talvez o reflexo de pesquisas mais precisas ou de intuições no âmbito – diria – da "teatralidade pura", na qual a forma, o conteúdo e a matéria-prima são uma só coisa e essa identidade original abre a janela sobre a metafísica.

No texto de Grotowski que fecha a nossa coletânea, lemos: "Mas se trata de encontrar também um tempo-ritmo com todas as suas flutuações *dentro* da melodia. Mas, sobretudo, se trata de algo que é uma sonoridade certa: qualidades vibratórias a tal ponto tangíveis que de uma certa maneira se tornam o sentido do canto. Em outras palavras, o canto se torna o próprio sentido através das qualidades vibratórias (...) Quando falo desse "sentido", falo ao mesmo tempo também dos impulsos do corpo; isso significa que a sonoridade e os impulsos *são* o sentido, diretamente." O antigo Shiva metafórico não diz nada do som, mas a substância das coisas permanece semelhante. É como se o paleo--Grotowski de Opole adentrasse aqui em um diálogo-eco com o velho mestre de Pontedera.

Em "Farsa-Misterium" lemos: "A forma não funciona aqui como um fim em si, nem como um meio de "expressão" ou para "ilustrar" algo. A forma – a sua estrutura, a sua variabilidade, o seu jogo dos opostos (em uma única palavra, todos os aspectos tangíveis e técnicos da teatralidade de que se falou) – é um singular *ato de conhecimento*."

Em resumo temos: "A forma é um *singular ato de conhecimento*". Estamos aqui no coração do ofício, na passagem entre Artesanato e Metafísica.

E mais adiante: "O ato de conhecimento, por sua natureza, é algo de aberto, não acabado, não pode ser uma repetição de métodos e de efeitos. A forma, de um espetáculo a outro, não tem o direito de estabilizar-se, o espetáculo é *étude*, é superar a teatralidade aprendida (e, consequentemente: superar – ou desmentir – o eu 'aprendido')". Estas frases, se se quiser restringir ao seu sentido estritamente profissional, poderiam passar por sábias instruções de Stanislávski. De resto, a essa regra, anotada secamente pelo paleo-Grotowski, se ateve o Grotowski subsequente em todas as suas encarnações e ocupações. Mas o trabalho do artista de teatro sobre a sua obra é aqui ao mesmo tempo "superar ou desmentir o eu 'apreendido' ". Portanto existe um "eu" *não apreendido*, além do jogo social e dos condicionamentos históricos? O futuro autor de *o Performer* já muito tempo antes da gênese de Opole tinha praticado ioga e conhecia muito bem a filosofia indiana, portanto provavelmente sabia o que dizia. E o teatro era para ele veículo, o que era objeto das nossas conversações. Naquele tempo: o *teatro* no seu retorno às raízes rituais... A arte como veículo teria esperado ainda mais de trinta anos a sua elaboração e o aval terminológico de Peter Brook. No entanto, o velho mestre de Pontedera dá razão ao paleo-Grotowski de Opole quando escreve sobre a arte como veículo "que, de outro lado, está ligada aos meus mais velhos interesses". E no último texto retoma de algum modo a paleo-ideia da sua juventude: o ritual e, liberado das servidões espetacular-teatrais, lhe infunde nova vida com o nome de Artes rituais. E se refere aos Mistérios da Antiguidade. Como no princípio.

Não se fala aqui de dança. Mas ela está presente nas entrelinhas. E está presente algo que um certo tempo – seguindo Stanislávski – chamava-se de partitura do ator. No início era a partitura de signos corporais e vocais, composta artificialmente. Depois a partitura das "reações" fixadas, dos "pontos de contato", enfim a reproduzível "corrente dos impulsos visíveis". A organicidade no estado puro que é a zona intermediária entre o que é corporal e o que é espiritual. O santo Graal de Grotowski.

Tudo isso surgiu na sua forma embrionária em 1960, durante o trabalho com *Sakuntala* e foi registrado em "Farsa-Misterium" como "partitura rítmica e sonora", ainda sem o ator como seu sujeito. Um ponto importante na sua evolução foi o *Estudo sobre Hamlet* (fim de 1963 – início de 1964); os ensaios desse trabalho transformaram-se em verdadeiro laboratório da organicidade. Aquele espetáculo não acabado abriu a perspectiva a um ilustre exemplar: o ato de ator de Cieślak no *Príncipe Constante* e em seguida abriu o caminho para *Apocalypsis cum figuris* (1968), a obra que fecha na história criativa de Grotowski o período do "teatro dos espetáculos".

A "corrente da vida", os "impulsos que correm através do corpo", a "partitura das reações"... Nesse texto fundamental que fecha o nosso volume e no qual magistralmente se expõe como o Graal de Grotowski mudou radicalmente o próprio destino, encontramos numerosos ecos ou reminiscências – conscientemente aqui evocados – de anos muito longínquos. Os antigos instrumentos e as palavras usadas naquele tempo servem ao trabalho na outra margem.

É impossível comentar todos os textos. Paremos nesses quatro, totalmente desconhecidos e pré-diluvianos. Neles está contida a semente (a palavra preferida – que Grotowski retomou de Stanislávski!) daquilo que teria acontecido depois. As energias da gênese eram impetuosas e imprimiram uma grande aceleração.

Ainda algumas observações sobre a linguagem desses escritos. O léxico de Grotowski tem um caráter próprio peculiar.

É uma terminologia que tira de várias fontes. Nela encontram-se palavras e fórmulas ideadas não só por ele. Mas prescindindo do fato de que o próprio Grotowski tenha inventado algumas fórmulas, ou tenha tirado inspiração de alguma parte, ou a tenha pego sorrateiramente sabe-se lá onde sem fornecer o endereço, ou a tenha retomado de algum colaborador, do anônimo caldeirão doméstico – de resto, considerava o furto criativo um indispensável procedimento espiritual – todas as palavras e as fórmulas, independentemente da sua origem, as torna próprias e em virtude de uma peculiar alquimia elas se fundem com ele. Sabia tirar vantagem delas, tornava-se o seu avalista, dava-lhes ressonância.

Um dos instrumentos linguísticos que frequentemente usava era o adjetivo "laico". Por muitos anos é o companheiro fiel do Teatro Laboratório: o nosso escudo comum. No dicionário de Grotowski era uma das palavras-camuflagem. Além do que, fez grande carreira no mundo, porque respondia ao espírito dos tempos. Uma vez que a coisa é laica, soa bem para o mecenas de estado e de partido em um país comunista, à igreja dá o sinal de que não entra no território reservado da devoção. E não fere a sensibilidade agnóstica independente no estilo do Ocidente. Mas na aproximação com palavras caracterizadas em sentido religioso, como "mistério" ou "sacro", incita os espíritos iluminados em direção a experiências espirituais não ortodoxas. Portanto a "laicidade" era uma camuflagem, mas também algo de verdadeiro em certa medida: de fato não se tratava ali de propagar crenças religiosas.

Existia no Teatro Laboratório algo que se poderia chamar de política lexical. É necessário, se não se quer entrar no rol das nobres vítimas dos grandes elãs, o que na arte do teatro pode querer dizer não existir. É preciso evitar as mentiras, mas as coisas nem sequer devem ser definidas sempre com clareza absoluta. Aqui é indispensável a arte do eufemismo ou da perífrase. Uma arte muito exigente: a mensagem real deve chegar ao mesmo tempo àqueles aos quais deveria chegar.

Grotowski adaptava a linguagem à mentalidade e ao nível dos ouvintes: era nisso um verdadeiro mestre. Como se supusesse que a verdade é uma, mas as linguagens são tantas, se se quer alcançar eficazmente as pessoas. Quando considerava necessário, falava como erudito e cientista, ou como homem cândido pouco propenso às sentenças abstratas. Além disso transpunha a sua linguagem para o falar próprio do espírito do tempo, que tem a sua meteorologia móvel.

No texto intitulado "O Diretor como Espectador de Profissão" fala com sinceridade provocante:

"Por que quis tocar com vocês neste aspecto totalmente artesanal do ofício? (...) Nos novos tempos, se quiserem ensinar uma pessoa a levitar devem trabalhar com ela ensinando-a como atravessar a rua durante o horário de pico. Hoje há uma tal ruptura de toda confiança, um tal sentido de insegurança, que se quer aprender só as coisas consideradas concretas e precisas.(...) Portanto, nesse novo mundo é preciso falar com uma linguagem técnica. É a nova linguagem. Por esse motivo decidi falar-lhes dos detalhes técnicos do ofício de observador."

Essas palavras, pronunciadas em 1984 em Volterra – Grotowski morava e trabalhava então nos Estados Unidos – prenunciavam aquilo que dois anos depois teria tido início na vizinha Pontedera. O modesto, concreto trabalho do artesão. Mas – como diz brincando Grotowski – com o fim de ensinar a levitação.

Depois dos anos loucos do "teatro da participação" com as suas derivações, depois da ruptura repentina com a técnica e depois de ter praticado, por assim dizer, o Não teatro no estado selvagem, Grotowski repete aqui uma jogada da estratégia criativa que tínhamos elaborado anteriormente no Teatro Laboratório, quase na época da gênese: em direção à Metafísica através do buraco de agulha do Artesanato.

É interessante que caso não se trate de jogos de palavras de natureza puramente tática, mas da substância da mensagem, o léxico de Grotowski situa-se frequentemente na estreita passagem entre Artesanato e Metafísica. Uma fórmula forte é uma definição profissional, técnica, ligada à prática do ofício, mas ao mesmo tempo faz relampejar significados, emana um clarão de uma outra dimensão. O ponto de partida de tal peregrinação polissemântica pode ser uma modesta palavra de origem científica ou técnica. Ou, ao contrário: uma fórmula de ressonância filosófica tem em Grotowski uma rigorosa aplicação técnica. Esses dois planos são intercambiáveis, passam livremente de um a outro.

A palavra "desafio" pertence àquelas preferidas por Grotowski. Foi tomada do historiador inglês Toynbee que a usa em referência à situação de partida em que nasce uma civilização. É o contrário do determinismo histórico: o desenvolvimento de uma civilização depende do modo que a comunidade responde ao desafio das circunstâncias dadas (por exemplo, o clima, as condições geográficas). Em Grotowski essa palavra tem uma aplicação prática: por exemplo, o exercício constitui para o ator o desafio ao qual deve encontrar resposta o seu organismo, enfrentando o risco de superar a dificuldade nele contida. O exercício, que não seja um desafio ou que deixe de sê-lo porque foi assimilado à rotina, não tem valor como treinamento e deveria ser abandonado. Desafio para o ator pode ser cada tarefa, o papel, enfim a própria vocação de artista de teatro. E em uma esfera mais ampla: a vida. O confronto com o desconhecido. Ultrapassar o impossível.

Um outro exemplo: "a união (em uma versão diferente: a dialética) de espontaneidade e disciplina". Essa fórmula famosa tem um sentido rigorosamente técnico. O ato do ator compõe-se das reações vivas do seu organismo, da "corrente dos impulsos visíveis" no corpo. Todavia, para que esse processo orgânico não se desvie no caos, é necessária a estrutura que o canalize, a partitura composta do movimento e do som. Essa presença simultânea de dois elementos opostos favorece a tensão interior que potencializa a expressividade do ator. Espontaneidade, disciplina – nessas palavras podemos chegar a sentir também máximas de vida ou princípios éticos. No fundo ressoa Heráclito: "Aquilo que se opõe converge, e a mais bela das tramas forma-se dos divergentes; e todas as coisas surgem segundo a contenda". Esse aforismo do legendário pensador era pintado na entrada da sala do Teatro Laboratório na época da nossa gênese.

Uma outra fórmula que soa como o desafio de Grotowski: "caminho negativo". Ela tem um sentido estritamente técnico, prático. Trata-se de não procurar no trabalho do ator gestos aprendidos, "meios de expressão" belos e prontos, modos de atuar inventados de cabeça. Mas, por meio de um *training* específico, individualizado, remover os bloqueios psicofísicos do ator, eliminar os estereótipos dos comportamentos e da reação, chegar ao ponto em que o ator agindo toca o desconhecido. E se for preciso: sobre essa base, construir a partitura.

Mas caminho negativo ressoa de modo enigmático e não técnico... Essa fórmula aportou no vocabulário de Grotowski da teologia mística cristã denominada apofática (negativa). Esse caminho em direção à Causa de Todas as Coisas exige o progressivo abandono de tudo aquilo que é conhecível e conhecido, junto com os instrumentos comuns do conhecimento, como por exemplo, a linguagem discursiva. Aqui se avança através da negação e do princípio da ignorância. Pode-se ver – além da religião – uma analogia com o autêntico processo criativo que é medir-se com o desconhecido. E com aquilo que seria possível chamar de a vida criativa do homem.

De uma semelhante família terminológica derivam as palavras frequentemente usadas em uma época nos escritos de Grotowski e nos textos "canônicos": "desnudamento" e "sacrifício". Essas palavras indicam uma concreta orientação psicotécnica do ator na ação. Durante os ensaios, diante dos companheiros de trabalho e dos *partners*, e em seguida, diante dos espectadores-testemunhas, ele deve tender para a plena sinceridade – sinceridade consigo mesmo, como especifica Grotowski – não se esconder, mostrar o si mesmo íntimo em um singular ato de provocação, que deve evitar as armadilhas do masoquismo e do narcisismo. Aquilo que o ator faz diante do público não é representar, fingir artisticamente, mas um ato real: de coragem, de humildade, de oferta. Com o tempo tudo isso é compreendido na fórmula-chave do período teatral "ato total". Estamos aqui no âmbito do ofício, mas já evidentemente além do ofício. A inspiração vinha nesse caso dos escritos de João da Cruz que tinham confidencialmente acompanhado o grupo no período do trabalho sobre *O Príncipe Constante*.

Por fim a fórmula "teatro pobre" que se tornou emblemática no teatro do século passado. Naturalmente, também aqui temos um sentido técnico: trata-se, como se sabe, de um teatro em que se elimina tudo aquilo que não é constitutivo da arte do teatro. É, portanto, um delimitar hermeticamente o terreno em que se conduzem as pesquisas. Mas o relampejar semântico dessa fórmula, que pode recordar o humilde afã monacal, vai além do teatro.

A presença no léxico do Teatro Laboratório de tantas referências cristãs pode maravilhar o leitor... Como se Grotowski tivesse sido um agente secreto do cristianismo no Ocidente laicizado, pagão. Na Polônia, ao contrário, ele pode passar por um herege impenitente e por um ateu ocidental.

O nosso Teatro Laboratório teve início sob o signo do mistério. Grotowski sonhava com a dança iniciática de Shiva e com os mistérios gregos. E aconteceu um fato singular que segue a lógica da autenticidade criativa mais forte dos sonhos: o sonho dos mistérios se realizou. Mas por meio do blasfemo, da transgressão, da violação dos tabus Grotowski realizou algo que constitui uma analogia com os mistérios da idade média europeia, com o ato de sacrifício como evento axial. O retorno do reprimido. Ligando-o à tradição do romantismo polonês, Grotowski define tudo aquilo como vozes dos antepassados, como colóquio com os antepassados. Paixão – antipaixão? Mistério – antimistério?

Depois do teatro dos espetáculos, o sonho dos mistérios gregos ou egípcios ou de outros não abandona Grotowski. É como se procurasse antepassados ainda mais longínquos. Muda também a sua terminologia: fica mais próxima das tradições da ioga. Mas mantém a sua dúplice ressonância: técnica e ao mesmo tempo além da técnica, artesanal e além do artesanato.

Como ele mesmo disse em algum lugar, o destino de Grotowski era: estar na passagem. Como o léxico desses escritos que é uma onomástica de coisas na passagem. Ele reflete esse estado. Está também ele na passagem.

Com a esperança de que na passagem que leva o nome de Grotowski, continue a soprar a corrente.

P.S. Desejo agradecer aqui a todos aqueles que tornaram possível este volume, aos amigos do Teatro de Pontedera, e em particular a Carla Pollastrelli, pela paixão que colocou no trabalho sobre nossa publicação e pelo amável afã de traduzir, sobretudo da língua polonesa. (Nota à edição italiana.)

Prefácio à primeira edição,
agosto/setembro 2001.

AS ENERGIAS DA GÊNESE

Sobre a tradução

O Teatro Laboratório de Jerzy Grotowski (1959-1969), constituído por artigos de autoria de uma das figuras mais importantes no teatro no século XX e de dois de seus colaboradores históricos, é o segundo livro sobre o trabalho do encenador de origem polonêsa a ser publicado no Brasil. O primeiro, *Em Busca de um Teatro Pobre*, data de 1971. Trinta e seis anos separam, portanto, os dois lançamentos.

Os escritos de Grotowski, em sua maior parte, são transcrições de conferências e palestras. Ao realizar esta tradução, portanto, procurei observar particularmente as especificidades da língua falada e também as peculiaridades da linguagem de Grotowski. Tive sempre o intuito de preservar o ritmo das frases e de manter a máxima fidelidade aos textos originais. E se Grotowski inventava ou adaptava palavras, esse foi igualmente o meu procedimento ao traduzi-las para o português. A revisão foi feita juntamente com Carla Pollastrelli em longos contatos telefônicos nos quais discutíamos minuciosamente a tradução de cada frase, de cada palavra, na busca do termo preciso e do sentido exato. Nesse rigoroso processo, muitas vezes, eram consultados novamente os textos em outras línguas que não a italiana com o objetivo de evitarmos qualquer tipo de distorção. Foi um trabalho árduo mas que muito me honrou pela certeza de estar contribuindo para a ampliação dos horizontes de nossa cultura por meio da difusão no Brasil do trabalho desenvolvido por Grotowski em seu Teatro Laboratório.

Berenice Raulino, novembro de 2006

Jerzy Grotowski

Invocação
para o espetáculo *Orfeu*

Nós te agradecemos mundo, por ser.
Nós te agradecemos, por ser dançarino infinito e eterno.
Nós te agradecemos porque danças o teu caos, que chegou
até nós sob a aparência de Cavalo do Absurdo, te
agradecemos pelo fato de que (freando o teu caos)
podemos esculpir nós mesmos, a nossa liberdade.
Nós te agradecemos porque danças a tua ordem: a ordem
das tuas leis e a ordem da nossa mente, que é capaz
de compreender as tuas leis; em uma palavra, o que
chegou a nós como Heurtebise e nos libertou.
Nós te agradecemos, mundo, pois possuímos a consciência
que nos permite vencer a morte: compreender a nossa
eternidade na tua eternidade. E porque o amor nisso
é mestre, abecedário. Te agradecemos por não sermos
separados de ti, por sermos tu, porque justamente em
nós atinges a consciência de ti, o despertar.
Nós te agradecemos, mundo, por ser.

Invocação para o espetáculo *Orfeu*
O texto era dito pelos atores no final do espetáculo.
Impresso no programa de *Orfeu*, de Jean Cocteau, adaptação e direção de Jerzy
Grotowski. Opole, outubro de 1959.
Texto original em polonês.

JERZY GROTOWSKI

Alfa = Omega = świat, wicie, chej!

Świat jest jednością jednak, co se tańcóje nieskończenie, wicie, od żywiołu do mózgowania, to się znaczy od Alfy do Omegi. Od ubawu do bólu też, wicie.

Trwa se, a frajdą raczej jest jednak, jak się od niego nie oddzielać, wicie, czyli się nie urzynać, pardonc. A w duchy nie wierzyć. A z własnego bólu chichotać se pomiękał, wicie, chej!

B Żenduf

Jerzy Grotowski

Alfa-Ômega

Alfa = Ômega = *mundo*, vocês sabem, ei!
O mundo é unidade todavia, que se dança
infinitamente, vocês sabem, do elemento ao cerebrinizar
isto quer dizer de Alfa a Ômega. Do fazer festa à
dor também, vocês sabem.
Perdura-se, mas a alegria é, antes (todavia), como
não se separar dele, *vocês sabem*, como não deixar de se importar com isso,
pardonc. Mas não crer nos espíritos. Mas da própria
dor rir, em certo modo, vocês sabem, *ei!*

13 Fffiilas

Alfa-Ômega
Texto do cartaz que descia no final do espetáculo *Caim* de George Gordon Byron, adaptação e direção de Jerzy Grotowski.
Impresso no programa do espetáculo. Opole, janeiro de 1960.
Texto original em polonês.

Jerzy Grotowski

Brincamos de Shiva

Patrono mitológico do teatro indiano antigo era Shiva, o Dançarino Cósmico que, dançando, "gera tudo o que é e tudo o que é destruirá"; aquele que "dança a totalidade". (...)
Shiva, nos contos mitológicos, aparece como criador dos opostos. Nas esculturas antigas era representado com os olhos entreabertos, levemente sorridente; o seu rosto trazia a marca de quem conhece a relatividade das coisas. (...)
Se eu tivesse que definir as nossas pesquisas cênicas com uma frase, com um termo, me referiria ao mito da Dança de Shiva; diria: "brincamos de Shiva".
Há nisso uma tentativa de absorver a realidade de todos os seus lados, na multiplicidade dos seus aspectos, e ao mesmo tempo um permanecer como de fora, de longe, a distância extrema. Em outras palavras, a dança da forma, o pulsar da forma, a fluida, refrangente multiplicidade das convenções teatrais, dos estilos, das tradições da atuação; a construção dos opostos: do jogo intelectual na espontaneidade, da seriedade no grotesco, da derrisão na dor; a dança da forma que quebra qualquer teatro de ilusão, qualquer "verossimilhança com a vida", mas, ao mesmo tempo, nutre a ambição (evidentemente insatisfeita) de conter em si, de absorver, de abraçar a totalidade, a totalidade do destino humano e, através disso, a totalidade da "realidade em geral"; e ao mesmo tempo manter os olhos entreabertos, um leve sorriso, a distância, o conhecimento da relatividade das coisas. (...)
O teatro indiano antigo, como o japonês antigo e o helênico, era um ritual que identificava em si a dança, a pantomima, a atuação. O espetáculo não era "representação" da realidade (construção da ilusão), mas "dançar" a realidade (uma construção artificial, algo como uma "visão rítmica" voltada à realidade).

A dança mímica na liturgia dos Pashupati (uma seita shivaísta) era um dos seis principais atos rituais. (...) A citação mitológica: "Shiva diz: Sem nome sou, sem forma e sem ação (...). Eu sou pulsar, movimento e ritmo..." (*Shiva Gita*).

A essência do teatro que procuramos é "pulsar, movimento e ritmo".

Brincamos de Shiva
Fragmento do texto, anexado pelo autor a sua tese para obtenção de diploma em direção (do arquivo da Escola Teatral Superior do Estado de Cracóvia, 1960). Cortes do texto autorizados.
Publica-se segundo Zbigniew Osiński, *Grotowski wytycza trasy*, Wyd. Pusty Obłok, Warszawa, 1993.
Subtítulo do texto integral: "apostila para uma certa prática".
Texto original em polonês.

Jerzy Grotowski

Farsa-Misterium (tese)
Materiais teóricos de trabalho para uso
estritamente interno

1

Perguntas:

1) Que tipo de arte poderia – *de modo laico* – satisfazer certos excessos da imaginação e da inquietude desfrutados nos ritos religiosos?

2) O que é a essência do teatro? o que é aquele fator único que decide o fato de algo ser teatral? o que permaneceria se eliminássemos do teatro o que não é teatro (a literatura, as artes plásticas, a atualidade, as teses, o copiar a realidade)? qual elemento não poderia ser retomado por qualquer outro gênero artístico (por exemplo, pelo cinema)? Não se trata aqui de um programa de eliminação do teatro de todos os fatores acima citados (por exemplo, a literatura), trata-se, em primeiro lugar, de ordená-los hierarquicamente e de chegar àquilo que é o núcleo da teatralidade.

Na arte, a prova pode ser exclusivamente a prática. Com a nossa prática, procurarei demonstrar que as perguntas acima citadas respondem-se mutuamente. Presumo que aquilo que é a essência do teatro seja capaz – *de modo laico* – de satisfazer certos excessos da imaginação e da inquietude desfrutados nos ritos religiosos. Ao mesmo tempo, suponho que aquilo que poderia ser o substituto laico do ritual religioso seja o núcleo da teatralidade como arte.

Isso equivale a pressupor uma função laicizante do teatro.

2

O teatro é a única dentre as artes a possuir o privilégio da "ritualidade". De resto, em sentido puramente laico: é um ato coletivo, o espectador tem a possibilidade de coparticipar, o espetáculo é uma espécie de ritual coletivo, de sistema de signos.

O espectador, também no teatro "normal", inclusive no burguesmente desteatralizado influi em parte sobre o desenvolver-se do ato criativo: digamos, se os espectadores começam a aplaudir no decorrer da ação cênica, os atores devem esperar para dizer a fala seguinte, mudar portanto o ritmo, a *velocidade* e, consequentemente, a estrutura do espetáculo. Em uma situação análoga, durante um filme, a fita não para, lá tudo já está pronto antes, indiferente à reação dos espectadores, que não são participantes, mas só e exclusivamente, observadores, espectadores.

O teatro era (e permaneceu, mas em um âmbito residual) algo como um ato coletivo, um jogo ritual. No ritual não há atores e não há espectadores. Há participantes principais (por exemplo, o xamã) e secundários (por exemplo, a multidão que observa as ações mágicas do xamã e as acompanha com a magia dos gestos, do canto, da dança etc.).

O princípio da coparticipação, do cerimonial coletivo, do sistema de signos favorece a criação de uma certa singular aura psíquica e coletiva, da concentração, da sugestão coletiva; organiza a imaginação e disciplina a inquietude.

A reconstrução no teatro do jogo "ritual" a partir de elementos residuais, ou seja, a restituição ao teatro de seu princípio vital, seria um dos objetivos principais da nossa prática.
Uma tese (sobre a utilidade social de tal tipo de pesquisas): *a "ritualidade" do teatro como contraproposta em relação às formas rituais da religião.*

Aspectos práticos:
1) O espetáculo, como uma espécie de cerimonial, de sistema de signos.
2) A eliminação da divisão entre palco e plateia; estes dois espaços são substituídos por um espaço teatral unitário, ou seja, pelo local onde estão presentes, ao mesmo tempo e sem delimitação, os espectadores e os atores.
3) Os espectadores são coatores; por exemplo, por meio da disposição das cadeiras são subdivididos em grupos distintos, no decorrer da

ação são tratados como grupos de figurantes (exemplo, a encenação burlesca de uma batalha – parte dos espectadores é considerada como o exército inimigo, parte como as próprias reservas). Os espectadores e os atores são ao mesmo tempo observadores e observados. Em outras palavras: a liquidação prática do espetáculo em favor de algo que poderia ser chamado ironicamente de "participáculo".

Na antiguidade, na Grécia, formas teatrais semelhantes, que funcionavam evidentemente ainda na fronteira do culto dos deuses, *eram chamadas "mistérios"* (da palavra *"misterium"* – "segredo"). Só que nos mistérios da Grécia antiga (assim como nos posteriores, da Idade Média) o "segredo" estava de algum modo "no exterior" dos participantes, por exemplo, na divindade, nos espíritos bons e maus etc.

O "segredo" no mistério moderno seria, ao contrário, algo de inseparável dos próprios participantes (pelo fato de que não procuramos nada fora deles, fora do homem). O que constitui o "segredo" coletivo dos participantes do jogo teatral, portanto o seu destino e a estrutura da sua vida, aparece aqui como *o objeto evidente, fundamental do mistério.*

3

Com relação a: "o espetáculo, como uma espécie de cerimonial, de sistema de signos".

Começarei por uma comparação de caráter irônico.

O xamã, que no dia anterior à caça lança um encanto sobre o urso, para que este se deixe matar e comer impunemente, serve-se de uma sequência fixada de encantos (signos de movimento, palavras e entonações). O ritual é um cerimonial com princípios fixados; no jogo ritual vige um sistema de signos abreviado, definido *a priori* – e portanto convencional.

Pois bem: o sistema de signos, o alfabeto convencional, o abandonar as ações "reais", literais, em direção à estrutura artificial, distinguem a teatralidade da vida, conferem à teatralidade o *status* de arte por meio da composição e da síntese. O teatro burguês, em nome da "verdade da vida" negou essa lei. A consequência foi fatal: o teatro frente ao cinema e à televisão (isto é, as artes da "literalidade") aparece inerme e até – paradoxalmente – derivado.

É preciso retornar às banalidades já que parecem atualmente esquecidas. O termo "arte" é próximo, afim ao termo "artificialidade".

Artístico é aquilo que é construído, portanto artificial (composição é igual a construção).

4

O teatro burguês é anticonvencional, é antes a busca da literalidade. Todavia isso não quer dizer que o teatro burguês não se sirva das convenções, ao contrário, criou todo um esquema de convenções próprias. Mas o teatro burguês serve-se de convenções como de um *mal inevitável* e justamente nisso está a sua anticonvencionalidade, a não teatralidade.

Alguém quer mostrar em cena, por exemplo, "as ondas agitadas do Oceano", mas como não dispõe da possibilidade de construir uma piscina de dimensões adequadas, substitui o oceano por figurantes, fechados dentro de sacos e que se balançam com um movimento rítmico. Lidamos aqui com um princípio não teatral (anticonvencional), porque a convencionalidade deriva neste caso da falta de meios técnicos para realizar a literalidade.

E, ao contrário, se colocamos em cena "as ondas agitadas do Oceano" dessa maneira, porque as pessoas fechadas dentro dos sacos e que se balançam "como o Oceano" nos interessam teatralmente ("nos divertem") quer dizer que (ao contrário do que ocorre no teatro burguês) raciocinamos *em termos teatrais*.

5

O ritual religioso desempenha uma função mágica. Os encantos do xamã e o gesto sagrado do sacerdote têm o escopo de obter um contato socorredor com a divindade (com os demônios, com os espíritos dos antepassados).

A função do teatro como jogo "ritual" é evidentemente diferente. *O ritual da religião é uma espécie de magia, o "ritual" do teatro, uma espécie de jogo.*

6

À função de brincadeira do teatro, eu estaria propenso a associar, pelo menos na minha prática, a questão de um infantilismo consciente, da criancice, da *brincadeira* com a convencionalidade.

O espectador (ou melhor, o participante) recebe certas premissas estabelecidas. Graças a elas constrói em sua imaginação o lugar da ação, o seu andamento, as suas associações, constrói a própria coparticipação etc. A imaginação não trabalha aqui "a sério", de boa fé, como no contato com os mitos religiosos, mas "fingindo", segundo as regras da brincadeira, de uma brincadeira coletiva. Revivem as associações e as imagens infantis, enquanto os objetos de cena e os figurinos tornam-se, na realidade, brinquedos, instrumentos da brincadeira, (ao contrário do teatro burguês, onde são literais ou uma imitação alusiva dos fatos da vida). Por meio do infantilismo consciente, perfura-se a imaginação e desperta-se o sentido da convencionalidade (como algo de puro, em si – como o senso de humor).

Brincamos, isso significa que buscamos a heterogeneidade, o que é inesperado, do avesso, que é o "diabo a quatro". A forma pulsa, refrata-se, tem lugar uma ruptura das convenções correntes, nascem aproximações e semelhanças inesperadas. Grotesco = sério, paródia = trágico, construção intelectual = espontaneidade (o bufo), cerimonial = acrobacia. A dialética da forma e, consequentemente, a dialética do processo psíquico, das convicções, dos modos de perceber.

Nessa mobilidade pelo avesso, ágil mobilidade relacionada não à situação, mas ao fluir das convenções teatrais somente, seria essencial o elemento da brincadeira, da surpresa, do desaforo, em uma palavra: de alguma específica essência *farsesca* acima do gênero, de alguma *hiperfarsa*.

A "farsa dialética". O "mistério laico". Estamos falando de um teatro para o qual seria necessário encontrar um nome ("farsa-misterium"?).

7

No espetáculo, durante um monólogo patético o ator está plantando bananeira. Os estranhos nos perguntam: "por quê?" qual o objetivo dessa esquisitice? por que o ator está plantando bananeira?" Respondemos: na realidade, o detalhe deve ser justificado pela estrutura da totalidade, nada no espetáculo pode aparecer por acaso; são de rigor a lógica e a coerência da forma. Portanto, por exemplo, na cena do louco monólogo está de cabeça para baixo o monstruoso burocrata Pobiedonóssikov – o absurdo das palavras transformou-se no absurdo da situação. O elemento acrobático justificou-se na lógica da forma, evidentemente, a seu modo diversa da lógica ocasional de cada dia.

O teatro burguês identifica a lógica da forma com a lógica corrente da vida e desta maneira falseia ambas. Em cena, o ator (no teatro burguês) está sentado, come, caminha, cospe, fuma, tosse, tamborila com os dedos na mesa, agita a perna, faz perguntas, responde, medita. E se estas atividades são justificadas, em linhas gerais, por alguma circunstância da vida ("a lógica da vida"), considera-se habitualmente que tudo já esteja absolutamente em ordem.

Mas o teatro se rege pelas leis da teatralidade. No teatro exige em igual medida "justificativa" o fato de alguém estar em pé assim como o fato de alguém estar de cabeça para baixo. Tanto em um caso como no outro, vige a lógica da forma, caso contrário o teatro não é composição, não é estrutura, isto é, não é arte. No teatro, tudo aquilo que está deveria ser teatro. Ou então, é não necessário. Se alguém no espetáculo faz um gesto ou executa alguma ação, é preciso perguntar: o que é no espaço – só um movimento "natural" ou um movimento artístico, teatral, um elemento da composição, uma construção, uma micropantomima? A palavra falada se é só *dizer* a palavra (mesmo com o pensamento, mesmo com a intenção) não é ainda algo de artístico, não é teatro. Onde está o som-matéria da composição? o som da palavra é para o teatro forma. Se não se confirma na totalidade da partitura (sonora e rítmica) é extra teatral.

8

Não faz sentido retomar as velhas controvérsias sobre a hierarquia, sobre quem é o verdadeiro artífice do espetáculo: o autor, o diretor, o ator, o artista plástico – e qual é o âmbito admissível de suas competências. No teatro é artífice aquele que em um dado concreto espetáculo o é efetivamente. E as competências criativas de um homem de teatro são exatamente aquelas que ele conseguir garantir-se na prática. A arte é regida, com efeito, pelo critério da *eficácia*. Nenhuma fronteira (rígida) pode ser aqui considerada seriamente. A arte no fundo é mais a superação das prerrogativas.

9

O procedimento que consiste no desmontar o texto por parte do diretor e, em seguida, no montá-lo segundo novos princípios, ou o procedimento com o qual se inserem, no texto, fragmentos provenientes do exterior, é justificado se é intencional, ou seja, se por meio da reconstrução o texto adquire novas propriedades dialéticas, se se formam contrastes e afinidades (de convenções estéticas, de significados etc.) que nos inspiram no presente, se – em uma palavra – por meio da renovação o texto se torna plasma *vivo*, matéria *viva*, se o procedimento equivale a trocar (ou a recarregar) as baterias.

10

O teatro "normal" perdeu o elemento do ritmo, portanto, estertora como um gramofone descarregado; só que com o gramofone, quando o disco gira muito lentamente, tudo já fica claro, o erro é evidente; o ritmo na música é necessário como o ar. Também no teatro o ritmo é necessário como o ar, mas no teatro é mais fácil esconder a *falta* de ar.

Protótipos biológicos do ritmo são o batimento do coração e a respiração. Por analogia aproximamo-nos talvez, no teatro, da "unidade de medida da matéria" rítmica (como a sístole e a diástole do coração, como a inspiração e a expiração). Se não se encontra essa "unidade elementar", falar do ritmo pode ser só uma sensação, não pode ter precisão.

"Unidade de matéria" do ritmo (alguns exemplos):

1) na linha estética – a mudança de convenção
por exemplo
(grotesco – sério
ponderado discernimento – bufo)
2) na linha psíquica – mudança da aura, da atmosfera do espetáculo
por exemplo
(recolhimento, concentração sobre o conteúdo, de um lado, expressividade, ativação, "desencadeamento" do espetáculo, de outro)
3) na linha da concretude:
por exemplo:
(imobilidade – intensificação do movimento
silêncio – intensificação do som
esboço – intensificação da interpretação)

A distribuição das "unidades elementares" (das mudanças) no período de desenvolvimento do espetáculo e a relação recíproca das linhas gerais do ritmo (seu adaptar-se, compenetrar-se ou abreviar-se) definem a estrutura rítmica do espetáculo e ao mesmo tempo o ritmo da recepção e da atenção do espectador.

11

A forma não funciona aqui como um fim em si, nem como um meio de "expressão" ou para "ilustrar" algo. A forma – a sua estrutura, a sua variabilidade, o seu jogo dos opostos (em uma única palavra, todos os aspectos tangíveis e técnicos da teatralidade de que se falou) – é um peculiar *ato de conhecimento*.

O ato de conhecimento, por sua natureza, é algo de aberto, não acabado, não pode ser uma repetição de métodos e de efeitos. A forma, de um espetáculo para o outro, não tem o direito de estabilizar-se, o espetáculo é *étude*, é superar a teatralidade apreendida (e, consequentemente: superar – ou desmentir – o eu "apreendido").

A "farsa" que é "mistério", o "mistério" que é "farsa", a identidade de "farsa" e "mistério", tudo isso define na mesma medida um certo tipo de teatro proposto e, justamente, um *certo tipo de conhecimento*.

Farsa-Misterium (tese)
Escrito datilográfico autógrafo, proveniente do arquivo privado de Ludwik Flaszen, corrigido a mão pelo autor. No alto da página inicial: "Seminário do Teatro das 13 Filas e do Círculo dos Amigos do Teatro das 13 Filas de Opole". No fim da página: "materiais teóricos de trabalho para uso estritamente interno". Opole, dezembro de 1960. Tese para uma discussão. Texto original em polonês.

Jerzy Grotowski

A Possibilidade do Teatro
Materiais de trabalho do Teatro das 13 Filas
Opole, fevereiro de 1962

As que seguem são anotações de trabalho. Derivam de uma concreta prática teatral, da sensação de que o teatro oficial tenha cumprido o seu tempo e da reflexão se é possível hoje o teatro.

Este texto não tem qualquer pretensão científica. É só o diário das pesquisas, um exemplo de certas soluções possíveis. Daí provém o seu caráter documental, portanto, onde foi possível, o autor se fez substituir por citações de outros que se referem à sua prática.

Os exemplos se referem [...] aos espetáculos que realizei no Teatro das 13 Filas em Opole [...].

Entre alguns dos elos do raciocínio a relação consequencial se rompe; é certo que pela lógica poder-se-ia fazer "não só assim"; a implicação tem caráter prático, isto é nesse concreto artesanato teatral, nesse tipo de consciência de ator ou de diretor foi testada essa e não uma outra lógica de bricolagem, de trabalho artesanal.

Uma informação necessária

(L. Flaszen sobre o Teatro das 13 Filas nos materiais do Instituto Internacional do Teatro, ITI): *"O Teatro das 13 Filas, com a direção atual e na sua forma atual, nasceu em 1959. Inaugurou há poucos meses a sua terceira temporada de atividades. Tratando-se de um teatro com princípios radicalmente experimentais e de vanguarda, é portanto na Polônia um fenômeno único no seu gênero. Todas as iniciativas semelhantes têm de fato um caráter efêmero e amador ou semiamador.*

O Teatro das 13 Filas é um centro estável e profissional. Apesar de suas dimensões modestas (uma pequena sala, um pequeno financiamento, um pequeno grupo de nove atores) funciona segundo os mesmos princípios que regulam quase todos os teatros poloneses, sob o patrocínio das autoridades locais. A sede do Teatro das 13 Filas é Opole, uma cidade pertencente aos Territórios

Ocidentais, distante dos grandes centros culturais; uma cidade que – embora tenha só sessenta mil habitantes – tem importantes ambições culturais.

O "13 Filas" é um teatro de jovens. O membro mais velho do grupo tem trinta e um anos. O diretor artístico é o JERZY GROTOWSKI. *O diretor literário é* LUDWIK FLASZEN. *Os atores que fazem parte da companhia desde a sua fundação e que determinam o seu estilo interpretativo são:* RENA MIRECKA, ZYGMUNT MOLIK, ANTONI JAHOŁKOWSKI. *Os outros:* ZBIGNIEW CYNKUTIS, EWA LUBOWIECKA, MARIA KOMOROWSKA, RYSZARD CIEŚLAK, ANDRZEJ BIELSKI.

O segundo diretor é WALDEMAR KRYGIER.

O coautor das pesquisas do teatro no âmbito de um espaço teatral unitário é o arquiteto JERZY GURAWSKI. *Essa companhia não é um amontoado de individualidades e de adeptos da arte teatral. Tem mais as características de um grupo artístico. E desse ponto de vista é escolhido e formado pela direção. Definem a linha prática do teatro os trabalhos de encenação de Jerzy Grotowski.*

O Teatro das 13 Filas se religa às pesquisas dos expoentes da Grande Reforma do Teatro (primeira metade do século XX). O teatro tradicional se encontrou, sem dúvida, em um impasse. Mas quantitativamente é preponderante; no cotidiano ele forma os gostos do público, é considerado "normal", enquanto nas tentativas da vanguarda veem-se pretensões extravagantes ou manias inofensivas.

No entanto, sabe-se, o teatro é suplantado por formas de espetáculo mais atraentes e de massa, como o cinema e a televisão. O teatro deve defender-se, mas só poderá defender-se encontrando aquelas formas que provem a sua especificidade e a sua necessidade, descobrindo funções tais em que não será a cópia de nenhum dos seus mais populares rivais. A única arma do teatro é a teatralidade. A ela tendiam, um tempo atrás, as pesquisas dos expoentes da Grande Reforma. Essas pesquisas, desperdiçadas por causa de numerosas circunstâncias desfavoráveis, ainda hoje, em um tempo pouco propício para o teatro, deveriam ser continuadas.

Observou-se que, depois de ter eliminado um a um os outros fatores, o único elemento no teatro que não seja nem artes plásticas, nem literatura e nem esteja ao alcance do filme, é o contato humano vivo, a ligação entre o ator e o espectador. Para reforçar essa ligação, trabalhou-se desde os tempos de Reinhardt. E ainda há muito o que fazer".

O subscrito está de acordo com aqueles que consideram que a especificidade do espetáculo como obra de arte seja:

a) o contato vivo, imediato entre o espectador e o ator,

b) o ato coletivo; atores e espectadores como uma só coletividade, conjuntamente ativa, participante e interativa,

c) a ausência de uma forma fixada (impressa, em fita, sobre outro material); o devir no contato entre espectador e ator.

Em cada espetáculo em que existe uma influência espontânea dos espectadores sobre os atores, e vice-versa, funciona a especificidade da teatralidade. No teatro oficial isso acontece em geral inconscientemente, o que não permite a plena realização do teatro enquanto comunidade viva. Trata-se portanto de fazer dessa ligação viva o ponto de partida das pesquisas em teatro.

A teatralidade (suponho):

o gênero estético que nasce no contato de dois *ensembles*: o *ensemble* dos atores e o *ensemble* dos espectadores. A comparação: a lâmpada de arco; o espetáculo é a centelha que passa entre os dois *ensembles*.

O diretor consciente coloca em cena, portanto, os dois *ensembles* (submete às operações da encenação o *ensemble* dos espectadores, não só o *ensemble* dos atores); aproxima-os reciprocamente, coloca-os em contato, em curto-circuito, em coatuação de modo que a centelha passe.

Temo que a proximidade estreita dos dois conjuntos tenha um caráter puramente convencional (por exemplo, que se limite a colocar de modo adequado as pessoas no espaço, ou que se limite a uma máxima moral comum, ou a um jogo comum). Procuro o fator que poderia atacar o "inconsciente coletivo" dos espectadores e o dos atores, assim como acontecia na pré-história do teatro, no período da comunidade viva e aparentemente "mágica" de todos os participantes da representação.

O arquétipo
"A dialética da derrisão e da apoteose"

A tarefa (no trabalho sobre um texto concreto):
Destilar do texto dramático ou plasmar sobre a sua base o arquétipo,
isto é, o símbolo, o mito, o motivo, a imagem radicada na tradição de uma dada comunidade nacional, cultural e semelhantes, que tenha mantido valor como uma espécie de metáfora, de modelo do destino humano, da situação do homem.

Por exemplo, o arquétipo do autossacrifício, do holocausto do indivíduo pela coletividade
    Prometeu
      "O Cordeiro de Deus"
      Winkelried*

O arquétipo do homem-xamã que se entregou às potências demoníacas e graças a elas obteve o poder sobre a matéria:

Fausto
Twardowski**
Einstein (na imaginação comum).

Um arquétipo seria também aquele derivado em parte do "tolo Zanni" e em parte do "cavaleiro errante" – Dom Quixote (como símbolo, não como obra literária).

Digo: destilar o arquétipo do texto, mas isso não significa que:
– o autor do texto tivesse consciência do arquétipo,
– o arquétipo exista sempre objetivamente em um texto, como alguma coisa pronta, e não como uma possibilidade,
– não se pode substituir ou identificar os arquétipos, por exemplo identificar algum arquétipo oriental (na arte oriental) com um arquétipo europeu, radicado no nosso âmbito cultural, vivo em cada um de nós, como a fábula de Hansel e Gretel, ou como o mito do Nosso Bom Jesus morto na cruz.

O arquétipo – como definido acima – é uma forma simbólica de conhecimento do homem sobre si mesmo, ou – se alguém preferir – de ignorância. Revelar por parte da encenação o arquétipo, a sua substância real, a sua essência, nos aproxima de fato do efeito que Broniewski caracterizou como **"penetrar a fundo com a voz e com o corpo no conteúdo do destino humano"** (discurso por ocasião de *Sakuntala* no Teatro das 13 Filas).

A concepção dos arquétipos foi formulada pela moderna psicologia do profundo; infelizmente em muitos casos ela se serve de uma interpretação radicalmente irracional com a qual é difícil concordar.

A convergência entre a minha definição teatral-doméstica do arquétipo e a teoria dos arquétipos de Jung é muito imprecisa; uso a palavra "arquétipo" em um sentido restrito, sem o *background* filosófico junguiano, não presumo a incognoscibilidade do arquétipo nem que ele exista fora da história. Etc.

O termo "inconsciente coletivo" não significa nesse caso (diferentemente da escola de Jung) alguma psique superindividual, mas funciona como uma metáfora operacional; trata-se da possibilidade de influir sobre a esfera inconsciente da vida humana em escala coletiva.

Plasmando no espetáculo o arquétipo, atacamos o "inconsciente coletivo": o que resulta uma ressonância, um reflexo, mesmo que seja na base de uma oposição, do sentimento de que algo foi profanado; aproximamos entre eles os dois *ensembles* (o grupo dos atores e o grupo dos espectadores) um pouco como uma provocação e, aparentemente, sobre a base de uma "magia", de um ato "mágico" do qual – como na pré-história do teatro – participam na realidade todos (mistério: o arquétipo representa o papel de objeto do mistério).

O espírito do tempo é laico e prático. Compreendemos na sua essência só aquilo que consumimos (afirmamos só aquilo que superamos).

O arquétipo será revelado, compreendido na sua essência, se o "atacamos", o colocamos em movimento, o fazemos vibrar, se o "profanamos" desnudando-o nos aspectos contraditórios, através de associações contrastantes e do choque das convenções. Então levamos o arquétipo do "inconsciente coletivo" para a "consciência coletiva", o tornamos laico, o utilizamos como modelo-metáfora da situação do homem. Atribuímos-lhe uma função cognitiva, ou mesmo – talvez – uma função do livre pensamento.

T. Kudliński escrevendo sobre *Os Antepassados* no Teatro das 13 Filas usou a expressão: "**dialética da derrisão e da apoteose**". A "Grande Improvisação" de Konrad no espetáculo de Opole foi plasmada do arquétipo do Gólgota, da redentoriedade, da cristidade (arquétipo principal de todo o espetáculo), esse arquétipo foi sucessivamente submetido à "dialética da derrisão e da apoteose". Transcrevo o relatório crítico de Kudliński: *"Gustaw-Konrad (intérprete: Zygmunt Molik) ao invés de um ramo de pinheiro leva (à casa do padre) uma vassoura que mais tarde na Improvisação segura sobre os ombros com ambas as mãos e que o esmaga em direção ao chão, como o peso da cruz. O aspecto ridículo do utensílio torna-se de repente trágico (...) Nessa cena atinge o ápice também a fundamental dialética da derrisão e da apoteose em que o histrionismo grotesco e um martírio trágico e demoníaco se interpenetram"*. (Dziennik Polski, 7. 7. 1961).

Em uma entrevista ao quinzenal *Współczesność* assim relatei a cena descrita:

"A Grande Improvisação, considerada habitualmente como uma rebelião metafísica cheia de *pathos*, como a luta do indivíduo contra Deus, nos pareceu um material para demonstrar a tragicidade e a ingenuidade da redentoriedade, o seu "donquixotismo".

(...) Tornamos o monólogo de Gustaw-Konrad semelhante à via crucis. Gustaw-Konrad avança – em meio aos espectadores – por etapas, como Cristo entre as estações da paixão. Leva um utensílio pouco sério, casual: uma vassoura e serve-se dela como Cristo da cruz. A sua dor deve ser autêntica, o seu sentimento da missão salvadora – sincero, e até mesmo pleno de tragicidade – mas as reações devem ser ingênuas, próximas ao drama pueril da impossibilidade.

Trata-se aqui – como em todo o espetáculo – de construir uma dialética teatral específica (jogo e cerimônia, trágico e grotesco, donquixotismo e "cristidade"). Na Improvisação, o núcleo estaria, sobretudo, na dialética de blasfemo e devoção: as vozes das mulheres cantam lamentosamente as invectivas contra Deus sobre a melodia das Vésperas, enquanto a queda de Gustaw-Konrad sob o peso das blasfêmias coincide com o som das campainhas da missa.

(...) Concentramos o sentido do espetáculo na Improvisação. Em sentido estrito poderíamos dizer que o sofrimento gera o mundo sobrenatural, mas também que a rebelião solitária, que tudo abraça, é sem esperança. O significado mais amplo e primário seria idêntico ao objeto estável da nossa pesquisa que Władysław Broniewski definiu como: "penetrar a fundo com a voz e com o corpo no conteúdo do destino humano". ("*Os Antepassados* como Modelo do Teatro Moderno", *Współczesność* 1-15. 9. 1961).

Desse modo eu delinearia os princípios da prática teatral de que se está falando. Encontrar e plasmar no espetáculo o arquétipo (aquilo que na pré-história do teatro constituía o objeto do mistério, o ponto "mágico" de convergência de todos os participantes). Revelar a função do arquétipo no "inconsciente coletivo", "atacá-lo", colocá-lo em movimento, fazê-lo vibrar, laicizá-lo, utilizá-lo como uma espécie de modelo-metáfora da condição humana, tirar o arquétipo do "inconsciente coletivo" e levá-lo à "consciência coletiva". Para isso serve no espetáculo o choque dos opostos, dos aspectos contraditórios, das associações e convenções contraditórias, a dialética da teatralidade, ou – como a definiu Kudliński – "a dialética da derrisão e da apoteose".

O Prof. Jerzy Kreczmar sobre *Os Antepassados* no Teatro das 13 Filas:

"A Grande Improvisação. A derrota da vaidade e da soberba.

Em Mickiewicz a derrota de Konrad precede o triunfo de Dom Pedro que representa a ideia da humildade. Em Opole o diretor prescinde de Dom Pedro, mas quer esclarecer a questão segundo as intenções do autor, apenas por meio de Konrad. Konrad desde o início é um histrião soberbo. Sofre por "milhões" como Cristo, portanto como Cristo cumpre a via crucis. Mas, uma vez que o seu sofrimento deve ser a caricatura do sofrimento, na sua peregrinação, se dobra não sob a cruz, mas sob uma vassoura. Com a vassoura sobre os ombros se desloca entre o público recitando o texto da Improvisação. Uma vez que o sofrimento por milhões é só um dos títulos que autorizam Konrad a lutar com Deus, temos que lidar com a tentativa de evidenciar no plano expressivo um dos elementos do texto a fim de atenuar os outros.

Afirmar que todo o público reunido compreenda a ideia do diretor seria excessivo. Depende do grau de conhecimento da obra. Mas é fácil observar que a cena – como se costuma dizer – causa impressão. Silêncio e recolhimento se difundem na sala" ("Szkice i projekty", *Teatr* 1-15.9. 1961).

Jerzy Zagórski no *Kurier Polski* (18. 11. 1961):

"*Grotowski eliminou as cenas mais banalizadas no teatro, particularmente aquelas de argumento político. A ênfase recai portanto sobre as cenas menos exploradas, com a exceção da Grande Improvisação, que também essa vez ocupa a posição-chave. Enquanto a interpretação é absolutamente fresca: o ator fala dobrando-se sob uma vassoura, que deve arremedar, ou simbolizar a cruz. Diz então frases aparentemente insolentes, soberbas e subversivas um homem totalmente irresoluto e fraco*".

Cito propositadamente uma série de vozes descritivas. O fato de plasmar no espetáculo o arquétipo e de submetê-lo à "dialética da derrisão e da apoteose" não deveria dar como efeito estruturas unívocas, unidimensionais, chatas. Trata-se, antes, do sentido contido na *pluralidade de significados*.

O arquétipo da redentoriedade formou-se no espetáculo apenas na cena da Grande Improvisação. Antes o tinha preparado gradualmente no espetáculo o elemento da estranheza, da bruxaria, mais precisamente da brincadeira da bruxaria. O defeito nesse caso – como creio hoje – esteve na formação tardia do arquétipo principal do espetáculo (justamente no final – a Grande Improvisação – o Sacrifício salvífico); o arquétipo era anunciado nos atos precedentes só pela convenção (a brincadeira da bruxaria); isto não favoreceu a homogeneidade do espetáculo, nem o seu desenvolvimento orgânico.

Tentativas de plasmar o arquétipo e "a dialética da derrisão e da apoteose" em alguns espetáculos precedentes.

Caim segundo Byron (Teatro das 13 Filas, 1960)

Arquétipo: O mito bíblico.

A **"dialética da derrisão e da apoteose"** funcionava ali sobre dois planos.

Em primeiro lugar, como uma teologia perversa e sarcástica (ateologia? antiteologia?) que confere a Lúcifer os atributos da sabedoria e da luz e que representa ao contrário Jeová como o espírito das trevas; em suma Jeová e Lúcifer demonstraram-se algo de idêntico (intérprete: Zygmunt Molik); o texto do drama (a "ironia byroniana") deu as premissas para tal tratamento, de resto o próprio Byron defendia Caim e culpava Abel.

Em segundo lugar, o arquétipo bíblico foi submetido no espetáculo à dialética de convenções teatrais contraditórias e surpreendentes; o espetáculo tornou-se uma série de convenções, quase uma série de gêneros.

"*O diálogo filosófico transforma-se em escárnio, o choque metafísico – em derrisão, o demonismo – em circo, o horror trágico – o cabaré, a lírica – em bufonaria e trivialidade. Registramos além disso a caricatura, a paródia, a sátira, o vaudeville, a paródia da obra lírica, a pantomima, o balé frívolo (...) Cada situação é interpretada em uma chave diversa. A mudança contínua de atuação e as mil invenções, a música insistente, ensurdecedora, o alto-falante que fala (...) no lugar do ator em cena, o ator na plateia, as frases dirigidas pelos atores ao público, a improvisação dos atores durante as mudanças de cena"...* – assim anota as suas observações sobre *Caim* um dos críticos.

O arquétipo bíblico e a "dialética da derrisão e da apoteose" que o acompanha tiveram efeito na solução espacial do espetáculo; o palco era um altar, o lugar das oferendas rituais, dos sacrifícios cruentos – a plateia, algo do tipo de uma nave, o lugar dos fiéis.

Assim acolheram *Caim* os observadores externos:

O quinzenal *Teatr* no artigo de Andrzej Wróblewski, com o título "Uma Tentativa de Aproximação Bem-sucedida", 15 – 31. 3. 1960:
"*Com a encenação do* Caim *de Byron (a primeira na Polônia) o Teatro das 13 Filas de Opole comprovou a coerência de seus princípios artísticos (...) A liberdade do indivíduo, os efeitos éticos e morais do conhecimento, o espírito indagador do intelecto humano, a relação com a sociedade ou o horror da morte: toda a argumentação proveniente da tentativa de defender Caim não para de interessar o homem, independentemente do período histórico. O teatro mostrou isso de maneira interessante e atraente. Evitou o fácil sensacionalismo da descoberta das tendências existencialistas na poesia de Byron. Ao contrário, enfrentou uma encenação polêmica ou até mesmo sarcástica de partes específicas da obra. O diretor permitiu que os atores interpretassem longas passagens mecanicamente, para se deter em outras e ressaltar o sentido polêmico ou controverso, colocando em cena naquele momento (...) uma esgrima... com os refletores*".

Życie Literackie no artigo de Jan Pawel Gawlik com o título "A Universalização do Mito ou o Mito da Universalização", 27. 3. 1960:
"*Jerzy Grotowski trabalhando sobre o* Caim, *de Byron, cumpriu uma séria operação, mudou a própria essência do diálogo de Byron, cheio de inquietude, que rivaliza com Deus, mudando sua entonação que se torna irônica e por vezes parodística. Mas essa universalização além de uma mudança de clima de efeito mas bastante estéril não muda muito o texto do poeta, deixando intactos os seus valores fundamentais, como a discussão que os impregna sobre os princípios, sobre a dignidade e o sentido da existência, sobre as questões fundamentais do ser. A ingerência do diretor limitou-se à interpretação atoral, às vezes realmente surpreendente, e todavia não mais rica do que o texto do espetáculo, fortemente*

byronizante, porém interessante (...) Mas o Caim *de Grotowski não é só uma mistificação. Há nessa peça a corrente viva do nosso tempo e há uma importante carga filosófica que o diretor hábil e propositadamente extrai do texto de Byron (...) Exatamente aí está o valor da produção do teatro de Opole (...) Na capacidade de trazer à tona as perguntas, no acumulá-las, na condensação e nas estratificações formais (...) A força natural cênica, a força natural da forma nos mostraram nessa peça a nesga de uma escatologia contemporânea".*

Przegląd Kulturalny no artigo de Stafan Treugutt intitulado "Os Experimentadores de Opole", 20. 4. 1960:
"A insolúvel, para Byron, tragicidade de Caim, homem eterno, resolve-se aqui bastante simplesmente, ela é só um momento simbólico do re-conhecer (...) que nadamos na heterogênea corrente da vida, trágica e grotesca, imensa sobre o plano cósmico, ridícula na esfera do privado, mesmo assim é a mesma corrente".

Houve também uma voz que gritava no deserto:
"Uma demonstração de impudente derrisão literária e de vergonhosa incapacidade dos atores (...) Considero culpados os críticos e ensaístas que – um enigma psicológico? – com mortífera seriedade fazem-se enganar e escrevem bobagens (...)" (Jaszcz, 3. 4. 1960).

Uma tentativa de definição:
"No conjunto domina a heterogeneidade estilística, como princípio guia do espetáculo (...) A estranheza da existência, a orgulhosa derrisão e a humilde sensação de nulidade. Mas sobre isso é colocada uma máscara de riso grosseiro e de vulgar feiura. A fim de que ninguém por acaso suspeite de que também nós temos dúvidas, pensamos, às vezes sofremos" (Zofia Jasieńska na polêmica com o espetáculo *Caim, Więź,* maio de 1960).

O que era a força em *Caim* – a dialética de convenções contraditórias e surpreendentes, a série de convenções, quase a série de gêneros – por causa do excesso sufocava por momentos o motivo principal: o próprio arquétipo. De fato podia ter-se a impressão de uma certa falta de controle, de um excesso, havia nisso algo do exorcismo, em sentido negativo.

[...]

Sakuntala segundo Kalidasa (Teatro das 13 Filas, 1960/61)

Arquétipo: ELE-ELA

O arquétipo do amor "predestinado", originado no "magnetismo dos corações" (modelo poético, como na lenda do andrógeno).

"A dialética da derrisão e da apoteose" consistia em criar um contraponto ao arquétipo poético por meio daquilo que é o seu substrato fisiológico, por meio do erotismo da esfera biológica, assimilando os atos de amor dos seres humanos ao espasmo dos pássaros ou dos insetos, através do movimento que pela associação inconsciente revela as suas fontes fisiológicas; até a forma abstrata erguida no centro da ação despertava associações – digamos assim – freudianas: **"sólidos de forma neutra, um oblongo, como o casco de uma tartaruga, ou como uma barriga, o segundo vertical como uma coluna ou uma árvore ou alguma outra coisa ainda"** (T. Kudliński, *Dziennik Polski*, 18. 1. 1961). O espetáculo terminava com o rápido envelhecimento dos protagonistas, diante dos olhos dos espectadores. O fim das forças biológicas – o início do saber da velhice.

O segundo tipo de "dialética da derrisão e da apoteose" era a adoção da convenção do teatro oriental, como uma espécie de jogo de sociedade:

"Aí concretamente brincamos de teatro oriental. Mais precisamente: pseudo-oriental. Por meio da convencionalidade do gesto, do modo de falar, da criação de todo um alfabeto de signos cênicos convencionais é como se se tendesse para a síntese do teatro oriental (com efeito mais à paródia das imagens correntes sobre o teatro do Oriente). (...) A tarefa principal da encenação de Grotowski não é porém o puro jogo. Por meio do jogo ela aspira a romper certos hábitos mentais. Procura fazer com que o espectador perceba os velhos, mas sempre vivos, paradoxos do amor e, ao mesmo tempo, procura escarnecer dos ingênuos lugares-comuns do Oriente, de difusa crença". (L. Flaszen sobre o espetáculo *Sakuntala*).

"Às nossas costas, sentam-se dois comentaristas, que interrompem ou talvez comentem o desenvolvimento da trama, dizendo fragmentos extraídos do Kamasutra, *o antigo manual indiano da arte do amor (...)*

(Utilizamos em *Sakuntala* uma série de antigos textos clássicos indianos que não fazem parte da peça de Kalidasa – nota de J. G.).

(...) E, (surpresa, aquelas observações licenciosas dos comentaristas não prejudicam o fascínio de uma bela história de amor" (Olgierd Jędrzejczyk, "Sakuntala de Opole", *Gazeta Krakowska*, 27. 12. 1961).

Um plano ulterior no qual o arquétipo era dialeticamente "atacado", feito "vibrar", era aquele do contraste entre os refinados versos de Kalidasa e as prescrições amatórias, e os figurinos infantilmente ingênuos, desenhados pelas crianças da Escola de Artes Plásticas de Opole (a classe de W. Maszkowski).

A tentativa de construir uma dialética multíplice das formas cênicas nesse espetáculo chamou a atenção do crítico de *Współczesność*.

"*Sakuntala*: antigo drama erótico indiano segundo Kalidasa, espetáculo com a cena no centro e às costas dos espectadores, convencional de modo provocatório, vibrante com o ritual detalhado dos gestos, da mímica, das disposições cênicas visuais e das composições luminosas, da constante utilização de toda a gama das tonalidades vocais, das intromissões musicais. Provavelmente é o espetáculo mais audacioso do 13 Filas. Ao antigo conto indiano foi dada uma forma dúctil e surpreendente com o entrecruzamento de alguns gêneros, com o seu consciente embaralhamento. Uma moralidade revestida de escárnio racionalista ou uma paródia infantil do teatro oriental, uma grande brincadeira de convencionalidade infantil? Tem tudo..." (Intérpretes principais: R. Mirecka – Sakuntala, Z. Molik – Rei, A. Jahołkowski – Jogral-Pescador).

Observei que a falta de um enxerto do arquétipo amoroso oriental em um arquétipo claramente europeu, a falta de um enxerto evidente, de uma referência – a Adão e Eva? a Romeu e Julieta? a alguém mais? – provocou uma certa estranheza nesse espetáculo. O espetáculo obteve sucesso de crítica e entre os espectadores. Mas – sentando-me todo dia entre os espectadores – não me libertei até o fim da sensação de que haja nesse jogo algo de estranho, algo que "não nos pertence", que "não é dos nossos".

Queria falar brevemente de KORDIAN segundo Słowacki, atualmente em ensaio; estando em ensaio, só se pode falar das intenções, não há qualquer garantia de que a prática será eficaz.

Arquétipo:

próximo ao arquétipo do nosso espetáculo *Os Antepassados*: o holocausto, o ato de autossacrifício, o sacrifício do sangue – "Winkelried" –

isto é, o arquétipo que funciona nas variantes evidentes e escondidas do messianismo nacional polonês (e não só).

A dialética da afirmação e da superação, a dialética das formas que atinge o arquétipo e em um certo modo o coloca a nu, foi baseada em uma só, mas radical, operação. A totalidade da ação de *Kordian* foi transferida para as circunstâncias da cena ambientada no manicômio; por causa da remontagem da sequência das cenas do drama, o texto dessa cena dá início e término ao espetáculo, também como um *leitmotiv* vai e vem entre as cenas remanescentes.

Desse modo o acontecimento messiânico tornou-se o delírio, a alucinação, a improvisação e a ficção de pessoas doentes. Mas o delírio subleva unicamente a realidade em uma dimensão um tanto diferente: o sofrimento permanece sofrimento, o ato de sacrifício, ainda que cumprido no delírio, permanece holocausto, sacrifício do sangue.

O monólogo sobre o Monte Branco no qual Kordian (intérprete: Zbigniew Cynkutis) oferece o próprio sangue pela nação e o sangue da nação polonesa por todas as nações (o arquétipo de Winkelried) é realizado nas condições de uma operação: o doutor tira o sangue de Kordian, Kordian está em um estado de choque histérico, o sacrifício do sangue é um dar o sangue real, portanto é escárnio e é um martírio fictício, mas "demoníaco", por isso é afirmado, levado à apoteose.

Considero tudo aquilo que foi dito até agora sobre o formar-se o arquétipo no espetáculo em termos de trabalho e convencionalmente. Não considero qualquer regra digna de ser fixada. Nem mesmo o fato que se deva plasmar no espetáculo um arquétipo; habitualmente existem diversos deles, enxertam-se, ramificam-se, tomemos um deles como principal e este se torna o eixo psíquico do espetáculo. Mas é preciso levar em conta possibilidades diferentes, por exemplo, a possibilidade de formar um arquétipo associado (uma estrutura homogênea que se compõe de arquétipos equivalentes). De resto, tudo isso está mesmo para ser pesquisado.

"A dialética da derrisão e da apoteose" "atacando" o arquétipo faz vibrar toda a cadeia de tabus, de convenções e de valores consagrados. Desse modo forma-se a cintilação do espetáculo: a roda de profanações, os estados sucessivos (ou os níveis) das contradições, as sucessivas e recíprocas antíteses, a sucessiva anulação dos tabus... que faz emergir na realidade um novo tabu (à rebours); e de novo a anulação...

"O cerimonial teatral é uma espécie de provocação. Uma provocação que tem a finalidade de atacar o inconsciente coletivo. Daí deriva o atuar com os opostos: expor coisas sublimes de modo bufonesco e, ao contrário, coisas vulgares de modo elevado (...). Daí o tom sagrado que oscila na fronteira entre seriedade e paródia: o achado preferido de Grotowski é a introdução de alusões litúrgicas no modo de falar e no gesto. E o tom blasfemo. A brincadeira perversa com as coisas sacras, o incessante cortejo de valores comuns e de convenções colocado em movimento circular em torno do eixo que tem por nome: inquietude ligada à visão de mundo. Eviscerado das suas imagens habituais, que o espectador perceba a relatividade e a bizarria dele. E o fato que – malgrado aquela relatividade e aquela bizarria – está condenado a elas" (L. Flaszen sobre o Teatro das 13 Filas nos materiais do Instituto Internacional do Teatro, ITI).

"A atuação teatral, o jogo não constituem naturalmente um fim em si. A sua função é romper as convenções existentes, as ideias sobre a realidade, os fósseis mentais, descobrir semelhanças secretas e surpreendentes. Disso deriva *a mistura de coisas solenes com o jogo, de trágico e grotesco, de seriedade do rito com a criancice e com a acrobacia. Os contrários se constituem em uma qualidade nova, em uma estrutura que é a metáfora do destino humano, uma paródia do destino"* (Verbete "Teatro das 13 Filas" no almanaque *A Região de Opole, Pessoas, Fatos* do ano de 1962).

Por onde entra, em uma prática desse tipo, a contemporaneidade? O arquétipo é, de algum modo, a ponte "entre os velhos e os novos anos". A contemporaneidade (e as suas tendências) entra na estrutura do espetáculo através da direção de pesquisa do arquétipo, através do modo em que ele se forma no espetáculo, através do modo das associações e das alusões, através da dialética da derrisão e da apoteose que – em relação ao arquétipo – age como "verificador" convocado pelo presente.

A FÓRMULA ESPACIAL DOS DOIS *ENSEMBLES*

Eu resumo:
– o espetáculo é a centelha que passa entre os dois *ensembles*: o *ensemble* dos atores e o *ensemble* dos espectadores,
– dando forma ao espetáculo de modo tal que ataque o arquétipo, atacando o "inconsciente coletivo" dos dois grupos: do grupo dos atores e daquele dos espectadores, formamos uma certa comunidade, análoga aos atos "mistéricos" da pré-história do teatro,
– a "dialética da derrisão e da apoteose" tira o arquétipo do "inconsciente coletivo" dos dois *ensembles* para a "consciência coletiva" (superação da magia, da esfera da sombra, laicização do arquétipo, sua utilização como modelo-metáfora da condição humana),
– o diretor consciente coloca em cena os dois *ensembles* (não só o grupo dos atores), os aproxima reciprocamente, os coloca em conjunção, corpo a corpo, em contato, em coatuação de modo que a centelha passe (o espetáculo).

É NECESSÁRIO ESTABELECER UMA FÓRMULA ESPACIAL COMUM AOS DOIS CONJUNTOS, UMA CHAVE ESPACIAL, PARA QUE A CONJUNÇÃO NÃO SEJA UMA QUESTÃO FACULTATIVA.

Tomemos como ponto de partida a prática:

(L. Flaszen sobre o Teatro das 13 Filas, nos materiais do Instituto Internacional do Teatro, ITI): *"Nas encenações de Grotowski não só foi eliminada a moldura cênica, não só os atores se dirigem diretamente aos espectadores, passeando em meio a eles e sentando junto a eles. Mas foi eliminada totalmente a divisão entre palco e plateia, divisão que – ainda que notavelmente suprimida em comparação com o palco italiano – existe ainda até mesmo no palco em arena. No Teatro das 13 Filas o dualismo palco-plateia foi substituído por um espaço teatral unitário. O campo de ação é toda a sala que ao mesmo tempo é também a plateia.*

O "espetáculo" sucumbe. De fato chega a faltar a concentração unitária da ação, cujo campo se desloca incessantemente, enquanto os espectadores olham não só os atores, mas também a si mesmos reciprocamente. Desaparece o elemento mais espetacular que no teatro é a cenografia. A arquitetura da sala a substitui: um sistema engenhoso de praticáveis, o singular deslocamento das cadeiras e das passagens, mutáveis, segundo as exigências de um dado espetáculo.

Portanto um teatro assim pensado não é tanto "espetáculo", isso é, algo que se olha, mas é mais algo de que se participa. É uma espécie de rito ou de cerimonial. É como se o ator fosse o representante da comunidade dos espectadores, aquele que a provoca e a convida a participar do rito teatral comum. Ao mesmo tempo, aos espectadores – segundo o andamento da ação – são atribuídos papéis concretos.

O espectador nem por um momento deve saber o que lhe acontecerá. Está completamente refém das surpresas, circundado pelos atores que, frequentemente, se dirigem a ele cara a cara e o induzem mesmo a cumprir certos atos previstos pela ação. O método do choque e da surpresa psíquica cria a aura da comunidade. A ligação entre o espectador e o ator torna-se quase uma ligação ao pé da letra. Quase como nos ritos mágicos, reconhecidos como as pré-fontes arcaicas do teatro...

Naturalmente, este não é um cerimonial totalmente sério, solene. É antes uma espécie de jogo de magia".

Portanto, ao menos na nossa prática:

a solução espacial do espetáculo segundo o princípio da fórmula unitária que compreende e plasma os dois *ensembles* (o grupo dos espectadores e o dos atores) produz um efeito "ritual", "mágico" que apela para o "inconsciente coletivo" dos participantes. Eis o ponto em que a fórmula espacial comum do espetáculo se entrecruza com o princípio do arquétipo; a formação no espetáculo do arquétipo apela também para o "inconsciente coletivo" dos participantes, àquilo que é a fonte do teatro (o ato "mágico").

Mas a magia, a esfera da sombra, a esfera do "inconsciente coletivo" deve ser superada:
– no arquétipo do espetáculo, submetendo-o à "dialética da derrisão e da apoteose",
– na fórmula espacial comum "ritual" dos dois *ensembles*, reduzindo o ritual a jogo, a magia a poesia coletiva, a ato da imaginação; poderiam

ser usadas aqui as definições: dialética do jogo e da poesia, do jogo e da imaginação, contanto que por jogo entendamos uma espécie de jogo comum, e não simplesmente algo de alegre, divertido.

Volto à fórmula espacial unitária dos dois *ensembles*. A variante mais radical, a variante "pura" que consiste na eliminação do palco (eliminação literal, que não deve ser confundida com o palco em arena) foi o resultado de uma longa evolução. O processo de pesquisa naquela direção foi iniciado com *Caim*.

A partir de *Sakuntala* acompanhou-me nesta pesquisa o arquiteto Jerzy Gurawski (é um companheiro de armas corajoso, cheio de iniciativa, criativo).

A variante do teatro sem palco tomou forma em *Os Antepassados*. Procuramos desenvolvê-la em *Kordian* (em *Kordian* toda a sala é a sala de um manicômio; os espectadores nela estão fechados com as grades (literalmente) junto com os atores, estão sentados em bancos, em camas comuns e em beliches, os atores se distinguem só quando conduzem a ação, mas mesmo então apelam para a coatuação dos espectadores).

Volto a *Os Antepassados*. O relato do prof. Jerzy Kreczmar: *"Os Antepassados, segunda parte, é o rito dos mortos. É preciso induzir os espectadores a participar do rito. Para esse objetivo, toda a sala (não a metade, como se vê às vezes nos teatros que fazem tentativas semelhantes) constitui o terreno da ação. As cadeiras são dispostas de modo caótico, não em 13 Filas, e entre as cadeiras se movem os atores (...) desse modo, o público torna-se o mudo coparticipante do coro. Os encantos e as aparições ocupam cada vez um ponto diferente da sala; os espectadores devem virar-se em diversas direções, o que não cria maiores dificuldades por causa da exiguidade do espaço. A algumas pessoas são também confiados papéis. E assim por exemplo, interpreta forçada a pastorinha uma jovem do público que desconhece as próprias funções, que se sentou sobre a tumba e é identificada imediatamente pelo ator que distribui os lugares na sala (...). "Do que você ri" diz o coro e acompanha aquela que está toda confusa do lado de fora da porta. Um momento depois há a pausa e "a atriz, malgrado seu" volta à sala entre os aplausos"* ("Szkice i projekty", *Teatr*, 1-15. 9. 1961).

O meu relato na entrevista para *Współczesność*, 1-5. 11. 61:

"Se *Os Antepassados* são um drama ritual, extraímos dele consequências literais: organizamos a comunidade que não se divide distintamente em espectadores e atores, mas, antes, em participantes de primeiro e de segundo plano. Trata-se aqui de uma comunidade submetida ao rigor da "ritualidade", não se cria nem se representa nada, mas se participa de um certo cerimonial que libera o inconsciente coletivo. Em

Os Antepassados eliminamos o palco. Os espectadores foram deslocados por toda a sala. Assim como os atores. Dirigem-se diretamente aos espectadores, tratando-os como coatores, até mesmo estimulando-os a participar do movimento de cena. Em segundo lugar: a superstição como matéria-prima artística. A possibilidade de mostrar como a comunidade constrói para si as representações do mundo sobrenatural e como ela mesma as interprete, leva – através do grotesco – a compreender a verdade sobre a ignorância e sobre o sofrimento dos homens".

Como se vê, a fórmula espacial dos dois *ensembles* nos parece praticamente inseparável da fórmula da encenação geral, ou seja, daquilo que na nossa concreta prática teatral chamo dar forma ao arquétipo e à "dialética da derrisão e da apoteose".

Tadeusz Kudliński:
"O teatro primitivo era um rito coletivo (...) Grotowski procura ressuscitar a experiência teatral coletiva, em uma palavra, procura ativar os espectadores e envolvê-los na ação. É, portanto, uma operação inovadora, não só artística, mas também social. Coerente com esse princípio, Grotowski rompe com o palco e com a ribalta tradicionais, rompe também com a cenografia. No lugar delas Gurawski organizou o campo de ação (...) sobre vários níveis, esse ocupa a inteira sala teatral e portanto também a plateia onde circulam e agem os atores. Assim, o nome Teatro das 13 Filas não é mais atual, uma vez que não existem mais "filas".

Os atores dirigem-se, por vezes, diretamente aos espectadores, atacam com o texto (...) Desse modo, o teatro alcança realmente a situação totalmente nova em que palco e plateia se interpenetram e deles se cria uma única comunidade (...)" (*Dziennik polski*, 7. 7. 1961).

Não faltam ali sérias dificuldades a serem resolvidas, já percebemos em *Os Antepassados* por exemplo a questão da plena visibilidade da ação na sala sem palco; desse ponto de vista havia em *Os Antepassados* alguns lugares desconfortáveis para o público.

A segunda questão é a falsa expectativa de que o fato de colocar o espectador **na situação** de "ator", **automaticamente** suscite nele os correlatos, intensos estados psíquicos. Não tenho, em relação a isso, motivos específicos para me lamentar; mas quais eram as esperanças?

Alguns simples desenhos que se referem ao funcionamento do palco e da plateia, em diversas disposições espaciais, devem substituir uma eventual teoria.

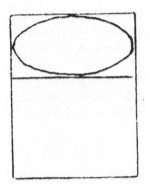

Disposição convencional.

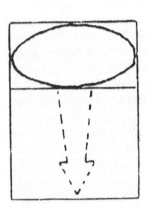

O teatro do período da Grande Reforma na disposição de Meierhold, Piscator e outros. Os atores, por momentos, estão diretamente na plateia, estão em contato com o espectador. Mas o lugar fundamental da ação permanece o palco.

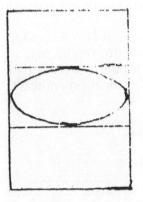

Palco em arena.

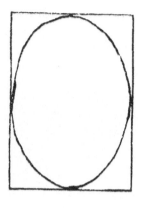

O Teatro das 13 Filas
Os Antepassados
Kordian
(eliminação do palco)

Nem sempre se dispõe – quando o teatro tenha necessidade – de uma sala vazia que se possa adaptar em conformidade com as intenções e de maneira diversa para cada estreia (ou de maneira um pouco diversa).

Considero esta disposição como a variante "pura", modelo da fórmula espacial dos dois grupos:

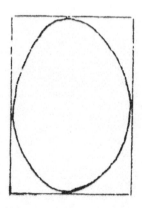

(co-*ensemble* derivante dos dois *ensembles*)

Seria preciso saber transferir para outras condições arquitetônicas as conclusões tiradas dessa disposição.

Por exemplo, uma sala teatral convencional:

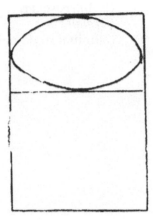

O primeiro passo. O diretor deve se dar conta do fato de que deve colocar em cena dois *ensembles*: não só o grupo dos atores;

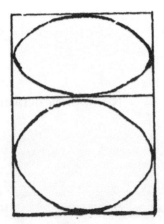

só nesse ponto é possível aspirar a inscrever estas duas disposições separadas em uma só fórmula:

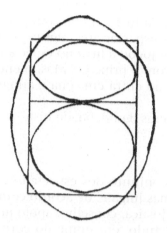

A tarefa:
utilizar, do ponto de vista da encenação, o fato de que existem duas comunidades que devem entrar em contato ou em conflito entre elas.

O exemplo:
A possibilidade de obter a fórmula teatral comum em um teatro à italiana (com o palco separado, normal).

O texto: uma peça barroca.

O arquétipo: a "sacra família", como protótipo pressuposto da hierarquia social.

A "dialética da derrisão e da apoteose": as convenções dos costumes barrocos – a etiqueta das hierarquias – o jogo de etiqueta.

Estabelecemos entre os espectadores o lugar do príncipe.
Dividimos os lugares dos espectadores em:
    aristocracia
    cortesãos
    rica burguesia
    plebe.
Entregamos ao "príncipe" escolhido entre os espectadores um bufão (ator). Introduzimos o pessoal de corte e os cavaleiros de serviço.

Introduzimos um sistema especial com o qual os atores – durante a ação – contatam os "estados", os atores tratam de modo diverso os diversos estados, da submissão ao desprezo e à insolência.

Quando chove – no âmbito da trama – os atores banham a "plebe" com água comum, enquanto aspergem com perfumes os "poderosos". Improvisa-se entre os espectadores algum incidente (espectador – ator – um duelo? o ator jogou a luva no espectador?).

Os atores flertam com o príncipe. Mas, ofendido por uma brincadeira trivial, um cortesão entra em cena e atinge, de prancha, com a espada, o ator. Etc.

Não segundo as regras da fidelidade histórica, mas segundo as regras do jogo.

Um outro exemplo:
a tragédia antiga. O conjunto dos espectadores se identifica com o coro. O coro se cala, mas julga e, de acordo com isso, os personagens da tragédia procuram justiça, conselho, apoio nele.

De quando em quando, em nome do coro, fala o corifeu – um ou mais. Ele, antes de tomar a palavra, verifica os rostos do coro, a "entonação" desse silêncio, absorve-a (ao pé da letra, representa no "tom" da reação do público naquele momento, sujeitando-se – no que diz respeito à entonação – à sugestão do humor do público naquele momento).

A plateia-coro faz emergir e anula os atores, quem entrou no meio da multidão cessa de existir como personalidade distinta. E semelhantes. Talvez os espectadores, como nos tribunais da Grécia antiga, poderiam julgar? votar levantando a mão? seria necessário, então, ter prontas duas variantes de encenação para a continuação.

Uma outra chave:
o princípio da luta (comunidades inimigas).

Uma outra chave ainda:
a aplicamos em *Caim* (a paráfrase irônica do "palco" e da "plateia" na missa católica, romana);
a "missa negra": o palco = o altar sacrifical, a plateia = a nave dos fiéis, os atores = os "sacerdotes-sacrificantes" falam com os espectadores, os provocam, no âmbito de uma espécie de "liturgia negra"; há nisso naturalmente o motivo do jogo, quase do cabaré.

Infelizmente, fora da sala de Opole (em turnê) não conseguimos obter a sugestão do lugar "blasfemo", "ritual" (como levar consigo a sala? com as paredes? mas a culpa principal era talvez do próprio espetáculo que não realizava até o fim a sua fórmula espacial de modo bastante claro e coerente).

O número de variantes da fórmula espacial comum aos dois *ensembles*, até mesmo nas condições de um teatro com arquitetura "normal", convencional, é praticamente ilimitado.

O palco em arena abre ulteriores possibilidades. Com a finalidade de criar a fórmula teatral comum seria necessário utilizar as tensões espaciais inatas de tal sala,

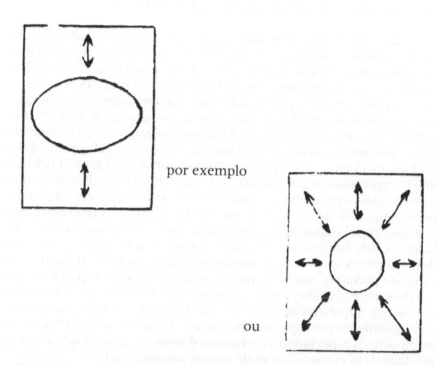

por exemplo

ou

Portanto seria necessário utilizar as passagens entre os espectadores (ou os lugares às costas dos espectadores) e plasmar o espetáculo segundo uma certa ritmicidade consciente; centrífuga – centrípeta.

Tentativas desse tipo foram realizadas em *Sakuntala* (eram tentativas muito elementares, quase primitivas).

"A reestruturação da disposição tradicional da sala teatral no presente espetáculo tem o objetivo de eliminar completamente, literalmente, a ribalta que, normalmente, divide o espectador do ator. Que o espectador, cercado pelos atores por todos os lados, se sinta não a testemunha passiva dos eventos, mas o participante ativo do "rito" que tem lugar no centro da plateia. Com este mesmo objetivo, grupos de

espectadores são tratados como atores que representam, entre outros, os eremitas, os cortesãos etc." (L. Flaszen sobre *Sakuntala* no Teatro das 13 Filas).

"Um evidente e coerente passo à frente é a ulterior aproximação do espectador daqueles que atuam, a anulação da divisão entre palco e plateia. O palco foi transferido para o centro da sala, foi eliminada contudo a ribalta, o público é tratado nas duas extremidades da sala como participante do drama, aspecto este que é enfatizado quando se acendem as luzes no momento oportuno sobre a plateia, enquanto se apagam as luzes sobre o palco" (*Tygodnik Powszechny* – em polêmica com o espetáculo *Sakuntala*, 1. 1. 1961).

Fala-se aqui sobre o trecho em que chegam ao palácio do rei os enviados pelo eremitério. Os espectadores de um lado do palco eram tratados como cortesãos: o rei procurava seus conselhos, compartilhava observações confidenciais sobre os hóspedes. Os espectadores do outro lado do palco central eram tratados como os enviados pelo eremitério. O rei os escutava (o silêncio era comentado pelo texto do rei: "então contem" etc., os recriminava, fazia alusões pessoais e piadas endereçadas a cada um dos delegados-eremitas (o velho com cabelos brancos, a mulher anciã etc.). Essas pessoas eram apanhadas na plateia pelo ator que interpretava o rei, apanhadas, ou seja, avistadas e indicadas com um gesto a todos os presentes, segundo o princípio do contraste: uma garota, por exemplo, "fazia o papel" de uma velha. Nesse trecho do espetáculo, o palco central estava no escuro, enquanto os espectadores – nos dois lados – eram iluminados, ou era iluminada só uma parte dos espectadores: aqueles que naquele momento eram "atores". Trabalhar essa cena me permitiu entender que encontrar a fórmula espacial comum aos dois *ensembles* não é tanto questão de dispor os espectadores-atores no espaço, a questão não é o sistema da sua deslocação, mas antes o correspondente princípio de encenação, a criação de uma "ação" comum para os espectadores e os atores e somente a partir desta é possível deduzir as consequências de caráter arquitetônico.

"O drama é montado sobre o palco central. Circundam-no de dois lados os espectadores. Às nossas costas sentam-se dois comentaristas que interrompem ou talvez comentem o andamento da trama" (O. Jędrzejczyk, *"Sakuntala* de Opole", *Gazeta Krakowska*, 27. 12. 1960).

Era o princípio do palco central adaptado – junto à plateia – à estrutura da encenação do espetáculo. A "dialética da derrisão e da apoteose" realizava-se, entre outras coisas, por meio da colisão entre a sublime poesia de amor de Kalidasa ("que se desenvolve" no palco ao centro) e conselhos e receitas, escabrosamente concretos, para a convivência erótica (*Kama Sutra*) dados pelos "iogue" (portanto: por "santos" que tinham além do mais uma voz com entonação sagrada) nos dois lados da sala, detrás das costas dos espectadores. Em um certo ponto, os "iogue" vinham para o palco central, para voltar logo depois aos seus "lugares da mortificação", lá atrás, às costas dos espectadores. Desse modo o palco central era integrado por microcenas – atrás das costas dos espectadores (os quais viam sempre uma somente: a do lado oposto) e pelas passagens entre os espectadores. Na prática, a cena já circundava os espectadores; e nos momentos em que se atribuíam papéis aos espectadores, em um certo sentido, os absorvia.

"A frágil, apenas esboçada trama da história, as contínuas interpolações... (do livro de Manu *e do* Kama Sutra*), o ritmo normal da frase quebrado, os refrões, a convencionalidade, o envolvimento do público na ação, o assédio a ele por parte de dois iogue, imóveis como estátuas e solenes à maneira oriental (que representam em caso de necessidade também outros papéis), por fim os figurinos desenhados pelas crianças (...) tudo isso era a negação do teatro tradicional (...) O conflito, a trama que normalmente organizam um espetáculo, não têm aí quase função alguma. Porém esse "antiteatro" é, ao mesmo tempo, um teatro interessante. Por duas horas seguimos com tensão as situações que se sucedem (é talvez assim que se pode definir a "ação" no teatro de Grotowski)"* (B. Bąk, "Uma Lírica Erótica Forte", em *Odra*, 8. 1. 1961).

O diretor deveria saber que deve colocar em cena dois *ensembles*. O ator deveria saber que tem um contra-*ensemble* (ou um co-*ensemble*). O espectador deveria saber que é coator, que participa, que é pelo menos um figurante no espetáculo, que observa, mas é observado, que vive uma certa aventura, que participa concretamente e praticamente. Não no sentido de seu estado de alma interior (este depende também da predisposição do espectador), mas no sentido da *situação do espectador*. É esse o âmago da questão. A eliminação do palco, ou as outras variantes citadas da fórmula espacial comum aos dois *ensembles* são exemplos, protótipos iniciais. Avistamos apenas algo como uma margem, uma linha costeira. Permanece para ser explorado todo o continente.

APÊNDICE

Nota 1.
A arte do ator na prática teatral de que estou falando.
Pressupõe-se:

Não há meios canônicos. Todos os meios são admitidos, se:
– são funcionais (justificados pela lógica de todo o espetáculo; o estar em pé exige ser justificado, na mesma medida que o estar de cabeça para baixo; a lógica da vida não é idêntica à lógica artística),
– são fixados (com exceção dos pontos destinados *a priori* a uma parcial improvisação),
– são construídos (a composição, a disposição; os meios criam uma certa estrutura, os elementos específicos não são intercambiáveis).

Advertência:
Aquilo que é artístico, que é arte, é artificial (*ex nomine*), isto é, ágil, como uma demonstração de habilidade, pode ser examinado como puro efeito (físico ou vocal).

"O modo de emitir a palavra refere-se aos mantras indianos (encantamentos). A palavra não é só o conceito que a ela associamos, também não é, sobretudo, o conceito, a palavra é som" (Magda Leja, "Sobre *Sakuntala* no Teatro das 13 Filas", *Sztandar Młodych*, 6. 1. 1961).

"(...) o estilo desse teatro. Evidentemente é antinaturalista. Rompe com o aspecto, o modo de falar e o movimento convencionais, os substitui por uma atuação inventada, caracterizada por uma ritmização dinâmica do espetáculo como se fosse uma partitura musical, tanto vocal quanto pantomímica. Esse modo quase ritual do teatro primitivo é homogêneo e revelador (...) com abreviações simbólicas. Isto diz respeito particularmente ao gesto, que não é instintivo, não imita a vida, mas apenas descoberto, composto e muito eloquente. Ao contrário, parecem exageradas as ações acrobáticas, arriscadas dos atores, que só dificultam a emissão da voz. Em geral esse estilo é incrivelmente exigente com relação aos atores: exige uma incrível habilidade física e vocal, com contínuas mudanças de entonação, de cor e de intensidade da voz (do grito ao sussurro) as quais (...) o movimento acompanha" (T. Kudliński, *Dziennik Polski*, 18. 1. 1961).

O que é artístico é intencional
A prática me convenceu de que na escola da "revivescência" há um pouco de razão. O efeito do ator, no teatro de que estou falando, é artificial, mas para que esse efeito seja executado de modo dinâmico e sugestivo é necessária uma espécie de empenho interior. Não há efeito, ou há unicamente um efeito tronco de madeira, se na ação do ator não há uma intenção consciente (durante a realização, não só durante a composição), se a ação não é "sustentada" pelas próprias associações íntimas, pelas próprias "pilhinhas" psíquicas, pelas próprias baterias interiores.

Evidentemente não estou falando da "revivescência" como a imaginava, por exemplo, Stanislávski. Estou falando antes do "transe" do ator.

De resto, é difícil definir aqui qualquer regra. Por exemplo, são possíveis e mesmo convincentes os "truques" do ator que consistem em contrapontear a palavra com o movimento (o movimento intencional, até o limite do naturalismo e a palavra artificial, até o limite do torpor, ou ao contrário) e coisas semelhantes.

Interessa-me, na arte do ator, um certo âmbito digno de atenção, pouco pesquisado; a associação do gesto ou da entonação com um signo definido – um modelo de gesto ou de encantamento (por exemplo, o arrulhar dos pombos ou o movimento associado a algo que tenha um significado universal, com uma imagem, por exemplo, a corrida interrompida em um ponto, como nos velhos desenhos que representam um soldado de cavalaria no ataque); tenho em mente uma arte do ator que – por meio da alusão, da associação, do aceno com o gesto ou com a entonação – se refira aos modelos formados na imaginação coletiva.

"A literatura e as artes plásticas, a luz e o som, o ator e a sua ação devem fundir-se em uma unidade distinta, plasmar-se em ritmos peculiarmente teatrais. Tais tarefas requerem uma arte do ator correspondente. Não se trata da arte do ator que reproduz as ações comuns, da vida de cada dia e, portanto, naturalista e nem que exprime as emoções e os caracteres humanos e portanto psicológica. Aqui é necessária uma arte do ator artificial, convencional. Ela não se separa de todas as convenções precedentes, ao contrário: as absorve e as digere para seu uso. Mas as toma só como material e, mantendo em relação a elas distância, transforma-as na atuação, no jogo, na composição. Esta arte do ator não finge a vida, é como se ela mesma fosse parte daquela". (Verbete "Teatro das 13 Filas" no almanaque *A Região de Opole, Gente, Fatos* do ano de 1962).

Nota 2.

A relação com o texto
Na prática:

"É evidente que o que acontece no Teatro das 13 Filas tem pouco em comum com o teatro assim chamado literário, cujo fim superior é a fidelidade filológica ao texto e a ilustração prática da visão do autor. Deste ponto de vista, o 13 Filas se sente o que alguns chamamos de um teatro autônomo. O texto constitui aqui só um – se bem que de nenhum modo subestimado – dos elementos do espetáculo. Os pontos culminantes do espetáculo não coincidem com os pontos culminantes do texto, mas são obtidos com meios especificamente teatrais; o diretor procede com a peça bastante livremente, eliminando, alterando a ordem, mudando as ênfases; só uma coisa evita: acrescentar texto. Da beleza da palavra e da sua expressão cênica cuida com grande devoção, tanto mais que o seu meio preferido são diferentes modos de falar compostos artificialmente. E se preocupa também em dar às obras familiares, banalizadas pela escola

e tornadas pesadas pela rotina, um alcance vivo, contemporâneo. Esse procedimento suscita frequentemente escândalo, uma vez que se refere a escritores que na Polônia são considerados sagrados. Mas não é talvez melhor salvar o espírito deles, sacrificando a letra? E ao preço de uma superficial dignidade tentar conferir-lhes uma vitalidade juvenil?" (L. Flaszen sobre o Teatro das 13 Filas nos materiais do Instituto Internacional do Teatro, ITI).

No período de *Caim* (1960) eu intervinha no texto de modo muito radical: acrescentava trechos, mudava etc. Atualmente limito-me a alterar a ordem das cenas e a cortes no texto. A prática convenceu-me de que o procedimento precedente era – pelo menos no meu caso – inoportuno: não reforçava o efeito artístico. De fato esse procedimento tornava impossível o contraste, a interconexão e o distanciamento da encenação em relação ao texto; anulava aquela dialética peculiar e irrepetível que se cria no impacto entre uma encenação forte (no sentido de uma encenação criativa) e um texto forte (no sentido de um texto potente).

Entre o teatro que ilustra a literatura e o teatro que a destrói, se encontra – assim penso hoje – uma variante real que mantém a autonomia do teatro e os valores da literatura: a variante que consiste no impacto entre uma encenação forte e um texto forte, no seu contraste e unidade.

O fato de basear o repertório do teatro moderno em textos clássicos, especialmente nacionais, seria a expressão da aspiração de radicar a modernidade na tradição e, até mesmo, se se fala das obras clássicas nacionais, de radicar o teatro moderno nas tradições da cultura nacional.

De tal modo, um pouco por meio do blasfemo (que é expressão de fascinação), por meio da coragem da inovação com relação ao tema consagrado, ao tema tabu, criam-se – espero – fenômenos autênticos, o contrário do esnobismo.

Notas:
* Winkelried: herói suíço, deixou-se traspassar pelas lanças dos inimigos e com o seu sacrifício abriu a estrada da vitória para os seus companheiros (batalha de Sempach, 1386).
** Twardowski: lendário bruxo e mago polonês do século XVI; é o equivalente polonês de Fausto.

A Possibilidade do Teatro
Texto de uma brochura publicada pelo Teatro das 13 Filas em fevereiro de 1962. Do arquivo particular de Ludwik Flaszen. Foram eliminadas do texto algumas passagens relativas a *Fausto* segundo Goethe que Grotowski montou no Teatro Polski de Poznań, em 1960. Texto original em polonês.

Ludwik Flaszen

Os Antepassados e *Kordian* no Teatro das 13 Filas

Os Antepassados

O drama em versos de Adam Mickiewicz (1798-1855), o maior poeta romântico polonês, é um conjunto de fragmentos publicados no decorrer de dez anos (1823 a 1832). *Os Antepassados* é baseado no ritual popular no qual os vivos entram em contato com os espíritos dos mortos. É a história de um jovem da geração romântica que primeiramente se manifesta como Gustaw, um rebelde, amante infeliz, rejeitado (talvez suicida, talvez um fantasma) e, subsequentemente, na chamada terceira parte, aparece como Konrad, prisioneiro do império czarista.

Na prisão, rebela-se contra Deus e contra a ordem do mundo identificando-se com os sofrimentos do seu povo. É o monólogo conhecido como Grande Improvisação.

O texto

Grotowski baseou a encenação a princípio em *Os Antepassados*, Partes II e IV. Do texto do poema entrou na esfera do espetáculo aquilo que se liga ao ritual, ao amor romântico e à rebelião romântica. Além de *Os Antepassados*, Partes II e IV, que respectivamente constituíam o primeiro e o segundo atos do espetáculo, foram utilizados fragmentos da Parte I e a "Grande Improvisação", que iam compor o terceiro ato. Foi deixada de lado inteiramente, com exceção da "Grande Improvisação", *Os Antepassados*, Parte III: trata-se, de fato, de um poema diferente, de trama estritamente nacional e política.

O texto assim cortado e montado foi tratado com devoção extrema, por momentos perfidamente jocosa. Declamavam-se também as epígrafes de Shakespeare e de Jean Paul, a introdução de Mickiewicz que informa sobre o caráter popular da cerimônia dos Antepassados, algumas observações do autor que introduziam ao cenário e aos acontecimentos. Na pronúncia foram mantidas as particularidades da língua de Mickiewicz, evidenciadas às vezes de modo provocador.

Os princípios da encenação

O espetáculo foi composto como uma série de estudos, ligados pela unidade do motivo temático: as peripécias da alma de um jovem romântico; pela unidade da moldura da encenação: o ritual que faz dos espectadores e dos atores quase uma comunidade literal; por fim, pela unidade do estilo que oscila entre o grotesco e o trágico, entre o jogo de magia e a seriedade do cerimonial religioso.

O princípio da ritualidade teatral foi levado até as consequências extremas, quase literais. A divisão entre palco e plateia foi não só excluída, mas totalmente abolida. O palco e a plateia foram substituídos por um espaço cênico unitário que os espectadores e os atores compartilhavam. A matéria-prima do espetáculo é o Coro, a massa indiferenciada dos atores. Essa massa cria-se em um certo sentido espontaneamente e se forma no decorrer da ação, fazendo brotar incessantemente, do próprio interior, os líderes que guiam a ação. O Coro emerge da plateia, os líderes do Coro; os líderes são absorvidos pelo Coro e o Coro pela plateia. Várias vezes os espectadores são atacados diretamente, sendo-lhes impostos, conforme as exigências da ação, papéis definidos. *Os Antepassados* assim concebido não é a apresentação de uma obra que existe fora da comunidade que participa do espetáculo, é como uma emanação da psique coletiva.

A encenação não é – Deus nos livre – uma paródia do poeta vate. Ali estão presentes tanto a consciência do anacronismo da atitude romântica com a sua fé passional na eficácia do ato individual, no sentido cósmico da vivência individual, quanto uma real fascinação. O diretor mostra a laceração entre o histrionismo e a verdade dos sentimentos, entre uma forma exaltada da existência e a sua mísera realidade humana.

O romantismo, de fato, é uma forma de consciência estropiada que está na fronteira entre a loucura e a superstição mágica. Estropiada aos olhos do nosso século cheio de sensatez, não estranha aos valores à luz das exigências de uma psique coletiva mutilada por transformações violentas. No romantismo há algo da psique arcaica: está propenso a não distinguir o sonho da vigília, o indivíduo da comunidade, a alma do mundo e parece reconhecer a possível permanência desta unidade original nas práticas mágicas, que frequentemente identifica com a poesia. O homem contemporâneo é racional, fortemente inserido na realidade, desprovido de ilusões infantis sobre a própria força, mas interiormente desintegrado e socialmente desenraizado. O romantismo exprime de forma ingênua a nostalgia pela perdida unidade espiritual e o sentimento de que o mundo é a nossa casa. É ingênuo, portanto ridículo; contudo dá livre curso a uma nostalgia importante, portanto é cativante. A magia hoje nos diverte, mas também nos fascina. A encenação de *Os Antepassados*, que oscila entre derrisão e seriedade, exprime esta dualidade através do próprio estilo.

A chave para a magia é a infância. Também por isso *Os Antepassados* de Grotowski se torna uma espécie de brincadeira infantil improvisada. As crianças brincam, fantasiam-se de espíritos e de personagens diversos, brincam improvisando diversas histórias bizarras. Mas aos poucos a ilusória realidade da brincadeira supera as intenções dos seus participantes. De brincadeira se torna realidade. E o sorriso se transforma em horror.

O cenário. A luz, os figurinos, os objetos de cena

Não há palco. O lugar da ação é toda a sala. As cadeiras foram colocadas em diversos níveis, em várias disposições, às vezes de modo tão pérfido que os espectadores ficam embasbacados, mutuamente admirados com a própria presença. Os atores atuam nas passagens e em três praticáveis, colocados em diversos lugares da sala. As luzes caem do alto, de negras luminárias cilíndricas que os próprios atores acendem e apagam conforme as exigências da ação. Os figurinos e os objetos de cena foram pensados de modo a servir à improvisação de caráter jocoso, sem perder a relação com a época de Mickiewicz. Os homens, em calças e camisas de época, com gravata a La Vallière, mas sem sobrecasaca ou fraque, com os suspensórios à vista. As mulheres em fantasiosa roupa íntima de estilo império, com cortinas como se tivessem sido tiradas diretamente da janela, drapejadas às costas à guisa de veste romântica. Gustaw com um kilim ordinário que cumpre o papel de capa romântica, o Padre com um acolchoado no lugar da batina. Cada um dos personagens está munido de uma panela comum de cozinha e de uma vela (elétrica, naturalmente). O travestimento de Gran Teatro com o uso de objetos domésticos. À beleza do figurino de estilo faz contraponto a trivialidade da roupa íntima e o prosaísmo de coisas comuns.

O primeiro ato

As cenas em que são evocados os espíritos. Os atores, dando-se as mãos como fazem as crianças que brincam, rodam em volta de um alto candelabro colocado no meio da sala e ritmicamente escandem o trecho sobre o "espectro". E como em uma brincadeira escolhem entre eles e chamam Gustaw. As aparições se manifestam entre os participantes do ritual e depois de terem interpretado o próprio papel voltam para o coro. O Feiticeiro usa incenso de verdade cujo aroma se difunde pela sala; quando o texto fala disso, salpica os espectadores com sementes de papoula de verdade. A materialidade grotesca em um espetáculo antiverista. O Espectro do senhor malvado é representado pela voz e pelos braços iluminados por uma tocha que gesticulam desesperadamente por cima de uma cortina negra, exatamente acima das cabeças dos espectadores. A Pastorinha é uma moça escolhida entre o público: a ela se dirigem o Feiticeiro e Gustaw e, como no texto, acompanham-na fora da sala os ministros do ritual.

A cena é pensada como uma brincadeira para evocar os espíritos. Desenvolve-se entre litanias rituais, sussurros misteriosos, gemidos, lamentos e surpresas. Os atores assustam os espectadores, assim como se assustam as crianças que fazem birra: um pouco a sério e um pouco de brincadeira. E também eles se assustam reciprocamente como crianças.

O segundo ato

A cena do Padre. O Padre: um inexpressivo homem de bem; um filisteu que moraliza de modo bobo e bonachão, sem compreender o drama de Gustaw; fortemente assustado pelo arrebatamento e pelas extravagâncias metafísicas do hóspede noturno. As crianças – interpretadas por atrizes – pobres, aleijadas criaturinhas, compadecida obra da mão de Deus.

Gustaw representa o seu drama de modo ostentado, como para se mostrar. Quando se enternece consigo mesmo liricamente, a voz lhe foge em direção aos registros superiores do belcanto, enquanto o corpo se dispõe na pose de quem cai desmaiado com afetação. Quando mergulha no violento desespero e na loucura, grita com voz de baixo, assume um ar ameaçador e poses repentinas, bizarras, calculadas para assustar como canastrão os *partners* e os espectadores. Quando contradiz o conformismo cristão do Padre, atinge até o blasfemo: há nisto algo das extravagâncias metafísicas de Dom Juan, do humor negro do sacrílego que visa um efeito imediato. Recita os versos melodicamente, tendendo constantemente ao canto: canta até mesmo nos momentos culminantes do papel. Patético na expressão, é em tudo e por tudo uma criança.

O ponto crucial da cena são as lamentações do Padre contra aquele "ritual sacrílego cheio de bruxaria" como são os Antepassados. Tem razão Gustaw, o defensor da superstição primitiva. Apaga-se a luz. As palavras do Padre e de Gustaw, que saem de sua boca com uma litania sagrada, são acompanhadas pelo eco misterioso de um coro invisível. Gustaw, de pé sobre um dos praticáveis, iluminado, de baixo, de modo macabro, estertorando se transforma no Espectro e como Espectro pronuncia a última admoestação.

O terceiro ato

Depois do ritual no cemitério e depois que o protagonista perambulou pela floresta misteriosa, os atores acendem todas as lâmpadas. Enquanto jaz no chão, colocam-lhe às costas uma vassoura. Ecoa um som surdo, como o de fincar pregos. O amante romântico se transforma naquele que se sacrifica à maneira dos românticos.

A "Grande Improvisação" – o manifesto do prometeísmo romântico. O indivíduo heroico crê no seu papel de exceção. O poeta, *partner* equivalente a Deus, desprezando tudo exceto o próprio ímpeto sacrificial, deseja, colocando-se como chefe da coletividade, pôr ordem na realidade corrupta que nenhuma teodiceia poderá salvar. Mickiewicz parece acreditar no sentido da rebelião do seu herói, ainda que o condene à derrota. A derrota, que se dá em uma aura de sublimidade trágica, demonstra que se considera vital a atitude rebelde, embora ela seja vencida.

O diretor contemporâneo não compartilha mais a fé no significado decisivo do ato individual. Portanto vê Prometeu condenado a um duplo martírio. O martírio do profeta de uma causa perdida de antemão, de um Cristo cuja boa nova não se tornará fundamento de nenhuma igreja. E o martírio de Dom Quixote, dilacerado entre o patético da sua aspiração e a total falta de sentido da realidade, exposto à derrisão da culta multidão. Ao indivíduo que se agita no fervor magnânimo responde o silêncio cruel de quem permanece ambíguo na sua reserva, ou talvez irônico? Então, a humildade condiz com o orgulhoso defensor dos direitos do homem, como quer Mickiewicz? Humildade, talvez, mas amarga e perversa. Que raio de mundo é aquele em que Prometeu se torna um menino hesitante, enlouquecido, um profeta sem seguidores, um condutor sem exército?

O monólogo de Konrad tomou a forma da *via-crucis*. Proclama as palavras de revolta curvando-se humildemente sob a cruz, que além do mais não é um sublime instrumento de tortura mas uma comum, doméstica vassoura. Anda em volta da sala, caindo de vez em quando sob o peso do seu trivial objeto de cena, nas poses iconográficas de Cristo no caminho do Gólgota. Um Cristo que por vezes sofre de modo impiedoso, caduco, por vezes ao contrário, com voz hesitante e estridente, reprova o Pai cruel. De fora, chegam as melodias das Vésperas, pias vozes de mulheres cantam à meia-voz fragmentos blasfemos da "Grande Improvisação". Konrad escuta, rivaliza com elas, retoma o canto, como se o imitasse e o repetisse. A atmosfera é a de uma função rústica – em tudo há algo de uma ingênua representação da paixão. Quando no final da "Improvisação", Konrad, medrosamente abraçado à parede, desfere uma invectiva contra Deus, identificando-o com o czar, cai a cruz do praticável em um ato de bizarra humildade mesclada com a impiedade. Enquanto jaz, é aspergido com o som de uma sineta. Prometeu desonrado: a sua rebelião foi privada da dignidade, enquanto a sua blasfêmia se torna por um verso ridícula, por outro, lamentável, e enfim, se identifica com uma prece de deferência.

Kordian

Drama em versos, escrito em 1834, por Juliusz Słowacki (1809-1849), grande poeta do romantismo polonês. É a história de um jovem aristocrático, acometido pelo mal do século, que nos anos da opressão estrangeira na pátria perambula pela Europa procurando o sentido da vida. Encontra-o no sacrificar-se pela sua nação e pela humanidade. Decide matar o czar na sua residência de Varsóvia, mas tomado pela hesitação é capturado pela guarda.

Depois do fracasso da sua missão, Kordian é internado em um manicômio para que sua loucura seja avaliada, porque – caso seja declarado louco – escapará da pena de morte.

O drama se desenvolve em diversos lugares: no campo polonês, em Hyde Park, no Vaticano do Papa, no cume do Monte Branco, onde o errante Kordian decide sacrificar a própria vida pelo seu povo.

O texto

Grotowski submeteu *Kordian* a uma remontagem e a notáveis cortes. Da montagem foram eliminadas todas as cenas posteriores ao Manicômio. Enquanto dessa última cena fez-se, em um certo sentido, a moldura do conjunto. No seu interior, inscreveu-se a história do protagonista; ela dá início ao espetáculo e o conclui. Fragmentos dessa cena voltam constantemente, quase como se ela fosse o tema musical de fundo. Retomam a ação acontecida, antecipam o seu desenvolvimento, preenchem as pausas entre cada um dos episódios do drama.

A estrutura do espetáculo

O espetáculo foi pensado como o interpenetrar-se, o jogo recíproco da realidade e da ficção. O enredo desenvolve-se ao mesmo tempo em três níveis. O teatro é a realidade em sentido literal: a sala na qual se reuniram os espectadores para assistir ao espetáculo. Sobre essa realidade teatral, desenvolve-se o primeiro nível da ficção: a todos os espectadores, não só aos atores, é imposto o papel de pacientes de uma clínica psiquiátrica. Mas à realidade do hospital sobrepõe-se ainda uma ficção: a ação do *Kordian* de Słowacki, realizada como delírio coletivo de gente doente.

Quem desencadeia e organiza aquele delírio é o Doutor; ajuda-o nessa empreitada o Guardião do hospital. O Doutor – um personagem que tem em si algo do charlatão psiquiátrico, algo do mago de revista e algo de um "verdadeiro" diabo – escolhe entre os presentes as pessoas necessárias para a ação, quase como se fosse um prestidigitador, ameaça as vítimas dos seus experimentos. Fazendo práticas hipnóticas sobre os escolhidos desse modo, é como se lhes pedisse que sonhassem de olhos abertos; sonhos que imediatamente são realizados de forma ativa. Ao mesmo tempo, o próprio Doutor se une à ação que desencadeou, assumindo papéis importantes do ponto de vista da ação dramática.

O cenário. Os figurinos. Os objetos de cena

O lugar da ação é o teatro, considerado ao mesmo tempo uma clínica psiquiátrica. Toda a sala é a sala do hospital, e os espectadores – não sem uma intenção provocadora – são tratados como os pacientes que ali residem. Em variados pontos da sala foram dispostos três beliches de ferro. São verdadeiros leitos de hospital. No entanto, são também os praticáveis onde – explorando a sua estrutura de dois planos – têm lugar importantes episódios da ação. São também equipamentos estritamente ligados ao estilo de atuação dos atores, que se associa continuamente à acrobacia.

Na realidade, não há figurinos teatrais propriamente ditos. Os homens vestem roupas cinzas comuns, as mulheres, vestidos cinzas, igualmente comuns. Não se trata todavia de roupas quaisquer, mas, ao contrário, da elegância das lojas populares. Uma elegância tão rebuscada que faz fiasco e cai no ordinário pretensioso. Ela imita o traje de gala do espectador que veio ao teatro todo enfeitado. O pessoal do hospital veste longos aventais brancos.

Também os objetos de cena são absolutamente literais. Para a ação no hospital os objetos ligados à medicina e à vida cotidiana: um bisturi de verdade e uma camisa de força de verdade, bacias de verdade, recipientes e toalhas. Para a ação imaginária, objetos que parecem tirados do depósito do Gran Teatro: uma tiara decorada para o Papa e uma coroa reluzente de um dourado ordinário para o czar, arcabuzes "de época" para Kordian e para o seu velho servo.

A forma cenográfico-arquitetônica é útil para o jogo perverso do autêntico e da teatralidade, da realidade e da ficção, da literalidade e da metáfora. A verdade das coisas joga aqui com o próprio duplo significado, absorvida pela construção poética.

O chamado fio condutor

No espetáculo coloca-se à prova da realidade a ideia romântica do sacrifício. Kordian é um que – depois de variadas pesquisas e experiências – aspira ser um indivíduo heroico: vê o núcleo da própria existência na escolha de salvar os outros, entre gestos patéticos e nos fulgores do holocausto. O diretor confronta o sentido do ato sublime do indivíduo com o sentido da realidade, peculiar da época dos movimentos de massa, da organização, da experimentada eficácia de práticas difundidas em toda a sociedade. Nas intenções é um confronto entre o romantismo e o atual realismo do pensamento. A loucura romântica não é uma falsidade digna de derrisão, mas só uma forma estropiada da verdade; assim como são uma forma estropiada da verdade as pretensões absolutas do bom senso. No plano estético à sensação daquela deformidade corresponde o grotesco. A encenação de *Kordian* é uma tragédia grotesca, ou um grotesco trágico, sobre a miséria e a grandeza das aspirações humanas.

Descrição de cenas escolhidas

O espetáculo inicia-se com os lamentos de dois loucos, um dos quais acredita ser a cruz do martírio de Cristo, enquanto o outro acredita ser um gigante que sustenta a abóbada celeste. Ambos permanecem em bizarras poses catatônicas – no alto, abaixo do teto – enfatizando com a postura o próprio heroico delírio. É um correspondente sarcástico do drama de Kordian que está para desenvolver-se. Essa mesma verborragia conclui o espetáculo: chamados pelo doutor, como trágicos exemplares da mania de salvação, os dois desfilam um atrás do outro, resmungando repetidamente as mesmas palavras sobre a própria alta missão. A coisa, portanto – depois que se cumpriu o procedimento artístico – volta ao ponto de partida.

A cena entre Kordian e Violeta traz a marca característica da poética do espetáculo. Nesse caso os atores fazem tudo: em situações, disposições e modos de falar metaforicamente condensados, criam até mesmo saltos fulminantes no tempo e no espaço. Kordian e Violeta, quase um dueto de balé clássico, entre poses piegas e apaixonadas piruetas do corpo – quem "sustenta" é ora ele, ora ela – interpretam a história de uma paixão romântica, ora terna ora brutal. Quando chegam ao galope, tornam-se como uma espécie de centauros, homens e cavalos ao mesmo tempo. Alternadamente atravessam correndo a sala, fazendo com as pernas um cavalo e com a cabeça e os braços, cavaleiros a galope desenfreado, atiçando-se reciprocamente com gritos prolongados.

Uma tal síntese atoral da grande aventura dá o efeito de um grotesco extático.

As cenas de rua. Os atores, espalhados por toda a sala, descrevem o cerimonial da coroação do czar como rei da Polônia, contam e comentam o que acontece entre a multidão. O achado privilegiado da direção: criar a massa dilatando ao infinito o plano acústico. O tom daquela multidão tem pouco em comum com o espanto e com a excitação. Ao contrário: ali se fala de maneira depreciativa do vadio ordinário do povo. Acontecem diversas coisas de natureza variada, mas isso não surpreende nem excita ninguém.

O canto do Desconhecido. O Doutor canta lamentosamente como um velho mendigo. Obriga todos a cantar, atores e espectadores. Perscruta entre a multidão quem desobedece e o ameaça com o bastão. A modalidade privilegiada pela direção: obrigar o espectador à ação de modo drástico. Em toda a cena há algo do infantilismo do Ubu de Jarry.

A conjuração do coroamento. A disputa nos "subsolos da catedral" estilizada à maneira afetada, patética, do Gran Teatro. A votação: Kordian, com um balé de mendigo, passeia pela sala com o chapéu na mão. E quando – apesar do êxito negativo da votação – assume o encargo de matar o czar, oferecendo à nação o seu sangue com o tom cantarolante, implorante, de um *jurodivij* (louco de Deus), a massa com um barulhento e coral gorgolejo faz os gargarejos. O achado privilegiado da direção: o contraponto de coisas sublimes e triviais.

A Imaginação e o Medo. Kordian na camisa de força, com os braços amarrados atrás das costas, preso pelos ombros ao fuzil, como a um pau de tortura. Agita-se e imobiliza-se em poses fixadas na tradição das pinturas de batalha: o granadeiro em marcha, o granadeiro que corre ao ataque, o granadeiro que mira para acertar, o granadeiro que cai. Acompanham-no a Imaginação e o Medo em longos aventais de enfermeiros. Estes descrevem em tom delicado, tranquilizante, as ameaçadoras aparições de Kordian; velam por cada passo do seu protegido, lutando com ele e segurando-o. Frios profissionais, trabalhadores da medicina, cuja tarefa é acalmar o doente. A sua delicadeza profissional beira a crueldade. O horror, desenhado com paciente bonomia, assume proporções monstruosas.

O monólogo "no cume do Monte Branco" é a cena-chave do espetáculo. É representado aproximadamente pela metade, no final da segunda parte. Depois da visita ao Papa, Kordian enrijece-se em um repentino estupor e cai duro nos braços dos enfermeiros. Estes o levam por toda a sala, todo rígido e balbuciando as palavras do monólogo, carregando-o com os braços esticados para o alto. Depositam-no no plano superior de um dos leitos, amarram-no, tiram-lhe a camisa. O Guardião enrola no pulso da sua mão direita um tubinho de borracha e fica imóvel, segurando uma bacia pronta para o sangue. O Doutor ergue o bisturi e permanece assim por um instante: mira precisamente a veia do doente. Essas ações, frias, eficientes e concretas, contrastam com a desesperada euforia de Kordian, que cumpre justamente a escolha mais importante da sua vida. Finalmente o balbucio barulhento passa para um sussurro abafado. Aí então o Doutor golpeia com o bisturi, enquanto o paciente, operado, explode em um grito: "Meu povo! Winkelried ressuscitou! A Polônia é o Winkelried das nações!" Às palavras que vêm em seguida, sobrepõem-se os procedimentos do Guardião, que demonstram que a operação já está terminada. É como se Kordian acordasse de um sonho louco: nesse ponto, fala o seu famoso "Poloneses" com voz baixa e cansada.

A grande cena do sacrifício do indivíduo tem como contraponto o prosaísmo da operação médica. O sangue literal mistura-se ao sangue metafórico; o sofrimento imaginário com o sofrimento real, o físico com o espiritual; a drasticidade corpórea com o ímpeto poético. Do dilema de Kordian só há saída pelo choque.

Os Antepassados e *Kordian* no Teatro das 13 Filas
Texto original em polonês segundo a reimpressão em Ludwik Flaszen, *Teatr skazany na magię*, Wydawnictwo Literackie, Kraków, 1983. O texto, publicado pela primeira vez em *Pamiętnik Teatralny*, N. 3, 1964, continha também a descrição de *Akropolis* segundo Wyspiański, que integrou o livro de Grotowski *Em Busca de um Teatro Pobre*. Na presente versão omitiu-se portanto *Akropolis*, enquanto os parágrafos iniciais, que tratam do texto e dos seus autores, foram adaptados para o leitor que não é de língua polonesa.

Ludwik Flaszen

O Teatro Condenado à Magia

O teatro, à luz da razão, é uma instituição suspeita. Quando lemos um romance ou um livro de poesias, escutamos música, vemos um quadro ou mesmo um filme, não devemos estar sozinhos para poder fazê-lo por nossa conta. E submeter o objeto da contemplação a uma reflexão crítica: temos tempo, não sofremos a pressão de ninguém. Todas as artes regem-se pela comunhão individual com a verdade. Também aquilo que nelas é inevitavelmente social – dado que deve ser social qualquer instrumento de entendimento – assume a forma confidencial daquilo que é individual. Está em nosso poder manter a independência – mesmo que ilusória – da experiência, como convém às pessoas cultas. Assim os demônios contidos na arte são mantidos com rédeas.

Diferentemente no teatro. Aqui há os atores e os espectadores. Os espectadores e os atores entram reciprocamente em contato direto. E esse contato baseado na contiguidade física, face a face, constitui algo sem o que não é possível imaginar o teatro. Ele supõe o acordo recíproco da transformação. Até mesmo quando desejamos vencer a ilusão – colocando a nu o jogo, desmascarando a convencionalidade do teatro, dirigindo-nos ao intelecto com lógica fria – é vão o nosso esforço de fugir à hipnose. De repente, acordamos em uma outra realidade, transformados pelos atores, já antes transformados. E não nos diferenciamos muito dos nossos antepassados, os quais, dançando a dança de guerra, sentiam-se realmente vencedores do inimigo. Com efeito, as multidões de pessoas, concentradas em um fim comum, com o olhar e o ouvido fixos em uma coisa só, estão particularmente propensas a irradiar magia.

O teatro é comunhão com a verdade por meio da mediação da comunidade. O espectador, imerso no grupo, constitui apenas uma parcela dele. A independência espiritual do espectador é constantemente ameaçada. Até que sucumbe totalmente, varrida pelo contágio com os reflexos coletivos. Os psicólogos ensinam que não se trata de reflexos racionais. O homem na multidão – mesmo que seja só um público de ouvintes – está propenso a reagir com a parte emotiva e inconsciente da sua natureza. Inflama-se, porque se afervoram todos; inflamam-se todos porque ele se afervora. Tendo repudiado a razão, vive os prazeres da solidariedade com aquilo que é coletivo. Ele se aconchega na comunidade, saboreando o pecado bendito da irresponsabilidade; deixa-se levar pela corrente que o circunda. Aplaude, ri em voz alta, chora, às vezes (pena, não aqui na Polônia!) bate os pés e assobia com uma espontaneidade da qual se envergonharia no cotidiano. A verdade que o impele a reagir pode ser só uma aparência de verdade: assim, na aura inflamável da plateia, ela se torna unicamente uma palavra de ordem; o estímulo para uma manifestação emotiva na qual a coletividade confirma a própria identidade.

O parentesco entre teatro e magia é portanto mais profundo de quanto o é geneticamente. E independentemente dos conteúdos que se enunciam em cena. Aqueles conteúdos podem ser altamente cerebrais, críticos e cultos, mas também assim – nas condições do teatro – viverão da vida das fórmulas mágicas. Haverá neles algo do desenfreio das paixões, algo da dança, da superstição, de uma profunda ignorância. O teatro é de fato a libertação dos demônios, ainda que, tendo repudiado a sua natureza original, tenha se enfeitado com as perucas empoadas da erudição e da disciplina intelectual. Por baixo daquelas perucas assoma ambiguamente o diabólico: cômico – quando é inconsciente, ele pode resultar em um grande teatro perverso, racionalista na forma, mágico na essência, quando é levado em conta. Sem dúvida existem também algumas pessoas que estão conscientes disso e quereriam com um encanto transformar os demônios da teatralidade em porcos e afogá-los no mar. E na verdade, em vez dos demônios, permanecem na praça só porcos, às vezes muito dignos.

O teatro, feito por "cultos" e para a "cultura", divide-se em essência e aparência. É um híbrido, uma criatura monstruosa, deformada no seu desenvolvimento natural. Eis que dou a vocês a verdade sobre o mundo, ideias, pensamentos – diz. E a sala aplaude, imersa no atordoamento coletivo. Eis o belo, a lei, a história, o bom gosto e a boa educação. E a sala ofega e excita-se, quase abandonando-se à dança. Assim acontece pelo menos quando o espetáculo consegue convencer o público. Convencer!

O teatro, por sua natureza, interpenetra-se na esfera, para nós civilizados vergonhosa, da magia. Ou não existe mesmo. Ou existe assim como está: morto.

O Teatro Condenado à Magia
Texto datado de 1963, publicado pela primeira vez em *Odra*, N. 6, 1965. Publicado novamente em Ludwik Flaszen, *Cyrograf*, Wydawnictwo Literackie, Kraków, 1971. Texto original em polonês segundo a versão publicada em Ludwik Flaszen, *Teatr skazany na magię*, Kraków, 1983.

Ludwik Flaszen

A Arte do Ator

A atuação – para nós – é um ato solene de autoconhecimento coletivo. A sua essência apoia-se na criação de uma viva ligação inter-humana. Essa ligação é a matéria-prima do teatro. Desse ponto de vista, somos diferentes das outras vanguardas, por outros aspectos, afinadas conosco no plano estético. Essas vanguardas operam, ou sob as insígnias da *mise en scène* que, segundo os princípios há um tempo inovadores e hoje banais da Grande Reforma, consiste em harmonizar materiais e disciplinas heterogêneas em uma obra espetacular homogênea; ou sob as insígnias das artes plásticas que especialmente na Polônia – por causa do atraso estético dos ambientes propriamente teatrais – dominaram os projetos inovadores; ou enfim sob a insígnia da literatura dramática que no Ocidente – por falta de meios para destinar a iniciativas arriscadas no plano financeiro – substituiu o teatro na obra da sua renovação espontânea.

Nem a *mise en scène* assim entendida, nem as artes plásticas, nem enfim a palavra constituem – para nós – aquilo que é especificamente teatral, aquilo que diferencia o teatro de um quadro ou de uma escultura em movimento, ou de um livro cujo conteúdo venha ilustrado com uma série de imagens colocadas em movimento.

O que permanece depois de ter rejeitado a filologia e as artes plásticas?

O ator e o espectador. É esta a célula embrionária do teatro. Aqui nasce o elemento primário da atuação. Desnudemos o teatro – na medida em que isso seja possível – de tudo aquilo que não seja este elemento primário. O resto cumpre unicamente uma função auxiliar. É como se da essência do teatro fizéssemos a sua matéria-prima. O teatro assim entendido, que chamamos pobre, em antítese ao estilo dominante, fundado sobre meios ricos e materiais não homogêneos, constitui necessariamente o reino indivisível do ator. Nele o ator torna-se tudo.

Não o substitui o maquiador, nem a música que sai dos alto-falantes, nem a palavra do escritor.

Mise en scène?

Sim. Mas ela significa habitualmente a organização da ligação inter-humana em torno do motivo condutor. O resto pertence ao ator que constitui no espetáculo a matéria e a forma, a estrutura e o conteúdo, o alfa e o ômega da expressividade. Em outro lugar o ator tem a função de marionete ou de rodela no mecanismo visual do espetáculo, ou de megafone – na verdade corrigido pelo próprio temperamento – de conteúdos que, de um certo modo, permanecem fora dele. Portanto, é uma espécie de figura retórica. No nosso teatro, ao contrário, pode ser comparado com a metáfora na poesia moderna, em que não é possível separar o conteúdo do signo, porque entre esses dois valores sobrevêm conexões energéticas múltiplas.

Também o teatro dominante declara o primado do ator, especialmente na luta contra as pretensões da vanguarda. Mas é um primado aparente. O centro da expressividade permanece, de fato, a literatura, a palavra, as circunstâncias impostas pelo drama. O ator é chamado comumente – e justamente – de intérprete. O nosso ator não pode ser chamado de intérprete. Não há, de fato, conteúdo do espetáculo sem a sua presença guiada: o seu corpo, a voz, a psique.

O método de Grotowski se diferencia da biomecânica, identificada comumente com o vanguardismo atoral; da assim chamada atuação distanciada considerada universalmente como o estilo moderno do ator; e da "revivescência", considerada – não totalmente com razão – uma absoluta velharia teatral. A biomecânica exclui da expressão os processos espirituais; enquanto Grotowski, ao contrário, tendendo para a expressividade física levada aos limites extremos, reconhece a unidade daquilo que é espiritual e corpóreo: na atuação do corpo vê só a manifestação da sua anulação, da eliminação dos obstáculos que o organismo coloca à fluida realização dos impulsos interiores. A atuação distanciada pressupõe a supremacia do cálculo mental, dos estratos discursivos da personalidade do ator; enquanto Grotowski, ao contrário, procura aqueles estratos da espontaneidade, profundamente escondidos, que habitualmente consideram o intelecto como o instrumento de uma falsa racionalização e o refúgio de um compromisso não cumprido na atuação.

Também a "revivescência" pressupõe a colocação em movimento dos estratos da psique do ator, convergentes com a psique do personagem interpretado, colocando-o nas circunstâncias do personagem: o que faria, se fosse como ele e naquela situação? Diversamente o ator de Grotowski. Paradoxalmente ele interpreta a si mesmo enquanto representante do gênero humano nas condições contemporâneas.

Choca-se na sua palpabilidade espiritual e corpórea com um certo modelo humano elementar, com o modelo de um personagem e de uma situação, destilados do drama: é como se literalmente se encarnasse no mito. Não as analogias espirituais com o protagonista criado, não as semelhanças dos comportamentos, próprias de um homem fictício em circunstâncias fictícias. Desfruta o hiato entre a verdade geral do mito e a verdade literal do próprio organismo: espiritual e físico. Oferece o mito encarnado com todas as consequências, não sempre agradáveis, de tal encarnação.

Se – suponhamos – faz um comandante que morre em batalha, não procura reproduzir em si a imagem de um verdadeiro comandante que realmente está em agonia no tumulto do combate; não procura o que aquele pode sentir e como se comporta, para depois viver e reproduzir subjetivamente no palco de modo crível, orgânico esse conhecimento de algum modo objetivo sobre os comandantes agonizantes. Ao contrário, no próprio fato de que alguém se imagine como um comandante agonizante, poderá encontrar-se a própria verdade, o que é pessoal, íntimo, subjetivamente deformado. E então, por exemplo, representará o próprio sonho de uma morte patética; a nostalgia de uma manifestação heroica; a humana fraqueza de sublimar-se às custas dos outros; desvelará as próprias fontes, uma após a outra, como se desnudasse o tecido vivo. Não recuará devendo violar a própria intimidade, os motivos pelos quais se envergonha. Ao contrário, o fará até o fim. É como se oferecesse – literalmente – a verdade do seu organismo, das experiências, dos motivos recônditos, como se a oferecesse aqui, agora, *diante dos olhos dos espectadores*, e não em uma situação imaginada, no campo de batalha. E assim responderá à pergunta: como ser um comandante, sem ser um comandante? Como morrer em batalha, sem combater, nem morrer? Cumprirá o ato de desnudar-se dos próprios conteúdos secretos, de sacrificar as falsidades superiores sobre o altar dos valores.

O processo de autopenetração do ator deve assumir frequentemente o caráter do excesso. E aqui está a segunda, não menos essencial, diferença que separa o método de Grotowski da "revivescência". A "revivescência" refere-se principalmente aos sentimentos comuns, aos comportamentos cotidianos, acessíveis – segundo as circunstâncias – a cada homem. Ao contrário, o processo de autopenetração – de desnudamento espiritual – culmina em um ato excepcional, intensificado, no limite, solene, extático. O transe do ator que faz isso – na hipótese de que tenha realizado plenamente a sua tarefa – é um transe verdadeiro; um dar-se público, real, com todo o *background* da intimidade. E, portanto, torna-se o ato do cume psíquico. Já o próprio desvelar-se, privado das mordaças requeridas pela assim chamada boa educação, age na imaginação como uma indelicadeza. E tem afinidade com o excesso ao qual é levado nos momentos culminantes. É como se o ator, abertamente, diante dos olhos do público, se desnudasse, vomitasse, se acasalasse, matasse, violentasse. Seguem com isso a sensação de piedoso horror, o tremor à vista das normas transgredidas. De qualquer forma elas devem renascer sobre um plano superior da consciência através da experiência catártica.

Não se trata, no entanto, de um desencadeamento amorfo das emoções. Aqui, a drasticidade fisiológica une-se à artificialidade da forma, a literalidade do corpo à metáfora. A massa orgânica, tendendo a transbordar de qualquer forma, de vez em quando tropeça na convencionalidade e se coagula na composição poética. Essa luta entre a organicidade da matéria e a artificialidade da forma deveria dar à arte do ator, assim entendida, uma tensão estética interior.

A Arte do Ator
Este texto, escrito para uma coletânea de materiais sobre a técnica do ator, concebida por Grotowski e Flaszen (o projeto não se realizou), era parte dos materiais teóricos do Teatro Laboratório destinados à comissão oficial que devia decidir sobre a extinção ou a sobrevivência do Teatro (7 – 8 de abril de 1964). Foi publicado com o título "Sobre o Método do Ator" no programa do espetáculo de Grotowski *O Príncipe Constante* segundo Calderón/Słowacki, Wrocław, 1965.
O texto original em polonês baseia-se na reimpressão do texto em Ludwik Flaszen, *Teatr skazany na magię*, Kraków, 1983, e lhe restitui a forma e o título originais.

Ludwik Flaszen

Hamlet no Laboratório Teatral

Entre os espetáculos do Teatro Laboratório de Opole, o *Estudo sobre Hamlet* constitui um capítulo singular. Em princípio não é tanto um espetáculo quanto um estudo. Não se dirige ao público. Ele tem um caráter de laboratório e – como está indicado no título – de estudo. Abre uma fase dos trabalhos de Jerzy Grotowski sobre o seu método do ator. O *Estudo sobre Hamlet* foi apresentado poucas vezes; viram-no apenas poucas centenas de espectadores. Se foi mostrado ao público, foi unicamente porque, em uma determinada fase do trabalho, era necessário o contato entre o ator e o espectador. As conclusões decorrentes desse contato foram utilizadas como material para as pesquisas subsequentes.

A tarefa principal dessa realização, indicada por Grotowski, era o treinamento da imaginação e da capacidade de criação espontânea. O texto de Shakespeare foi tomado como estímulo. *Hamlet* é uma obra que tem o alcance do mito; fixada na consciência cultural europeia, possui a capacidade singular de engodar a nossa verdade sobre a condição humana. Poderíamos dizer: mostra-me como vês *Hamlet* e eu te direi quem és.

Na composição do roteiro, não nos baseamos só em Shakespeare. Nos primeiros anos do século XX, o dramaturgo do simbolismo polonês, Stanisław Wyspiański, que por outro lado Gordon Craig considerava um companheiro na sua batalha pela reforma do teatro, escreveu um amplo comentário sobre *Hamlet*. No seu projeto de encenação – porque em tal sentido deve ser entendido aquele comentário – Wyspiański partia do pressuposto de que "na Polônia, Hamlet é aquilo que na Polônia há para pensar". Portanto, aquele mito universal exige na Polônia uma concretização singular que deriva da situação espiritual do homem polonês. Isso fez com que – se bem que no modo de ver essa situação, nos diferenciemos de Wyspiański – o material textual do estudo compreendesse também trechos tirados do ensaio do dramaturgo nacional.

Isso servia a um outro efeito ainda. Representar o drama junto com o comentário, particularmente com aqueles fragmentos dele que contêm perguntas e dúvidas, permite, em um certo sentido, pensar em voz alta na encenação no momento de sua realização. O estudo não é, portanto, só uma variação sobre os temas de *Hamlet*, mas é, ao mesmo tempo, uma reflexão sobre *Hamlet* expressa na ação, também em nível verbal. Tema do estudo – além dos motivos shakespearianos – torna-se também o próprio andamento da sua teatralização. É o espetáculo sobre o nascimento do espetáculo.

De resto, o roteiro verbal não foi considerado uma totalidade irrevogavelmente fechada. A prática fez dele unicamente um projeto inicial, uma série de propostas orientadoras. A sua estrutura emergiu gradualmente. Se um fragmento do texto não incitava a imaginação dos atores, do diretor, era deixado de lado. Foram cortadas muitas cenas importantes do ponto de vista literário, cuja força estimulante demonstrou-se exígua na prática; foram inseridos outros fragmentos, até menos relevantes no plano literário. Porque – recordemo-lo ainda uma vez – a finalidade do trabalho não era representar *Hamlet* nem verificar a exatidão das concepções de Wyspiański, mas era uma tentativa de criação espontânea no teatro.

Um empreendimento assim concebido era um salto no desconhecido; uma aventura da imaginação criativa. O diretor aqui não era aquele que dá as ordens e que dá vida a um desenho preestabelecido. Era como um hipnagogo que mobiliza as reservas espirituais escondidas do ator. E também ele – no contato com o ator – mobilizava as próprias. Os ensaios lembravam uma evocação coletiva do sonho no qual aqueles que sonham influenciam reciprocamente os próprios sonhos, produzindo na ação um sonho comum. Procurava-se – tanto quanto possível – suspender a censura das imagens comuns, arrancar, no decorrer da atuação, as próprias máscaras cotidianas, produzidas não pela paixão pela verdade, mas pela necessidade de adaptar-se; de chegar ao profundo sob aquele estrato de racionalizações em que é habitual cuidar das atitudes não autênticas.

Forçavam-se as barreiras que estranhamente nascem justamente lá onde o homem está ao alcance do olhar de um outro homem e em que inevitavelmente o teatro tem a primazia. As barreiras em descobrir os próprios impulsos instintivos, considerados geralmente ambíguos do ponto de vista ético; as barreiras em não esconder as próprias características espirituais e carnais que o indivíduo habitualmente camufla por medo da reprovação; para tratar o próprio corpo não tal como deveria ser segundo o ideal estético comumente aceito, mas como é na realidade; as barreiras, por fim, para mostrar estados intensificados, extremos, barreiras impostas pelo código da boa educação.

Essas práticas servem para limpar no ator a sua matéria-prima dos fatores que criam resistência. Que ele reconheça os estratos escondidos do seu ser, sem a falsidade de uma sublimação prematura; as possibilidades orgânicas do seu corpo, sem as ilusões do culturismo. Da matéria assim purificada nasce a expressividade do ator, impelida ao excesso. Desnudado das imagens ilusórias e comuns, o ator deve demonstrar em público aquele *ato purificador – próximo ao ato ritual*. Isso com a finalidade de constranger o espectador, violentando suas imagens, um ato purificador semelhante – por meio do excesso – mesmo que seja só nos pensamentos, na imaginação.

A criatura nascida no decorrer dos ensaios assim conduzidos tinha uma substância fluida e plasmática. Crescia de modo orgânico e informe, como um mato que cresce exuberante e livre. No entanto, aos sonhos coletivos que nasciam através da improvisação e de uma "psicanálise" específica, nos forçávamos a impor uma linha condutora. Talvez não tanto impor – essa palavra sugeriria uma imposição arbitrária – quanto apreender da experiência acumulada. No decorrer do trabalho não só mudou a forma do estudo, não só foram cortadas cenas pouco felizes e inseridas outras mais bem-sucedidas, mas foi mudada também a linha condutora, de modo a – sem violentar a organicidade do material acumulado – liberar e revelar, já no plano da composição consciente, as tendências de certo modo inatas.

O *Hamlet*, que se desenvolve por associações pela inspiração de Grotowski, torna-se o drama sobre os camponeses eslavos, sobre os camponeses poloneses. Ou talvez sobre os poloneses, enquanto nação camponesa? Não assim como é. Mas como poderia ser, se se revelassem até o fim os seus elementos espirituais arcaicos, formados pelas experiências coletivas do passado. Elementos que têm a capacidade de se revelar espontaneamente, nas situações-limite... A imagem da nação que nasce desse modo está próxima às representações da superstição. Não é a verdade sobre a nação, mas um fantasiar sobre o tema; talvez mesmo uma advertência, entre o trágico e o grotesco na entonação, a fim de que a superstição – na qual há algo de uma verdade vergonhosa – não se torne realidade...

Da corte de Elsinor, transferimo-nos à paisagem rude às margens do Vístola. Arrumam-na os próprios atores, sem a ajuda de cenografia e objetos de cena. Ali sopram lamentosamente os ventos, os sálicos balançam ao vento, grasnam as gralhas. As pessoas se encontram nas tavernas e nos mercados, erram pelos campos e por vastidões desprovidas de trilhas. É o clima de uma paisagem não tão real quanto arcaica, fixada – não sem o concurso da poesia e da pintura oitocentista – na imaginação nacional. Nos habitantes dessa terra, em parte imaginada, a tetra galhardia biológica era acompanhada pela nostálgica pesquisa, chorosa e lamentosa, do Sentido e do Ato (de qualquer maneira com maiúscula!); a Impotência de tocaia em todas as partes faz com que aspirações humanas se descarreguem em atividades rudes e secundárias. Também Hamlet é filho desse país singular. Falta-lhe só a galhardia; enquanto a dolente nota de nostalgia de fazer alguma coisa – mas o que? mas como? – ressoa nele mais forte do que nos irmãos. Fisicamente fraco, cada vez mais agudamente sente a geral impotência. É o objeto de zombaria contra o qual se enfurecem os tétricos folgazões camponeses. Estranho em meio a sua gente, com o seu ser indefeso, incita os outros à brutalidade. E as suas vicissitudes se desenrolam entre nostálgicos cantos populares, diversões de bêbados, gritos e risadas, entre os ecos da natureza do país natal...

Mas Hamlet deseja... No cansaço, no suor: mas em vão. Nos anos da opressão estrangeira, no decorrer do século XIX, na tradição nacional polonesa consolidara-se a figura do soldado errante. Como aquele Hamlet popular, erra pelo mundo à procura do ato libertador. O mito do soldado errante se sobrepôs portanto de modo singular a Hamlet... Isso carregou o fio das associações militares. O príncipe dinamarquês é convocado pelo método do recrutamento compulsório, assim como se incorporavam ao exército os servos da gleba. A corte de Elsinor, sem perder o seu caráter camponês, ao mesmo tempo se militariza. A aspiração ao ato, que Hamlet sonha, extravasa-se em formas militares e insurrecionais; a atividade assume formas brutais, de quartel, enquanto a escolha de atitude se degenera na humilhação do recrutamento compulsório e do adestramento. O rei é aquele que dispõe da carne para o canhão: torna-se ora o cabo que se deleita com os encantos do treinamento, ora o coveiro que manda os destacamentos aos campos de batalha. O ato libertador, encarnado na ação socialmente organizada, entrega o primado nas mãos de gente dura, agressiva, que não se distrai com as sutilezas...

Só uma vez Hamlet, que agora é já um soldado humilhado, se compraz com a brutalidade infligida aos outros. Também ele, por um instante, se transforma em cabo. A cena na qual o príncipe Hamlet dá as indicações aos atores, foi tratada como a cena de um treinamento forçado em que o cabo – em tom de comando – instrui as filas, cruelmente amestradas sobre os princípios do trabalho do ator. É, ao mesmo tempo, uma autoderrisão do diretor que deseja se libertar das suas pretensões de violentador das almas dos atores...

Além desse único episódio que se pode entender como a revanche do fraco sobre a galhardia, Hamlet sente-se mal no clima do ato organizado. É um fraco e sábio em meio àqueles fortes e astutos. Lembra por vezes o kafkiano Josef K., arrastado à execução capital... O personagem de Hamlet destacava-se claramente para se distinguir da massa. O príncipe dinamarquês tornava-se um intelectual liberal com um programa magnânimo e utópico para o melhoramento do mundo, em um mundo de duras necessidades. E se fosse olhado com os olhos da massa? E se a massa fosse olhada com os seus olhos?

E assim Hamlet tornou-se judeu. Em vez da caveira pegou a Bíblia na mão, da qual, de quando em quando, como um rabino, canta ao povo os seus abstratos ditos sapienciais. Na Polônia, das pessoas que passam a vida sobre os livros, abstratamente sábias e privadas do sentido de realidade, diz-se: *rebe*. É a forma aguda e drástica da divisão tradicional na nossa parte do mundo entre a *intelligentsia* e o povo. Mas o tema do estudo não é a questão hebraica nem o antissemitismo. Aquela questão é só uma visão específica, deformada até a monstruosidade, da superstição, da inimizade e do modo de olhar-se recíproco de pessoas que têm valores contrários. Hamlet, portanto, é a reflexão abstrata sobre a vida, o forte desejo, separado da prática, de justiça e de um melhoramento do mundo. Aos olhos da plebe é o tipo livresco, o *zaddik* que recita frases feitas de sabichão, o intelectual de três vinténs que corta o ar gesticulando, o pávido e astuto especialista de casos de consciência, o judeuzinho estridente e saltitante. Enquanto a plebe, aos olhos de Hamlet é uma multidão de indivíduos rudes, grosseiros, que agem em virtude do número e da força física, que só sabem se bater, beber e morrer em um delírio insensato. Assim se olham mutuamente a Razão Teórica e a Galhardia Vital, separadas uma da outra e colocadas em uma situação de conflito. As concepções da massa que assumem a aparência monstruosa da superstição e, como a superstição, cheias de horror e de trágica tolice. Pode-se dizer que existe sempre, no plano psicológico, a necessidade de um Judeu poder surrar para sufocar as inquietações do pensamento, e a necessidade de um perseguidor que encubra a fuga da existência. Até mesmo quando não existem judeus e não existem perseguidores*. Quando existem apenas – em formas diversas – a alienação da cultura e a alienação do instinto, ambas a serviço da Impotência.

Na cena final do estudo, Hamlet – fraco e débil perante a rude soldadesca – esforça-se por deter os destacamentos em marcha para a guerra. Torna-se o porta-voz grotesco do bom senso e do humanitarismo. No entanto, o que é esse humanitarismo perante a Necessidade que impõe o combate? Os destacamentos colocam-se em marcha, cobrindo de cuspidas e espezinhando o bizarro, alienado Jó, e morrem por sua vez. Essa cena é como um balé sobre a história militar da Polônia, com o mito trágico da batalha como única âncora de salvação para a comunidade nacional. As marchas subsequentes mostram a evolução do exército: dos peões medievais, passando pela cavalaria com armamento pesado do Renascimento e pelos lanceiros do século XIX, até as batalhas contemporâneas com as baionetas e os desordenados assaltos das insurreições. Hamlet, espezinhado no campo de batalha, manifesta nostalgia pela solidariedade, pela comunidade com a qual se sente finalmente irmanado em uma situação limite. É só assim que se pode vencer a estranheza? Só um choque semelhante nivela os elementos contrastantes presentes no homem e concilia os valores contrastantes? *Kyrie eleison* – entoa no final o Rei, cabo e coveiro ao mesmo tempo, colhendo ambiguamente a potência purificadora dessa situação.

Assim – através das associações – vagaram os motivos ligados a Hamlet antes de assumir essa forma definitiva. Mas é mesmo definitiva? Provavelmente não, uma vez que o estudo não se tornou um espetáculo no sentido pleno da palavra. Os fantasmas do ator, uma vez liberados, não se transfiguraram até o fim em signos claramente articulados. Em uma certa fase do trabalho, esse estudo era como plasma vivo, com a pele arrancada. Um seguidor de Freud diria que esse trabalho possui o *id* e o *ego*, que lhe falta o *superego*, ou seja, a região na qual o que é animal se coagula em signos de caráter cultural. A articulação daquele "Super-Eu" em um material orgânico constituiu uma fase distinta da qual os ensaios e as evoluções da linha guia, descritas acima, fazem parte. Essa fase – participou dela com voz de conselheiro também o subscrito – alcançou o seu apogeu, no momento em que os resultados foram mostrados aos espectadores. A resposta que dava o espectador servia à ulterior cristalização dos conteúdos e dos signos do estudo. Sobre o que era espontâneo, desenvolvia-se a artificialidade, a construção; sobre o que era quente, como um fluxo incontrolado de passionalidade, o frio da forma, sem a qual não existe a obra de arte; sobre o que era animal e psíquico, a "ideologia".

O nascimento do "Super-Eu" tornou-se mesmo o tema de uma cena. Na cena que se realiza no banheiro, em um banheiro coletivo, entre o ofegar sensual e os divertimentos grosseiros, onde só Hamlet de maneira solenemente inconveniente mantém a sua diversidade permanecendo vestido, tem lugar – entre manipulações pecaminosas – a morte de Ofélia. A carnalidade da perversão e a carnalidade da morte revelam a própria ambígua afinidade. O excesso degenera em culto, o jogo extático em liturgia fúnebre. A galhardia, assustada consigo mesma, transforma-se na cultura, obra da consciência suja.

Participam do estudo sete atores. A ação se desenvolve em toda a sala. Não há cenografias. Os figurinos são compostos por: calças, camisas, cintos e gorros; desses elementos, segundo as exigências da ação, improvisam-se as roupas. Aqui o ator faz tudo: o cenário e o clima, o tempo e o espaço. É a nossa ideia, conduzida à forma extrema, do "teatro pobre" que, como único instrumento, tem o ator, e tem o espectador como caixa de ressonância.

Essa experiência, ainda que não levada até o fim, deu um resultado. Nos espetáculos apresentados depois do *Estudo sobre Hamlet*, o grupo ganhou em expressividade. Os trabalhos de Grotowski sobre a conexão entre espontaneidade criativa e disciplina da forma continuam.

Nota:
* Na redação deste texto em 1964, o autor era conscientemente guiado por considerações influenciadas pela censura. Justamente então se desenvolvia na Polônia um antissemitismo oficial de partido. Na mecânica do espetáculo, a simpatia estava do lado do indivíduo isolado. (N.d.A. para a presente publicação)

Hamlet no Laboratório Teatral
O texto, escrito para uma revista inglesa em 1964, não foi impresso por causa da ameaça de fechamento que pairava sobre o Teatr Laboratorium. Primeira publicação em *Notatnik Teatralny*, N. 4, 1992, segundo o manuscrito proveniente do arquivo de Ludwik Flaszen. Texto original em polonês.

Eugenio Barba

Rumo a um Teatro Santo e Sacrílego

O Teatro Laboratório "13 Rzędów" de Opole foi fundado em 1959 pelo jovem diretor Jerzy Grotowski. Ele é coadjuvado por Ludwik Flaszen, crítico e sociólogo, e com eles colabora Jerzy Gurawski, um arquiteto também jovem cuja paixão pelo teatro se explicita em audaciosas estruturas espaciais. No que concerne aos atores desse minúsculo, mas febril laboratório, provêm todos de uma das escolas dramáticas da Polônia e têm, quase todos, menos de 30 anos.

Os atores se reúnem todas as manhãs às dez. O programa de trabalho tem início com três horas de exercícios elementares: ginástica, acrobacia, respiração, dicção, plástica, rítmica, composição de "máscaras" mímicas, estudos pantomímicos, exercícios psíquicos (concentração). Em seguida, eles começam os ensaios da apresentação de próxima programação até a hora do espetáculo noturno. Em seis anos, o Teatro Laboratório ajustou uma técnica de atuação decididamente "teatral", com esse adjetivo queremos dizer antinaturalista. Comecemos pela prática e digamos em que consiste essa nova técnica que deve permitir que o ator enriqueça os seus meios de expressão.

Ela se baseia, em primeiro lugar, em uma higiene vocal e respiratória graças à qual o ator reforça a sua voz multiplicando os seus ressonadores fisiológicos, os timbres, as entonações e lhe permite dominar a respiração com exercícios cotidianos semelhantes aos de Hataioga e aos de práticas chinesas. Mas também o corpo deve ser controlado para que possa se tornar um dócil instrumento artístico: os preceitos do teatro oriental contribuem para disciplina-lo, assim como a biomecânica de Meierhold e o método de ações físicas de Stanislávski. Em seguida o ator aprende a utilizar um texto não só como meio discursivo, mas como arma de ataque. Ele se exercita, portanto, para obter toda uma gradação de ritmos crescentes e decrescentes, de nuanças e timbres de voz, de rouquidão, de tremulações, de entonações artificiais, de modulações, inspirando-se especialmente na tradição sonora litúrgica, até ser capaz de compor exatamente, e em plena consciência, cada gesto, cada movimento, cada expressão mímica, cada palavra, cada silêncio do papel que interpreta. Porque para ele atuar significa executar uma exata partitura física e vocal que terá minuciosamente ajustado por meses inteiros.

Jerzy Grotowski fala com prazer de "magia teatral". Entende por isso que um ator, digno de tal qualificação, deva ser capaz de *exploits* físicos e vocais, que o espectador não saberia realizar: Proteu que fascina não só os olhos e a inteligência do espectador, mas também o seu subconsciente, arrancando-o, de algum modo, do seu anonimato e associando-o à ação dramática. Esta não se desenvolve mais na moldura limitada, separada do palco, ela comporta ao contrário novas relações entre atores e espectadores, artífices em comum de um novo mundo propriamente teatral.

Jerzy Grotowski elimina a dicotomia palco-plateia. Ele transforma a plateia em palco, "coloca em cena" a plateia, esforçando-se por resolver a velha antinomia entre atores ativos e espectadores passivos. Em uma osmose espacial e estruturados na mesma ação, os espectadores, entre os quais agem os atores, são parte integrante da cerimônia teatral. E desse modo volta-se às origens do teatro primitivo.

Toda a disciplina gesticular e vocal do ator está conectada a uma atuação artificial (de composição). Mas essa artificialidade não se alimenta sozinha; é antes uma espécie de freio imposto ao íntimo processo de autopenetração do ator, processo que é considerado como a parte mais secreta e essencial do seu trabalho.

Interpretar um papel não é para o ator sinônimo de identificação com o personagem: ele está longe do "viver" o seu personagem assim como do representá-lo com estranhamento. Para o ator, o personagem é um instrumento para agredir a si mesmo, para atingir alguns recessos secretos da sua personalidade, para desnudar o que ele tem de mais íntimo. É um processo de autopenetração, de excesso, sem o qual não pode existir criação profunda, contato com os outros, possibilidade de formular interrogações angustiantes que voluntariamente evitamos para preservar o nosso limbo cotidiano. Livrando-se da canga que o define socialmente e de maneira estereotipada, o ator cumpre um ato de sacrifício, de renúncia, de humildade. Essa sucessão de feridas íntimas vitaliza o seu subconsciente e lhe permite uma expressividade que não se pode certamente comparar com a expressividade obtida com um cálculo frio ou com a identificação com o personagem. Violentando os centros nevrálgicos da sua psique e oferecendo-se com humildade a esse sacrifício, o ator, assim como o espectador que quer se entregar, supera a sua alienação e os seus limites pessoais e vive um clímax, um "ápice", que é purificação, aceitação da própria fisionomia interior, libertação. Religando-se à tradição transmitida pelo espírito religioso europeu, esse teatro a laiciza e a libera de seu conteúdo metafísico, canalizando porém as necessidades espirituais do indivíduo contemporâneo rumo a uma nova forma de sacralidade laica.

Jerzy Grotowski define o teatro como uma autopenetração coletiva. O teatro, se quer reanimar, estimular a vida interior dos espectadores, deverá quebrar todas as resistências, esmigalhar todos os clichês mentais que protegem o acesso ao seu subconsciente. Esse teatro pode ser comparado a uma verdadeira expedição antropológica. Ele abandona as terras civilizadas para penetrar no coração da floresta virgem; renuncia aos valores da razão claramente definidos para enfrentar as trevas da imaginação coletiva. Porque é nessas trevas que a nossa cultura, a nossa linguagem, a nossa imaginação afundam as suas raízes. Reservatório de experiências hereditárias que a ciência designa, às vezes, como *pensée sauvage* (Lévi-Strauss), como "arquétipos" (K. G. Jung), ou "representações coletivas" (Durkheim), ou categorias da imaginação (Hubert e Mauss), ou ainda "pensamentos primordiais e elementares" (Bastian).

No Teatro Laboratório, portanto, os espectadores são obrigados a enfrentar o mais secreto, o mais escondido si mesmo. Lançados brutalmente no mundo dos mitos, eles devem, ao mesmo tempo, reconhecer-se neles e julgá-los, examinando-os à luz das próprias experiências de indivíduos do século XX. Muitos sentem esse confronto, esse desmascaramento, como um sacrilégio. Na verdade encontramo-nos diante de uma moderna variante da antiga catarse ou, para dar uma definição mais próxima a nós, de uma terapia psicanalítica.

Tomemos o exemplo de *Akropolis*, um drama de Wyspiański, o mestre do simbolismo polonês (morto em 1907). Na noite de Páscoa, as estátuas e as personagens das tapeçarias do castelo real de Cracóvia – a Acrópole dos poloneses – animam-se e revivem diversos episódios da cultura europeia: a disputa de Esaú e Jacó, a guerra de Troia etc. Todos esperam que Cristo ressurja e, com Ele, a Polônia, a Europa.

Encenando esse texto clássico, Grotowski se perguntou qual "Acrópole" a "civilização dos fornos crematórios" poderia deixar como o seu testemunho aos pósteros. A resposta está incluída na pergunta: essa "civilização" se resume e culmina em Auschwitz. A ação será portanto adaptada a um campo de concentração. Os destroços humanos que o destino recolheu ali interpretam o texto clássico de Wyspiański, agrupando e montando, ao mesmo tempo, elementos tubulares metálicos que, pouco a pouco, invadem a sala. É o seu modo de construir a acrópole do "novo mundo". Entre eles, Páris e Helena, dois prisioneiros homossexuais agonizantes, desmascaram a realidade dos sentimentos degradados: trocam frases de amor acolhidas pelas gargalhadas dos outros prisioneiros. A luta entre Jacó e o Anjo é uma cena de tortura. Algozes de si mesmos, eles se dobram diante do trabalho físico, sanção irrevogável da nova civilização. Enfim, eis a Ressurreição de Cristo. Em um cortejo histérico, exasperado, os deportados desaparecem em um forno crematório levando, em triunfo, um cadáver que eles, tomados por uma última "mentira vital", identificam como o Salvador Ressuscitado. Na sala permanece o "mundo novo" metálico que eles edificaram e que parece querer sufocar os espectadores, os vivos que têm sempre razão diante dos mortos.

Grotowski submete o público a uma verdadeira agressão. Ele o arranca da sua segurança burguesa para lançá-lo naquela *no man's land* onde se dissimula o aspecto real do homem contemporâneo. Os humanitários epidérmicos, os "filantrópicos" acusam-no de crueldade e pessimismo. Eles não entenderam a lição do Extremo Oriente. Isto é, que os espíritos benéficos pegam emprestadas dos demônios as suas máscaras horrendas, terrificantes, para melhor combatê-los.

Rumo a um Teatro Santo e Sacrílego
Publicado pela primeira vez como introdução ao caderno em francês, com curadoria de Eugenio Barba, com o título *Le Théâtre-Laboratoire 13 Rzędów d'Opole ou le théâtre comme auto-pénétration collective*, Kraków, 1964. Título da versão francesa: "Vers un théâtre magique et sacrilège". Reimpressão em inglês em *Tulane Drama Review*, N. 3-27, 1964. Texto italiano segundo o livro de Eugenio Barba, *Alla ricerca del teatro perduto. Una proposta dell'avanguardia polacca*, Marsilio Editori, Padova, 1965.

PRÁTICAS NA EXPANSÃO

Jerzy Grotowski

Em Busca de um Teatro Pobre

Fico bastante inquieto quando me perguntam: "Qual é a origem dos seus espetáculos experimentais?". A hipótese parece ser a de que o trabalho "experimental" é tangencial (um contínuo brincar com certas "novas" técnicas) e secundário. Supõe-se que o resultado seja uma contribuição à encenação moderna: cenografia que utiliza as ideias correntes da escultura ou da eletrônica, música contemporânea, atores que de modo autônomo projetam estereótipos clownescos ou de cabaré. Conheço aquela cena: eu também fiz parte dela. Os espetáculos do nosso Teatro Laboratório vão em uma outra direção. Em primeiro lugar, procuramos evitar o ecletismo, procuramos resistir à ideia do teatro como conjunto de disciplinas. Tentamos definir o que o teatro é na sua especificidade, o que separa essa atividade de outras categorias da representação e do espetáculo. Em segundo lugar, as nossas realizações são pesquisas detalhadas da relação ator-espectador. Quer dizer que *consideramos a técnica pessoal e cênica do ator como o núcleo da arte teatral.*
É difícil determinar as fontes precisas desse enfoque, mas posso falar da sua tradição. Formei-me sob Stanislávski; os seus estudos persistentes, a sua renovação sistemática dos métodos de observação e a sua relação dialética com respeito ao próprio trabalho precedente, fizeram dele o meu ideal pessoal. Stanislávski colocou as perguntas metodológicas chave. As nossas soluções todavia diferem amplamente das suas: algumas vezes chegamos a conclusões opostas.
Estudei todos os principais métodos de treinamento do ator na Europa e fora da Europa. Os mais importantes para os meus objetivos são os exercícios rítmicos de Dullin, as pesquisas de Delsarte sobre as reações extrovertidas e introvertidas, o trabalho de Stanislávski sobre as "ações físicas", o treinamento biomecânico de Meierhold, as sínteses de Vakhtângov. São também particularmente estimulantes para mim as técnicas de treinamento do teatro asiático: em particular a Ópera de Pequim, o Kathakali

indiano e o teatro Nô japonês. Poderia citar outros sistemas teatrais, mas o método que estamos desenvolvendo não é uma combinação de técnicas tomadas emprestadas dessas fontes (se bem que às vezes adaptamos elementos delas para o nosso uso). Não queremos ensinar ao ator um conjunto pré-determinado de habilidades ou dar-lhe uma "bagagem de truques". O nosso não é um método dedutivo para colecionar técnicas. Aqui tudo se concentra na "maturação" do ator que é expressa por uma tensão em direção ao extremo, por um completo desnudar-se, por um revelar a própria intimidade: tudo isto sem a mínima marca de egotismo ou de autocomplacência. O ator faz total doação de si mesmo. Essa é uma técnica do "transe" e da integração de todos os poderes psíquicos e físicos do ator que emergem dos estratos mais íntimos do seu ser e do seu instinto, irrompendo em uma espécie de "transiluminação".

A formação de um ator no nosso teatro não consiste em ensinar-lhe alguma coisa; procuramos eliminar a resistência do organismo a esse processo psíquico. O resultado é a liberdade do intervalo de tempo entre o impulso interior e a reação externa em modo tal que o impulso é já uma reação externa. O impulso e a ação são coexistentes: o corpo se esvai, queima e o espectador vê somente uma série de impulsos visíveis. O nosso, portanto, é um *caminho negativo*, não um acúmulo de habilidades mas uma eliminação dos bloqueios.

Anos de trabalho e de exercícios expressamente compostos (os quais por meio de um treinamento físico, plástico e vocal tentam guiar o ator em direção ao tipo certo de concentração) às vezes permitem descobrir o início desse caminho. Então é possível cultivar com cuidado aquilo que foi despertado. O próprio processo, mesmo que até um certo ponto dependa da concentração, da confiança, do desvelamento e quase da aniquilação no ofício, não é voluntário. O estado mental necessário é uma disponibilidade passiva para realizar um papel ativo, um estado no qual não se "quer fazer aquilo" mas antes "renuncia-se a não fazê-lo".

A maior parte dos atores do Teatro Laboratório está apenas começando a trabalhar em direção à possibilidade de tornar tal processo visível. No seu trabalho cotidiano não se concentram na técnica espiritual mas na composição do papel, na construção da forma, na expressão dos signos – isto é, na artificialidade. Não há contradição entre a técnica interior e a artificialidade (a articulação de um papel por meio de signos). Acreditamos que um processo pessoal que não seja sustentado e expresso por uma articulação formal e por uma estruturação disciplinada do papel não é uma liberação e cairá na falta de forma.

Consideramos que a composição artificial não só não limite o que é espiritual mas que na realidade conduza a ele (A tensão tropística entre o processo interior e a forma reforça ambos. A forma é como uma armadilha munida de isca à qual o processo espiritual responde espontaneamente e contra a qual luta). As formas do comportamento comum, "natural", obscurecem a verdade; nós compomos um papel como um sistema de signos que mostram o que está atrás da máscara da visão comum: a dialética do comportamento humano. Em um momento de choque psíquico, em um momento de terror, de perigo mortal ou de imensa alegria, o homem não se comporta "naturalmente". O homem em um estado espiritual elevado usa ritmicamente signos articulados, começa a dançar, a cantar. O *signo*, não o gesto comum, é a unidade elementar de expressão para nós.

Em termos de técnica formal, não trabalhamos com a proliferação ou o acúmulo de signos (como nas repetições formais do teatro asiático). Ao contrário, subtraímos, procurando a *destilação* dos signos, eliminando aqueles elementos do comportamento "natural" que obscurecem o impulso puro. Uma outra técnica que ilumina a estrutura escondida dos signos é a *contradição* (entre gesto e voz, voz e palavra, palavra e pensamento, vontade e ação etc.) – também aqui tomamos o *caminho negativo*.

É difícil dizer com precisão quais elementos nos nossos espetáculos sejam o resultado de um programa formulado conscientemente e quais derivem da estrutura da nossa imaginação. Perguntam-me frequentemente se certos efeitos "medievais" indiquem um retorno intencional às "raízes rituais". Não existe uma resposta unívoca. No ponto da consciência artística em que nos encontramos hoje, o problema das "raízes" míticas, da situação humana elementar, tem um significado preciso. De qualquer forma, esse não é o produto de uma "filosofia da arte", mas deriva da descoberta e do uso na prática das regras do teatro. Isto é, os espetáculos não brotam de postulados estéticos *a priori*; ao contrário, como disse Sartre: "Cada técnica remete a uma metafísica".

Por diversos anos oscilei entre os impulsos nascidos da prática e a aplicação de princípios *a priori*, sem ver a contradição. O meu amigo e colega Ludwik Flaszen foi o primeiro a me fazer notar essa confusão no meu trabalho: o material e as técnicas que apareciam espontaneamente durante a preparação do espetáculo, da própria natureza do trabalho, eram reveladores e promissores; enquanto o que eu tinha considerado aplicações de pressupostos teóricos eram na realidade mais funções da minha personalidade do que do meu intelecto. Percebi que o espetáculo levava à consciência mais do que ser o produto da consciência. Desde 1960, enfatizei a metodologia. Por meio da experimentação prática procurei responder às perguntas com as quais tinha começado: O que é o teatro? O que o torna único? O que pode fazer que o cinema e a televisão não possam fazer? Duas concepções concretas se cristalizaram: o teatro pobre e o espetáculo como ato de transgressão.

Eliminando gradualmente tudo o que se demonstrava supérfluo, descobrimos que o teatro pode existir sem a maquiagem, sem figurinos autônomos e cenografia, sem uma área separada para o espetáculo (palco), sem efeitos sonoros e de luz etc. Não pode existir sem a relação de comunhão "viva", direta, palpável entre ator e espectador. Essa é uma antiga verdade teórica, naturalmente, mas quando rigorosamente testada na prática ela vai minar a maior parte das nossas ideias correntes sobre o teatro. Ela desafia a noção do teatro como síntese de diferentes disciplinas criativas: literatura, escultura, pintura, arquitetura, iluminação, atuação (sob a direção do encenador). O "teatro sintético" é o teatro contemporâneo que chamamos de bom grado de Teatro Rico: rico de defeitos.

O Teatro Rico depende da cleptomania artística, com o seu tomar de outras disciplinas, o seu construir espetáculos híbridos, conglomerados sem espinha dorsal ou integridade, embora apresentados como trabalho artístico orgânico. Multiplicando os elementos assimilados, o Teatro Rico tenta fugir do impasse representado pelo cinema e pela televisão. Porque o cinema e a televisão têm a primazia no campo das funções mecânicas (montagem, troca instantânea de lugar etc.), o Teatro Rico respondeu com um apelo descaradamente compensatório ao "teatro total". A integração dos mecanismos tomados por empréstimo (telas cinematográficas sobre o palco, por exemplo) implica uma implantação técnica sofisticada que permita grande mobilidade e dinamismo. E se o palco e/ou a sala fossem móveis, a troca contínua de perspectiva seria possível. Tudo isso é absurdo.

Porquanto o teatro se expanda e desfrute de seus recursos mecânicos, no plano tecnológico permanecerá, de qualquer forma, inferior ao cinema e à televisão. Por isso proponho a pobreza no teatro. Nós renunciamos à implantação palco-sala: para cada espetáculo, é projetado um espaço novo para os atores e os espectadores. Assim são possíveis infinitas variações da relação ator-espectador. Os atores podem atuar entre os espectadores, em contato direto com os espectadores e outorgando-lhes um papel passivo no drama (vide os nossos espetáculos: *Caim* de Byron e *Sakuntala* de Kalidasa). Ou os atores podem construir estruturas entre os espectadores e dessa maneira englobá-los na arquitetura da ação, sujeitando-os a um sentido de opressão e congestão e limitação do espaço (*Akropolis* de Wyspiański). Ou os atores podem atuar entre os espectadores e ignorá-los, transpassando-os com o olhar. Os espectadores podem ser separados dos atores: por exemplo, por um tapume alto, do qual sobressaem somente suas cabeças (*O Príncipe Constante*, segundo Calderón); dessa perspectiva radicalmente inclinada, olham os atores embaixo como se olhassem alguns animais em um cercado, ou como estudantes de medicina que observam uma operação (também esse olhar distanciado, do alto para baixo, dá à ação um sentido de transgressão moral). Ou toda a sala é usada como um lugar concreto: "a última cena" de Fausto no refeitório de um monastério, onde Fausto entretém os espectadores – que são hóspedes de um banquete barroco servido sobre enormes mesas – oferecendo episódios da sua vida. A eliminação da dicotomia palco-sala não é o mais importante; cria simplesmente uma situação nua de laboratório, uma área adequada para a pesquisa. A preocupação essencial é encontrar a justa relação espectador/ator para cada tipo de espetáculo e dar corpo à decisão na disposição física.

Abandonamos os efeitos de luz e isso revelou uma vasta gama de possibilidades para o ator usar fontes de luz fixas, por meio do trabalho premeditado com sombras, manchas luminosas etc. É particularmente significativo o fato que, uma vez colocado o espectador em uma zona iluminada ou, em outras palavras, uma vez tornado visível, ele também comece a desempenhar um papel no espetáculo. Além disso, pareceu-nos claro que os atores, como figuras das pinturas de El Greco, podem "iluminar" por meio da técnica pessoal, tornando-se uma fonte de "luz espiritual".

Abandonamos a maquiagem, os narizes postiços, as barrigas com enchimento – tudo o que o ator coloca no camarim antes do espetáculo. Descobrimos que era perfeitamente teatral que o ator se transformasse de um tipo em outro, de um personagem em outro, de uma silhueta em outra – sob os olhos do espectador – de maneira *pobre*, usando somente o próprio corpo e o ofício. A composição de uma expressão facial fixa por meio dos músculos e dos impulsos interiores do ator obtém o efeito de uma transubstanciação surpreendentemente teatral, enquanto a máscara preparada por um maquiador é somente uma maquiagem.

Do mesmo modo, um figurino desprovido de valor autônomo, que existe só em conexão com uma determinada personagem e as suas ações, pode ser transformado sob os olhos dos espectadores, contraposto às funções do ator etc. A eliminação daqueles elementos plásticos que têm uma vida autônoma (por exemplo que representam algo independentemente das ações do ator) levou à criação, por parte do ator, dos objetos mais elementares e óbvios. Com o uso controlado do gesto o ator transforma o chão em mar, uma mesa em confessionário, um pedaço de ferro em um companheiro animado etc. A eliminação da música (ao vivo ou gravada) não produzida pelos atores permite ao próprio espetáculo tornar-se música graças à orquestração das vozes e dos objetos que batem. Sabemos que o texto *por si só* não é teatro, que se torna teatro só por meio do uso que o ator faz dele – ou seja, graças às entonações, às associações de sons, à musicalidade da linguagem.

A aceitação da pobreza em um teatro totalmente despido de tudo aquilo que não lhe é essencial, revelou-nos não somente o fundamento do meio, mas a profunda riqueza conatural na forma de arte.

Por que fazemos arte? Para atravessar as nossas fronteiras, para superar os limites, preencher o nosso vazio – realizarmo-nos. Essa não é uma condição, mas um processo no qual aquilo que é obscuro em nós lentamente se torna transparente. Nessa luta com a própria verdade – esse esforço para tirar a máscara cotidiana – o teatro, com a sua perceptividade plenamente carnal, pareceu-me sempre um lugar de provocação. Ele é capaz de desafiar a si mesmo e aos seus espectadores violando os estereótipos aceitos de visão, sentimento e juízo – uma violação ainda mais estridente porque é refletida na respiração, no corpo, nos impulsos interiores do organismo humano. Esse desafio ao tabu, essa transgressão, causa o choque que arranca a máscara, permitindo oferecermo-nos desnudados a algo que é impossível definir, mas que contém *Eros* e *Charitas*.

No meu trabalho de diretor de teatro, fui tentado, assim, a fazer uso de situações arcaicas, santificadas pela tradição, situações (na esfera da religião e da tradição) que são tabus. Senti a necessidade de me confrontar com esses valores. Fascinavam-me, enchendo-me de um sentido de inquietação interior, ao mesmo tempo em que obedecia a uma tentação blasfema: queria atacá-los, ultrapassá-los, ou antes, confrontá-los com a minha experiência, que também é determinada pela experiência coletiva do nosso tempo. Esse elemento dos nossos espetáculos foi variadamente definido como "colisão com as raízes", "dialética da derrisão e da apoteose", ou até mesmo como "religião expressa através do blasfemo; amor que fala através do ódio".

Logo que o meu conhecimento prático se tornou consciente e que os experimentos levaram a um método, fui obrigado a reexaminar a história do teatro em relação aos outros ramos do saber, em particular à psicologia e à antropologia cultural. Um reexame racional do problema do mito fez-se necessário. Então vi claramente como o mito era tanto uma situação primordial quanto um modelo complexo com uma existência independente na psicologia dos grupos sociais e como ele inspira as tendências e o comportamento de grupo.

O teatro, quando era ainda parte da religião, era já teatro. Liberava a energia espiritual da congregação ou da tribo incorporando o mito e profanando-o ou, antes, transcendendo-o. O espectador, dessa maneira, encontrava uma consciência renovada da sua verdade pessoal na verdade do mito e, através do terror e do sentido do sagrado, chegava à catarse. Não por acaso a Idade Média produziu a ideia de "paródia sacra".

Mas a situação atual é bem diferente. Uma vez que os agrupamentos sociais são sempre menos definidos pela religião, as formas míticas tradicionais estão em contínua mutação. Os espectadores são sempre mais diferenciados em sua relação com o mito como verdade coletiva ou modelo de grupo e a fé é frequentemente uma questão de convicção intelectual. Isto quer dizer que é muito mais difícil provocar o tipo de choque necessário para tocar os estratos psíquicos além da máscara cotidiana. A identificação coletiva com o mito – a equação da verdade pessoal, individual com a verdade universal – hoje é praticamente impossível.

O que é possível? Em primeiro lugar, o *confronto* com o mito mais do que a identificação. Em outras palavras, enquanto mantivermos as nossas experiências privadas, podemos tentar encarnar o mito, vestindo a sua incômoda pele para perceber a relatividade dos nossos problemas, a sua ligação com as "raízes" e a relatividade das "raízes" à luz da experiência contemporânea. Se a situação é brutal, se nos despimos e tocamos um estrato extraordinariamente íntimo, expondo-o, a máscara cotidiana se rompe e desaparece.

Em segundo lugar, mesmo com a perda de um "céu comum" de fé e com a perda de fronteiras inexpugnáveis, a perceptividade do organismo humano permanece. Somente o mito – encarnado na realidade do ator, no seu organismo vivente – pode funcionar como um tabu. A violação do organismo vivente, o desvelamento levado a excesso ultrajoso, reporta-nos a uma situação mítica concreta, a uma experiência de verdade humana comum.

De novo, as fontes racionais da nossa terminologia não podem ser citadas com precisão. Perguntam-me frequentemente sobre Artaud quando falo de "crueldade", se bem que as suas formulações eram baseadas em premissas diferentes e tenham tomado uma direção diferente. Artaud era um extraordinário visionário, mas os seus escritos têm escasso significado metodológico porque não são o produto de uma pesquisa prática de longa duração. Eles são uma profecia surpreendente, não um programa. Quando falo de "raízes" ou de "alma mítica", perguntam-me por Nietzsche; se as chamo de "representações coletivas", vem à tona Durkheim; se as chamo "arquétipos", Jung. Mas as minhas formulações não derivam de disciplinas humanísticas, se bem que as possa utilizar para a análise. Quando falo da expressão de signos do ator, perguntam-me sobre o teatro asiático, em particular sobre o teatro clássico chinês (sobretudo quando é sabido que estudei lá). Mas os signos hieroglíficos do teatro asiático são inflexíveis, como um alfabeto, enquanto os signos que nós usamos são as formas estruturais da ação humana, uma cristalização do papel, uma articulação da singular psicofisiologia do ator.

Não afirmo que tudo o que fazemos seja completamente novo. Nós estamos sujeitos, consciente ou inconscientemente, a ser influenciados pelas tradições, a ciência e a arte, até pelas superstições e pelos pressentimentos típicos da civilização que nos plasmou, assim como respiramos o ar do singular continente que nos deu vida. Tudo isto influencia a nossa empresa, ainda que às vezes possamos negá-lo. Mesmo quando chegamos a certas fórmulas teóricas e comparamos as nossas ideias com as dos nossos predecessores, somos obrigados a recorrer a certas correções retrospectivas que nos permitem ver mais claramente as possibilidades abertas diante de nós.

Quando nos confrontamos com o conjunto da tradição da Grande Reforma do Teatro de Stanislávski a Dullin e de Meierhold a Artaud, percebemos que não começamos do zero mas que operamos em uma atmosfera definida e especial. Quando as nossas pesquisas revelam e confirmam o lampejo de intuição de algum outro, ficamos cheios de humildade. Percebemos que o teatro tem certas leis objetivas e que a realização só é possível dentro delas, ou, como disse Thomas Mann, por meio de uma espécie de "obediência superior" à qual damos a nossa "reverente atenção".

Tenho uma peculiar posição de guia no Teatro Laboratório. Não sou simplesmente o diretor ou "o instrutor espiritual". Em primeiro lugar, a minha relação com o trabalho não é certamente unidirecional ou didática. Se as minhas sugestões se refletem nas composições espaciais do nosso arquiteto Gurawski, deve ficar claro que a minha visão se formou em anos de colaboração com ele.

Há algo de incomparavelmente íntimo e fecundo no trabalho com o ator entregue a mim. Deve ser atento, confiante e livre porque o nosso trabalho é explorar as suas possibilidades extremas. O seu crescimento é seguido com observação, estupor e desejo de ajudá-lo; o meu crescimento é projetado sobre ele, ou melhor, *é descoberto nele* – e o nosso crescimento comum torna-se revelação. Isto não é instruir um aluno, mas total abertura a uma outra pessoa onde se torna possível o fenômeno de um "nascimento duplo ou compartilhado". O ator renasce, não somente como ator, mas como homem – e com ele, eu renasço. É um modo desajeitado de exprimi-lo, mas o que se obtém é a aceitação total de um ser humano por parte de um outro.

Em Busca de um Teatro Pobre*
"Ku teatrowi ubogiemu", em *Odra*, N. 9 (55), 1965, pp. 21 a 27.
"Towards a Poor Theatre", em Richard Schechner e Lisa Wolford (com curadoria de), *The Grotowski Sourcebook*, Routledge, London and New York, 1997.

Jerzy Grotowski, *Towards a Poor Theatre*, Odin Teatrets Forlag, Holstebro, 1968.
Jerzy Grotowski, "Em Busca de um Teatro Pobre", em *Em Busca de um Teatro Pobre*, Rio de Janeiro, Civilização Brasileira, 1971, pp. 1 a 11.

* Para cada texto de Jerzy Grotowski são fornecidas na ordem a indicação da primeira publicação e da versão indicada como "definitiva" pelo autor, considerada como "texto original".
São assinaladas além disso a primeira publicação em volume do texto em questão juntamente a outras indicações consideradas relevantes para a história dos textos.

Ludwik Flaszen

Depois da Vanguarda

Não é fácil falar da situação do teatro contemporâneo, uma vez que a palavra "situação" pressupõe um estado definido. Enquanto o que caracteriza o estado atual do teatro é justamente a sua indefinibilidade. Nesse caso, a estatística da vida teatral nos é de parca ajuda, não há dúvidas, de fato, de que a atmosfera dessa vida na Europa nos últimos anos esteja bastante rarefeita.

Mas não estamos falando do teatro como instituição – útil de qualquer modo – que, sob a forma de quadros vivos, acessíveis ao olho e ao ouvido, encena uma certa quantidade de peças conhecidas pelas leituras escolares ou recém-escritas; nem falamos do teatro como entretenimento para um público mais ou menos exigente que procura distração das preocupações cotidianas. Diria que nos interessa o teatro como arte, portanto uma disciplina que possui princípios próprios distintos, uma matéria-prima específica, conteúdos e fins próprios, tais que nenhum outro campo da atividade humana pode substituí-lo. Ir ao teatro faz parte do cabedal tradicional do homem culto. É necessário ser bem educado, portanto uma vez por semana, ou uma vez por mês, é necessário mostrar-se no teatro. Ou talvez não seja necessário ser bem-educado? E então? O hábito – mas não é ainda uma função viva. Os hábitos dos espectadores criam os hábitos do teatro; e desse círculo vicioso da não autenticidade, não há salto na criatividade.

Aos grandes dramaturgos contemporâneos dá-se o nome de vanguarda dos anos cinquenta. Essa fórmula implica uma certa distância, própria das noções históricas. Esses autores levaram à dissolução a imagem tradicional do teatro; mostraram a possibilidade de uma nova sensibilidade; levaram a decomposição da língua ao limite extremo, além do qual permanece só a imobilidade e o silêncio. Nesse âmbito, a obra de Beckett é realmente grande: pela coragem de tirar as consequências extremas. O seu ideal seria a cena vazia, não iluminada, da qual nenhum som chegue à plateia. Beckett fez aquilo que na pintura – como está atrás o teatro – fez Malevitch, o autor do quadro que representa um quadrado preto sobre fundo branco. Mas a onda criativa de destruição dos anos cinquenta já passou. Que os seus magníficos autores gozem de boa saúde e, se bem que de artistas desse nível se possa esperar ainda alguma surpresa, parece fora de dúvida que a obra deles já esteja concluída. Também por isso a pergunta mais importante – parece-me – deveria ser: o que será depois deles?

Tanto mais que, na realidade, não nos deixam um teatro, mas obras literárias escritas para o palco. Partituras teatrais, mas não uma arte do ator. E não deixam uma nova função do teatro, só a rebelião contra a velha função, rebelião que justamente nela se inseriu. Houve talvez uma grande mudança depois que passou o seu impacto sobre o repertório? Temo que irão ao encontro do destino de cada vanguarda teatral, cuja herança principal, a começar por Craig, são os testemunhos escritos. Utopias do possível. E, de quando em quando, efêmeras tentativas na prática. Enquanto Beckett for representado – por certo esporadicamente – iremos lidar com uma nova forma de teatro, ainda que inserida na velha. Quando estivermos enjoados de Beckett como autor, voltará o bom, velho caos de antes.

E então? o que será depois deles? Quando, em 1959, começamos a nossa atividade em uma pequena cidade da Slesia, na Polônia ocidental, não formulamos essa pergunta claramente. Porém, é fato que atuamos depois deles. Quando Grotowski fez os seus primeiros espetáculos no Teatro Laboratório não se colocava o problema de superar Beckett. Além do mais, não representávamos as peças de vanguarda, então em moda na Polônia. Representávamos – e assim é até hoje – as grandes obras clássicas, polonesas e mundiais, cuja função generalizante na nossa cultura está afinada com a dos mitos. Intuíamos que, se no teatro se aspira realizar algo de novo, o ponto alcançado pela vanguarda é o ponto limite.

De resto, sucedeu que, depois da passagem dessa dramaturgia pelos palcos poloneses, bem pouco mudou: a cenografia sempre tendeu para a vanguarda, enquanto os atores permaneceram apegados aos seus velhos clichês, talvez com o acréscimo das *clowneries* e de uma atuação fria e mecânica, considerada, em certas esferas, o estilo moderno da atuação. Dever-se-ia começar a pensar de modo radical naquilo que não está na palavra: no teatro.

Quanto à situação do teatro no mundo contemporâneo, a nossa hipótese é pessimista. O papel do teatro torna-se menor, decai o seu prestígio. Outras artes do espetáculo, mais empreendedoras e operacionais atraem a atenção dos espectadores. E não é só questão de uma concorrência mais atraente. No mundo que se transforma, no qual vão em direção à dissolução as comunidades tradicionais e, consequentemente, os valores e os ritos, o lugar do teatro no espaço social parece bastante indefinido. O que é o teatro? Um templo? Um estádio? Uma ágora? Uma feira? Uma tribuna? Um cerimonial de corte? Um rito carnavalesco? Para dizer a verdade, hoje pode ser tudo isso em virtude da estilização, desse expediente habitual do empenho parcial. Mas se for levado totalmente a sério? Além da diversão estética, do passatempo? O teatro permanecerá o *hobby* de maníacos solitários. Portanto, perceber a situação de maníaco solitário pode suscitar o *pathos* da autenticidade.

Agora que já passou o tempo dos grandes cerimoniais solenes, dos ritos de Dioniso e dos mistérios, das assembleias públicas e dos carnavais, fica para o teatro o lugar de um isolamento recolhido. O que é o teatro hoje, considerado totalmente a sério, portanto como uma forma particular da vida? Um eremitério. Um eremitério em que se cultiva uma disciplina agonizante. E justamente aqui – com um paradoxo – tornado consciente da própria situação de Jó, despojado das riquezas e da dignidade, pode renascer. *Credo quia absurdum.*

"A tragédia da linguagem", assim Ionesco definiu o tema de uma das suas peças. Essa fórmula, referida às obras da vanguarda dos anos cinquenta, possui um valor generalizante. A língua, por causa da própria mecanicidade, não é capaz de exprimir a verdade. A língua mente e gera a grotesca acumulação do absurdo automático (espontâneo), como em Ionesco, os círculos viciosos dos pleonasmos, como em Beckett, e – em termos mais amplos – a dialética infinita das aparências e da realidade, como em Genet. A palavra, o texto: esse portador de conteúdos discursivos alcançou as fronteiras da sua capacidade. Foi o que provou a vanguarda no teatro, mas no campo da linguagem, mais exatamente, no campo do texto. Uma maneira de pensar coerente requer que se prossiga: para criar o teatro devemos ir além da literatura; ele começa lá onde acaba a palavra. Que a linguagem teatral não possa ser uma linguagem de palavras, mas uma linguagem própria, construída por uma matéria-prima própria: esse passo, bastante radical para o teatro, já se realizou nos sonhos de Artaud. Nos sonhos apenas: na realidade, muitos daqueles que se reportam à Artaud, na prática, não sabem ir além da retórica teatral. Artaud é santo. Dirijamos-lhe nossas preces. Contanto que não desça do altar.

Essa mesma coerência de pensamento que vê a possibilidade do teatro hoje na condição do eremita, requer que se vá não só além da palavra discursiva, mas também que se rejeite tudo aquilo de que o fenômeno teatral possa prescindir. O teatro pode prescindir da cenografia, dos narizes de mentira, dos rostos maquiados, dos jogos de luzes, da música, de qualquer efeito técnico. O teatro não pode prescindir unicamente do ator e da ligação viva, literal, inter-humana que o ator estreita entre ele e o próprio *partner* e a plateia. O verdadeiro objeto do teatro, a sua específica partitura, inacessível aos outros ramos das artes, é – como diz Grotowski – a partitura dos impulsos e das reações humanas. O processo manifestado através das reações corpóreas e vocais do organismo humano vivo. Eis a essência da teatralidade.

Querendo ir além do teatro retórico ou ilusionista, os diretores de hoje, com ambições de modernidade, esforçam-se para alcançar tal resultado, multiplicando os efeitos visuais, técnicos, ou por meio da síntese das artes. A essa forma de teatro, que multiplica ao infinito os seus materiais, os meios e os efeitos, dá-se o nome de teatro total. Na visualidade desenfreada, exterior, no barulho da música concreta, o teatro total perde aquela que é a modesta, mas insubstituível, semente da teatralidade. A esse teatro rico contrapomos o teatro pobre, realizado nos espetáculos de Grotowski; nele o mundo é construído pelos impulsos e pelas reações do ator. Não multiplicamos os efeitos, ao contrário, os eliminamos. Uma vez que o teatro de hoje é um Jó despojado de herança, que ao menos tire ensinamento da sua condição de Jó. Que se desnude até o fim das aparências e que permaneça aquilo por que é insubstituível. Que da sua pobreza faça a sua força.

A vanguarda dos anos cinquenta demonstrou a impossibilidade do trágico tradicional no teatro. O trágico, com efeito, pode existir unicamente quando os valores têm garantias transcendentes; quando são considerados uma espécie de substância. Quando morrem os deuses, o trágico é substituído pelo grotesco: a careta dolorosa do bufão diante do céu vazio. As premissas da vanguarda, sob esse ponto de vista, são irrefutáveis: o trágico tradicional hoje é estéril, sublime retórica ou trivial choradeira melodramática. Uma pergunta se coloca: como obter no teatro o trágico que não seja pose morta, pitoresca, mas que, ao mesmo tempo, ultrapasse a *clownerie*? Como alcançar aquele antiquíssimo sentimento, hoje perdido na memória emocional, de piedade e de horror juntos?

A resposta prática é: desonrando os valores, os valores últimos, elementares. A eles, em última instância, pertence a integridade do organismo humano. Quando já não há mais nada, o corpo permanece asilo da dignidade humana, o organismo vivo que é como o fiador material da identidade do indivíduo, da sua particularidade em relação ao resto do mundo. Quando o ator joga no prato da balança a sua intimidade, quando revela sem freios a sua vivência interior, encarnada nas reações materiais do organismo, quando a sua alma se torna, em um certo sentido, idêntica à fisiologia, quando está em público desarmado e nu, oferecendo o seu ser inerme à crueldade dos *partners* e à crueldade da plateia; então, em virtude de uma inversão paradoxal, readquire o *pathos*. E os valores profanados renascem – graças ao choque do espectador – em um plano superior. A miséria da condição humana, nada velada, ultrapassando na sua sinceridade todas as barreiras do assim chamado bom gosto e da boa educação, culminando no excesso, permite atingir a catarse na sua forma – ousaria afirmar – arcaica. Exemplo da tragicidade assim entendida é *O Príncipe Constante* de Grotowski, que o público francês teve oportunidade de ver.

Em uma época em que o desenvolvimento impetuoso da civilização tempera a alegria do conquistador com os sofrimentos do desenraizamento, no momento em que as disciplinas tradicionais e os ofícios perdem a sua função viva, no teatro nos dirigimos às suas fontes arcaicas. Os espetáculos de Grotowski aspiram ressuscitar a utopia daquelas experiências elementares que proporcionava o ritual coletivo, em cujo ímpeto extático era como se a comunidade sonhasse o sonho da própria essência, do próprio lugar na realidade total, não fragmentada em esferas separadas, em que o Belo não fosse diferente da Verdade, a emoção do intelecto, o espírito do corpo, a alegria da dor; em que o homem sentisse a união com a Totalidade do Ser. A experiência nos conduziu ao teatro dos mistérios.

Mas como criar o teatro dos mistérios na época do desaparecimento e da dispersão dos rituais, quando os rituais, até aqueles sobreviventes, mesmo que em forma de vestígios, não possuem o valor da universalidade? Como fazer – algo contraditório em si – um mistério laico? Um mistério que não seja, ao mesmo tempo, uma estilização do costume antigo, um jogo puramente estético? Por meio da profanação dos mitos e dos rituais; desonrando-os e blasfemando contra eles. Tal profanação renova os conteúdos vitais deles: por meio da experiência do horror.

A essência do ritual é a sua atemporalidade; aquilo que nele acontece se renova a cada vez na sua presença viva, visível. O ritual não representa uma história que sucedeu em certo tempo, mas que sucede sempre, acontece *hic et nunc*. As conclusões para o teatro? O tempo da ação teatral é igual ao tempo do espetáculo. O espetáculo não é uma cópia ilusionista da realidade, uma sua imitação, não é sequer um complexo de convenções aceitas como uma espécie de jogo consciente, um brincar de uma realidade teatral distinta. O próprio espetáculo é a realidade; um acontecimento literal, tangível. Ele não existe além da sua matéria-prima, da sua estrutura. O ator não interpreta, não imita, não finge. É ele mesmo, cumpre um ato de confissão pública; o seu processo interior é um processo real, não é a obra da habilidade do malabarista. Uma vez que nesse teatro o que importa não é tanto a literalidade dos acontecimentos – ali de fato ninguém sangra ou morre de verdade – quanto a literalidade dos atos humanos, e estimulá-los é o fim principal do método de Grotowski.

A nossa atividade pode ser entendida como uma tentativa de redescobrir os valores arcaicos do teatro. Não somos modernos, ao contrário: totalmente tradicionais. Brincando, poderíamos dizer: não somos a vanguarda, mas a retaguarda. Ocorre que as coisas que já aconteceram sejam as mais surpreendentes. Atingem-nos com a sua novidade, tanto maior quanto é profundo o poço do tempo que delas nos separa.

Depois da Vanguarda
Intervenção no Congresso Internacional dos Jovens Escritores, Paris, 25 de fevereiro de 1967, publicado pela primeira vez em *Odra*, N. 4, 1967. Retomado em versão francesa na brochura *Teatr Laboratorium – Instytut Badań Metody Aktorskiej*, publicada pelo Teatro Laboratório, Wrocław, 1967. Publicado em Ludwik Flaszen, *Cyrograf*, Kraków, 1971. Texto original em polonês.

Jerzy Grotowski

Teatro e Ritual

O tema do nosso encontro, Teatro e Ritual ou, se vocês preferem, À Procura do Rito no Teatro, é talvez excessivamente científico. Mas o que eu queria compartilhar hoje é mais a história de certas ilusões, sonhos, tentações de reencontrar no teatro o mito, de reencontrar o ritual; considero que esta história seja uma história muito pessoal, mas dela podem ser tiradas certas conclusões de natureza objetiva.

No início da nossa atividade artística, e mesmo antes de iniciar o trabalho no Teatro Laboratório, isto é, quando trabalhava como jovem diretor em Cracóvia, eu tinha já uma certa imagem das possibilidades do teatro, uma imagem formada em parte pela oposição ao teatro existente, aquele teatro cultural demais na acepção comum, produto do encontro de pessoas cultas: as pessoas que se dedicam a dispor as palavras, compor o gesto, projetar as cenografias, utilizar os refletores etc., e os outros, também cultos, que sabem que cai bem ir ao teatro, porque é uma espécie de obrigação moral ou cultural. No final das contas, todos saem desses encontros ainda mais cultos, só que entre essas pessoas não pode acontecer nada de essencial. Cada qual permanece prisioneiro de um tipo definido de convenção, de maneira de pensar, de ideias relativas ao teatro. É preciso ir ao teatro porque as pessoas o frequentam, espetáculos são feitos, papéis são feitos, montagens são feitas, mas no final é um outro tipo de mecanismo que funciona por si só, como a obrigação de dar conferências. Eu considerava, portanto, que o caminho em direção a um teatro vivo pudesse ser a espontaneidade teatral original. Parece-me que essa é uma tentação que há muito tempo atormenta muitos homens de teatro; mas a tentação por si só não basta. Uma vez que justamente os ritos primitivos deram vida ao teatro, eu acreditava que, por meio do retorno ao ritual – em que participam como duas partes, os atores, isto é, os corifeus, e os espectadores, isto é, justamente os participantes – fosse possível reencontrar aquele cerimonial da participação direta, viva, uma reciprocidade peculiar (fenômeno um tanto raro nos nossos tempos), a reação imediata, aberta, liberada e autêntica. Eu tinha, evidentemente, certas ideias como ponto de partida, por exemplo que é preciso fazer com que se confrontem, em um certo sentido, atores e espectadores cara a cara no espaço e que é preciso procurar aquela troca recíproca de reações tanto no campo da língua *tout court*, quanto no campo da linguagem do teatro, ou seja propor aos espectadores uma co-atuação *sui generis*. Do ponto de vista das composições espaciais isso não estava suficientemente definido; só um pouco mais tarde, isto é, em 1960, depois de um certo número de espetáculos, em que eu tinha procurado os modos de organizar o ritual que tem lugar entre atores e espectadores, encontrei Jerzy Gurawski, arquiteto de grande inteligência e inventividade, voltado para uma direção afim e juntos nos colocamos a caminho, sem mais compromissos, da conquista do espaço.

Mas qual era desse ponto de vista a ideia guia – inicialmente um tanto abstrata, que porém com o passar do tempo tomou corpo? Consistia no fato de organizar o espaço de modo diferente para cada espetáculo, de eliminar a concepção de palco e plateia como lugares separados entre si e de fazer da atuação do ator um estímulo que jogasse o espectador na ação. Por exemplo, no refeitório se encontra um monge que se dirige aos espectadores: "Se me permitem, me confesso defronte a vocês", e a partir daquele momento é imposta aos espectadores uma situação definida; em seguida, aquele monge inicia a sua confissão e o espectador, quer queira quer não, se torna o confessor; como no *Fausto* segundo Marlowe por nós encenado. Uma situação diversa, mesmo que derivante daquela concepção do espaço, organizamos em *Kordian*, segundo Słowacki. A sala teatral inteira foi transformada na sala de um hospital psiquiátrico, os espectadores eram tratados como doentes – cada um dos espectadores era tratado assim – por fim, até mesmo os médicos, isto é os atores, eram considerados doentes, tudo sofria da grande doença de uma certa época, de uma civilização, ou melhor, tinha sido possuído pela tradição. Mas o fato essencial nesse espetáculo era que, na realidade, o mais doente, isto é Kordian, estava doente de nobreza de espírito; enquanto o menos doente, isto é, o Doutor que o tratava, demonstrava-se um indivíduo racional e cheio de bom senso, mas vilmente são. Certamente esse é um paradoxo ou uma contradição, com a qual, porém, nos deparamos muito frequentemente na vida: quando desejamos realizar diretamente os grandes valores, nos tornamos doidos, loucos, conservando talvez a saúde; mas se desejamos ser racionais demais, não somos capazes de realizar os valores, portanto, com todo o nosso bom senso, é como se seguíssemos pelo caminho certo, não somos loucos, somos sãos, gozamos de boa saúde... mas também a vaca é um modelo de saúde. Eu pensava, portanto, que se o ator, por meio da sua ação em relação ao espectador, o estimula, o incita a uma ação comum, provocando-o até mesmo a certos modos de comportamento, ao movimento, ao canto, a respostas verbais e coisas semelhantes, isto deveria tornar possível a reconstrução, a restituição daquela primitiva unidade ritual.

Em suma, foi possível; fizemos espetáculos em que os espectadores reagiam diretamente, quase como se interpretassem um papel, cantando, agindo quase como atores, junto com os atores. Porém era bem preparado antes e fundamentalmente bem distante daquilo que hoje se chama *happening*: por exemplo, os atores, durante os ensaios, procuravam versões diversas de comportamentos, levando em consideração diversas possibilidades de comportamento dos espectadores; o espectador, frente a um certo tipo de agressão por parte do ator, dispõe, digamos, de cinco ou seis tipos de reação, portanto, para todos os espetáculos, tínhamos preparado com antecedência algumas versões de comportamentos dos atores em relação aos espectadores, de acordo com as reações desses últimos. Devo, no entanto, confessar que o dia em que finalmente alcançamos aquela situação de co-participação dos espectadores, nos assaltaram as dúvidas: era autêntico de verdade? Certamente os espectadores tomavam parte direta na ação, mas para a maior parte deles era uma participação mais cerebral. Os espectadores reagiam de vários modos: para alguns era divertido ou estranho, procuravam portanto uma resposta irônica, desejavam demonstrar o próprio senso de humor, o que não era mal, se a estrutura do espetáculo não tendesse quase sempre, no final, para uma contradição trágica na impostação do papel principal; e isso começava a colocá-los pouco à vontade. Outros, ao contrário, tinham uma reação histérica: os espectadores começavam a fazer barulho, a soluçar, a tremer, a mostrar os signos como de uma queda em um estado de reação elementar. Não era, porém, um estado de espontaneidade original, talvez às vezes, se prendia unicamente ao estereótipo, à imagem do selvagem: vale dizer, àquele que é o comportamento do selvagem que participa de um rito de preparação para a caça ou para a guerra, ou para algo do tipo; como devem ser emitidos os gritos, como executar gestos desordenados, como induzir-se à excitação. Nesse caso, não era autêntico, era antes inventado, calculado, era a realização cerebral, artificial de uma imagem um tanto estereotipada do comportamento dos selvagens. Outros queriam ser inteligentes, tendiam a uma compreensão do nível intelectual da coisa, daquele nível que existe no teatro de verdade, se permanece invisível, mas se é visível, não tem sentido algum, é estéril. Procuravam portanto isso para obter uma resposta discursiva, uma resposta possível de ser adivinhada por meio de um gesto, ou de uma palavra, ou de alguma frase; era talvez inteligente, mas não autêntico, como o comportamento de uma elite artística ou intelectual que participa de uma recepção mundana, em que há muito uísque, um pouco de dança, música e na qual cada um deve ser inteligente. Era uma reação semelhante. No todo não era bastante autêntico, ainda que de fora desse a impressão de uma multidão colocada em movimento, de um grupo de pessoas um tanto numeroso guiado pelos atores – com elementos de luta e elementos de compreensão recíproca, com uma espécie de acordo para agir com reflexos de protesto, de silêncio: de fora, não era talvez tão mal, e se tivéssemos sido capazes de instalar ao redor uma outra sala com os espectadores, para que esses pudessem observar o que acontece entre os atores e os espectadores que atuam, o resultado poderia ser interessante. Mas nas reações dos espectadores, quando agiam como co-atores, até mesmo liberando de si alguma espontaneidade, havia muito do velho teatro, velho não no sentido do teatro arcaico, não no sentido de velho – de nobre qualidade, de velho – radicado, mas no sentido do teatro dos clichês, do estereótipo, da espontaneidade banal; apesar da estrutura do espetáculo, que provavelmente banal não era e que – como penso – podia, em certos casos, ser de inspiração.

Quando portanto percebi essa situação, a discutimos um bocado na nossa companhia, o que provavelmente contribuiu para uma mudança de atitude; isso aconteceu entre *Kordian* e *Akropolis* (trata-se da primeira versão, que montávamos naquele tempo), e em seguida entre *Akropolis* e *O Doutor Fausto*. O que tínhamos observado? Quando por exemplo queremos dar ao espectador a possibilidade de uma participação emotiva, direta mas emotiva – isso é a possibilidade de identificar-se com alguém que traz a responsabilidade da tragédia que se está desenvolvendo, então é preciso afastar os espectadores dos atores, não obstante aquilo que aparentemente poderíamos pensar. O espectador, afastado no espaço, colocado na situação daquele que, como observador, não é sequer aceito, que permanece unicamente na posição de observador, é realmente capaz de co-participar emotivamente, uma vez que, no fim das contas, pode reencontrar em si a original vocação do espectador. É preciso perguntar-se em que consiste aquela vocação do espectador, assim como pode-se perguntar o que é a vocação do ator. A vocação do espectador é ser observador, mas ainda mais, é ser testemunha. A testemunha não é quem enfia por toda a parte o nariz, quem se esforça por ficar o mais próximo possível, ou por intrometer-se nas ações dos outros. A testemunha mantém-se levemente à parte, não quer se misturar, deseja estar consciente, ver o que acontece, do início ao fim, e guardar na memória; a imagem dos eventos deveria permanecer dentro dela. Vi uma vez um documentário sobre um monge budista que em Saigon cumpriu um auto de fé. Havia ali uma multidão de outros monges que observavam toda a cena. Alguns deles ajudavam aquele que deveria se aniquilar, entregavam-lhe o necessário, preparavam tudo, mas os outros mantinham-se a uma certa distância, quase escondidos, permanecendo imóveis durante toda a cena, assim podiam ser ouvidos o ruído do fogo e o silêncio. Ninguém pestanejava. Aquelas pessoas coparticipavam realmente. Coparticipavam da cerimônia que era um ato extremo frente ao mundo e frente à vida. Por outro lado, visto que era um monge budista, coparticipavam também em sentido religioso. E no entanto não intervinham, permaneciam à parte. *Respicio* é a palavra latina que significa respeito pela coisa, eis a função da verdadeira testemunha; não se intrometer com o próprio mísero papel, com aquela importuna demonstração: "eu também", mas ser testemunha – ou seja, não esquecer, não esquecer custe o que custar. Portanto, afastar o espectador é dar-lhe a possibilidade de coparticipação segundo o exemplo daquelas testemunhas que participavam do ato do monge. Nesse caso, a disposição do espaço no teatro existente peca talvez por imperfeição, porque para o espectador nele existe sempre o palco e a plateia, e essa disposição não muda nunca; mas visto que não muda, o espectador não é capaz de reencontrar a sua função original de testemunha; porque ali a arquitetura do edifício determina que ele permaneça à parte. Mas se dispomos de um espaço virgem, então o fato de o espectador ser inserido na estrutura de um espetáculo, permanecendo como em osmose com o ator, enquanto em um outro espetáculo é afastado, torna-se significativo e permite que o espectador reencontre a situação de testemunha que lhe é inata.

E eis a conclusão que decorre daí: se quisermos imergir o espectador no espetáculo, na cruel – por assim dizer – partitura do espetáculo, cruel não no sentido da crueldade exterior, como bater em alguém e coisas semelhantes (não é importante e se torna divertido, se não é autêntico, ao contrário as pancadas reais não fazem parte das atribuições do teatro), mas tenho em mente aqui aquela crueldade que consiste só em não mentir – se não queremos mentir, se não mentimos, imediatamente nos tornamos cruéis, é inevitável – em um espetáculo assim, uma vez que queremos dar aos espectadores uma possibilidade e, até mesmo, impor-lhes uma sensação de distância em relação aos atores, é preciso misturá-los com os atores. É a situação de *Akropolis*. No caso de *O Príncipe Constante*, tínhamos que lidar com a coparticipação direta, emotiva, em que os espectadores foram colocados na situação da testemunha. No caso de *Akropolis*, os espectadores são entremisturados com os atores; o resultado é que se cria um abismo. Os atores estão atarefados em toda a volta, cruzam-se no espaço com os espectadores, mas não os veem. Mesmo se os enxergam em certos momentos, isso permanece sem consequências, ali não há possibilidades de contato, são dois mundos diversos. Em *Akropolis* são realmente dois mundos, visto que os atores são como farrapos humanos, pessoas de Auschwitz, os mortos; os espectadores ao contrário são os vivos, que depois de um bom jantar vieram ao teatro, para participar de um certo ritual cultural. A co-penetração emotiva é impossível e para escavar aquele abismo entre dois mundos, duas realidades, dois tipos de reações humanas, é preciso misturar, apesar do que se poderia supor pela aparência. Essa consequência é essencial.

Ao conduzir todas essas pesquisas, procurávamos evidentemente estabelecer o que poderia ser o eixo do ritual. Talvez seja o mito, talvez o arquétipo, segundo a terminologia de Jung, ou – se quiserem – a representação coletiva ou o pensamento primitivo, pode ser usada a definição que se queira. Porque – guardemos isso na memória – não aspirávamos ressuscitar o teatro religioso, era antes uma tentativa de ritual laico. Mas em todas essas pesquisas, havia uma possibilidade que evitávamos: a possibilidade de criar um cerimonial que entorpece. Tínhamos na história do nosso instituto espetáculos "grotescos", também um nosso peculiar humor, mas não criamos espetáculos que causassem euforia barata, espetáculos aos quais cada um pudesse participar só e exclusivamente graças aos seus instintos mais primitivos, baixos – não digo selvagens, visto que isso seria justamente honroso – queríamos dizer: aos instintos de baixa laia, embaraçosos, aos aspectos embaraçosos da co-participação. De fato no fim das contas existe ainda hoje aquele tipo de cerimonial que entorpece: um pouco disso está também na corrida, um pouco nos encontros de boxe, enfim no teatro mais leviano. A participação direta pode ser alcançada graças a uma redução peculiar, essa redução fica tão rasa, que não lidamos mais com os espectadores mas, como se costuma dizer, com a "plateia", isto é, com a multidão. As leis que regulam o comportamento da multidão não derivam dos comportamentos dos indivíduos mais sábios entre a multidão, justamente o contrário, e isso é ensinado pela psicologia; por isso apelando aos instintos de baixa laia, é possível no espetáculo chegar à participação direta. Considero todavia que isso já existe e não vale a pena fazê-lo. Acreditávamos que se quiséssemos evitar o ritual religioso e construir um ritual laico, seria provavelmente com o objetivo de fazer um confronto com as experiências das gerações passadas, isto é, com o mito.

Portanto naquele período procurávamos sempre a imagem arquetípica – para servirmo-nos desta terminologia – no sentido da imagem mítica das coisas, ou, antes, da fórmula mítica, como, por exemplo, o holocausto, o sacrifício do indivíduo pelos outros – é *Kordian*; ou a *via crúcis* de Cristo, o mito do Gólgota, que foi sobreposto à "Grande Improvisação" em *Os Antepassados*, de Mickiewicz. Tínhamos porém em relação a esses fenômenos uma outra atitude, não era uma atitude religiosa; era uma fascinação *sui generis*, e, ao mesmo tempo, uma oposição, uma antinomia. Começamos então a aplicar uma dialética peculiar que um crítico polonês, Tadeusz Kudliński, chamou de "dialética da derrisão e da apoteose". Por exemplo, o real sacrificar-se de Kordian, mas ao mesmo tempo a loucura de Kordian; Kordian cumpre um sacrifício real, dá o próprio sangue pelos outros, mas o dá segundo o procedimento da velha medicina: é o médico que lhe tira o sangue. Havia nisso a solidariedade com Kordian e a triste derrisão da solitária ineficácia do ato; atingir as raízes que nos condicionam e lutar contra essas raízes.

O que resultou daquela fase de pesquisas? Não falo daquelas soluções espaciais, nem do problema da coparticipação dos espectadores, falo da estrutura da obra. O resultado foi o seguinte: os espetáculos eram sempre irônicos, daquela ironia que normalmente tinha o seu lado trágico, os espectadores, assim como nós, eram solidários, porém com o protagonista. Era portanto uma ironia *sui generis*, uma espécie de análise, de desmembramento, uma aula de anatomia; contudo, nos nossos pensamentos, na nossa *arrière-pensée*, dizíamos ao mesmo tempo: sim, é autêntico, há uma vitalidade, nos toca, talvez mesmo nos condiciona; queremos nos libertar. Trata-se de uma atitude muito contraditória em si. Mas, um pouco mais tarde, depois de ter observado de perto a questão, constatamos que essa dialética não funcionava com o devido rigor, porque os espectadores assumiam atitudes diversas: acreditávamos que teria sido a dialética da derrisão e da apoteose, mas, com efeito, alguns espectadores a tomavam como uma espécie de apoteose, outros, ao contrário, como uma espécie de derrisão; em suma, essa dialética não funcionava profundamente na obra, porque não funcionava em ambas as suas polaridades em cada espectador. Certamente pode-se dizer que muitos espectadores reagiam a essa dialética com uma notável espontaneidade, não ostentada, mas autêntica, profunda, e que para eles essa dialética funcionava plenamente. Para muitos porém não funcionava. Em termos de eficácia, acontecia em planos diversos: na reação direta, quando o espectador reagia fascinado, funcionava eficazmente a polaridade da apoteose, enquanto no plano do pensamento – quando o espectador analisava a estrutura do espetáculo – funcionava a derrisão. Por isso não era um experimento modelo, não tinha homogeneidade, não produzia a inteireza das reações, funcionava em planos diversos e de modo diverso em cada um dos espectadores. Depois percebemos que começava a ficar iminente o perigo de imitar o mito, de uma realização passiva das imagens míticas, de maneira que no fundo, ainda que lutássemos contra isso, o resultado tendia à estilização. Sofria portanto de uma certa esterilidade. A um certo momento cheguei à conclusão de que era preciso abandonar essa concepção do teatro ritual, porque hoje ele não é possível, por causa da falta de crenças professadas universalmente.

Ludwik Flaszen, o meu estreito colaborador, usou uma vez a metáfora da torre de Babel, que gostaria de desenvolver: parece-me de fato que hoje não só cada coletividade tradicional tenha se tornado uma torre de Babel, na qual as línguas sofreram uma nova mistura e na qual se esvaíram as crenças comuns, mas também cada homem é uma torre de Babel, porque na base do seu ser não há um sistema uniforme de valores. Na forma extrema podem observá-lo em vocês mesmos. Em cada um de vocês provavelmente coexistem diversas crenças: em primeiro lugar, a fé tradicional, a religião tradicional com a qual talvez vocês tenham rompido mas que permanece viva nos estratos profundos do seu ser – é essa que articula a linguagem da imaginação; em segundo lugar, aquela fé (se não desejamos chamá-la de religião, falemos em última análise de filosofia) à qual vocês aspiram conscientemente; no fundo vocês se esforçam para convencer os outros e vocês mesmos de que possuem essa fé de verdade, o que, em suma, se reduz mais a preocupar-se por possuir essa fé em geral, do que em possuí-la de verdade, porque estão agitados demais dentro de vocês; depois, têm essa vida dividida entre diversos círculos sociais, pequenos pensamentozinhos, diria crenças pela metade para uso da família, dos colegas, do ambiente de trabalho; mas na base disso tudo há no profundo do seu ser algo como um esconderijo secreto, onde turbilhonam aspirações, crenças autênticas, a fé abandonada; eis a verdadeira torre de Babel. Vocês são assim porque nenhum de vocês quer reconciliar-se com o próprio ser. O velho quer ser um jovenzinho, o jovem quer ser moderno, mas não ele mesmo, porque a vontade de ser moderno se reduz – apesar de todos os protestos – à imitação dos outros, dos mais velhos. Por isso cada um tende a algo que na maioria das vezes não existe; essa é, creio, a doença da civilização, essa multiplicidade de fés; ela pode ter às vezes lados positivos, enquanto a rigidez da fé, especialmente se se trata de fé religiosa ou pararreligiosa, se torna perigosa e conduz ao fanatismo. Porém isso pode ser observado de diversos pontos de vista; do ponto de vista do fenômeno teatral é preciso constatar que a reconstrução do ritual hoje não é possível, porque o ritual sempre girou em torno do eixo constituído pelo ato de fé, pelo ato religioso ligado à profissão de fé, não só no sentido de uma imagem mítica, mas também dos comportamentos que comprometem toda a família humana. Eu considerava, então, que não teria sido mais possível ressuscitar no teatro o ritual pela ausência de uma fé exclusiva, de um sistema único de signos míticos, de um sistema único de imagens primárias.

Como vocês se lembram, eu disse antes que sempre, cada vez que ressuscitamos no teatro o ritual, repetem-se os mesmos erros. Porque se se quer alcançar a espontaneidade original, isto é, a reação de grupo dos espectadores, a sua coparticipação literal, quer se queira quer não, apelamos para a espontaneidade desordenada, histérica, semelhante ao rolar no chão, às convulsões, ao caos etc, a coisas tão estúpidas quanto sem sentido e que constituem unicamente a consequência do fato que "contudo é preciso fazer algo"; em suma, isso leva a uma balbúrdia total. Colocados diante de uma possibilidade do gênero, os espectadores desejam ou não desejam enfrentar a coparticipação, mas quando o querem, desejam imergir exatamente na desordem, exatamente no caos, porque o caos é desprovido de significados, visto que o caos não é uma linguagem. Por outro lado, se no espetáculo procura-se o ritual mítico, supondo que esse fenômeno exista em sentido objetivo, cai-se na criação de espetáculos "ecumênicos" que contêm alusões, referências, fragmentos de todas as religiões possíveis (um pouco de hinduísmo, algo da China, aqui Cristo, lá Buda, ou ainda alguma outra coisa, algum Shiva Krishna), de religiões que não são mais as nossas religiões, das quais nos afastamos, como aquelas da nossa parte do mundo, ou de outras às quais nada nunca nos ligou, como aquelas de continentes longínquos; e tudo isso cuidadosamente construído, acertado, ideado e coroado por algo do tipo de uma grande teosofia, de uma civilização à la *Planète*, como naquela revista que sai em Paris. Uma grande mixórdia. Considero que em suma seja estéril, porém com certas exceções. Se um grande artista enfrenta tal tipo de pesquisa, é capaz de ir além disso. Tenho em mente certos trabalhos de Béjart, que também explorou diferentes imagens, que provêm de diversas civilizações religiosas, mas ao mesmo tempo foi além delas, graças à matéria, graças à própria natureza do seu ofício; não foram aqueles motivos que decidiram o sucesso artístico da sua obra, mas o seu discernimento e a competência no campo da técnica da dança *tout court*; ali foi decisiva a parte corpórea, até mesmo sensual, ligada às reações do ser humano, que aconteciam em um ritmo específico e não aquelas representações religiosas tomadas a esmo. O grande artista é portanto capaz de ir além desse limite. De resto eu não disse que é absolutamente inoportuno utilizar temas tomados de outros continentes, a questão é outra, estou falando de uma certa tentação. Já se esvaiu hoje o eixo das representações míticas, não há uma coparticipação verdadeira, portanto é preciso abandonar a ideia do teatro ritual. E passo a passo nos afastamos dessa ideia.

Fizemos *Akropolis*, *Doutor Fausto* de Marlowe, *O Príncipe Constante*, depois a versão subsequente de *Akropolis*, por fim *Apocalypsis cum figuris* e no decorrer do trabalho, passando por fases que se sucediam, constatamos que, uma vez que deixamos de lado a ideia do teatro ritual, começamos de maneira *sui generis* a aproximar-nos do teatro ritual.

Sempre trabalhamos com textos que mantivessem para nós a própria vitalidade, textos de nível consolidado na tradição, vitais não só para os meus colegas e para mim, mas também para a maioria, se não para todos, os poloneses; até mesmo quando representamos textos como o de Marlowe, que não tinha na Polônia uma tradição consolidada, apareceu uma conexão viva através do tipo de material literário, ligado a um contexto peculiar de pensamento poético, de imagens, de alusões existenciais, muito próximos ao romantismo polonês; não foi por acaso que tomamos como material de trabalho não *O Príncipe Constante* de Calderón, mas justamente o de Słowacki, o grande poeta do romantismo polonês, que fez uma transposição própria do texto de Calderón. É muito difícil explicar a vocês no que consiste para nós todos e para mim a força prepotente da tradição do romantismo polonês. Tratou-se de um romantismo sem dúvida diverso do francês; era uma arte inacreditavelmente tangível, direta, mas que ao mesmo tempo tinha uma peculiar ala metafísica: queria ir além das situações cotidianas para desvelar uma perspectiva existencial mais ampla da existência humana, o que se poderia chamar pesquisa do destino. Nessa dramaturgia não há ênfase declamatória, *pathos* retórico, a linguagem é muito crua; até mesmo quando remonta ao barroco polonês que traz consigo um certo adorno, permanece uma grande crueza na atitude com relação ao indivíduo. No romantismo polonês existem também algumas tentativas de desvelar os motivos secretos do comportamento humano: poderíamos dizer que contém um traço da obra de Dostoiévski – a penetração da natureza humana a partir de seus motivos obscuros, através de uma loucura clarividente – mas, coisa paradoxal, isso se realizou em uma matéria completamente diferente, de tipo mais poético. Tomando portanto como material de trabalho textos que constituíssem para nós um desafio e ao mesmo tempo um estímulo, um trampolim, nos confrontamos com as nossas raízes, sem pensar, sem fazer cálculos artificiosos, sem criar uma fórmula ("eis o sacrifício de Kordian, ele dá o seu sangue, o arquétipo do sangue" e coisas parecidas), sem fazer conjecturas psicológicas ou pesquisas no âmbito das representações tradicionais. Fizemo-nos perguntas que possuíam para nós plena força vital, sem nos preocuparmos muito se se tratava de um texto polonês ou de textos como *Fausto*, tomados de uma tradição estrangeira, contanto que esses textos mantivessem uma ligação com aquele sentimento vivo de nós mesmos, tradicional, poderíamos dizer; assim fomos ao encontro de nossas fontes. Eliminamos do texto aquelas partes que não mantinham essa força e, no decorrer da seleção, ponto a ponto, procurávamos algo que não fosse mais uma obra dramática, mas como o cristal do desafio, algo de elementar, como a experiência dos nossos antepassados, como a experiência dos outros, como uma voz do abismo, enquanto nós pudermos reencontrar a nossa resposta, aquela voz calar-se-á, se não encontrar uma reação; mas se poderá ouvir ainda e graças a ela reencontrar-se a própria resposta; ela diz também algo com que não podemos estar de acordo, no entanto um arrepio nos atravessa. Desse modo demos início a um confronto real com as nossas fontes e não com ideias abstratas a respeito. Gradualmente abandonamos a manipulação dos espectadores, todas essas operações: como provocar as reações dos espectadores? Como explorá-lo enquanto cobaia? Queríamos antes esquecer-nos do espectador, esquecer-nos da sua existência. Começamos a concentrar toda a nossa atenção e todas as formas da nossa atividade, sobretudo em torno da arte do ator.

Uma vez que abandonamos a ideia de manipular conscientemente o espectador, quase imediatamente sepultei a ideia de mim mesmo como diretor e, em seguida, o que parece lógico, iniciei as pesquisas sobre as possibilidades do ator como criador. Hoje vejo que os resultados ainda uma vez se revelaram paradoxais: quando o diretor se esquece de si, começa a existir realmente; é um paradoxo, mas é assim mesmo. Portanto emergiu o problema do ator. Anteriormente nos apercebêramos que teria sido possível procurar, no nosso terreno, as fontes da atuação ritual, análoga àquela que ainda sobrevivia em alguns países. Onde existe ainda? Em princípio, sobretudo no teatro oriental: até mesmo um teatro laico, como era a Ópera de Pequim, tem uma estrutura ritual, constitui um cerimonial com os signos articulados, estabelecidos pela tradição, repetidos de modo idêntico em cada espetáculo; é uma espécie de linguagem, ideogramas do gesto e do comportamento. Tínhamos feito um espetáculo, *Sakuntala* de Kalidasa, em que tínhamos investigado a possibilidade de criar os signos no teatro europeu. Fizemos isso com uma intenção não desprovida de malícia: queríamos criar um espetáculo que desse uma imagem do teatro oriental, não autêntica, mas como o imaginam os europeus. Portanto era um retrato irônico das representações do Oriente, como algo de misterioso, enigmático etc. Mas sob a superfície dessas pesquisas irônicas e voltadas contra o espectador, estava um propósito escondido – a aspiração de descobrir um sistema de signos adaptados ao nosso teatro, à nossa civilização. Nós o fizemos: o espetáculo era efetivamente construído com pequenos signos gestuais e vocais. Isso no futuro demonstrou-se fecundo: justamente então tivemos que introduzir no nosso grupo os exercícios vocais, de fato não teria sido possível criar signos vocais sem uma preparação especial. O espetáculo foi realizado, era uma obra singular, dotada de uma certa sugestividade. Mas observei que era uma transposição irônica de cada possível estereótipo, de cada possível clichê; cada um desses gestos, desses ideogramas construídos expressamente, constituía no fim o que Stanislávski chamava de "clichê gestual"; na verdade não era "eu amo" com a mão no coração mas se reduzia em suma a algo semelhante. Tornou-se claro que não era esse o caminho.

Naquele período discutíamos muito a respeito da artificialidade, dizíamos que arte e artificialidade têm em latim a mesma etimologia, que tudo o que é orgânico e natural não é artístico porque não é artificial. Tudo o que se pode construir, reduzir quase ao cristal do signo, da forma que é ao mesmo tempo fria, elaborada e quase acrobática, é artificialidade, ou seja, um procedimento aceitável. Em seguida, porém, abandonamos essa concepção porque a procura dos signos trazia como consequência a procura dos estereótipos. Começamos então a examinar quais são as possibilidades do signo hoje; talvez não seja preciso procurar os signos uma vez por todas, para todos os espetáculos, talvez para cada um particularmente seja preciso encontrar um sistema específico que possa funcionar. O que o ator faz deveria permanecer em relação com o mundo circunstante, em conexão com o contexto cultural; por outro lado, para evitar o perigo dos estereótipos, é preciso procurar tudo isso de modo diverso, liberando de algum modo os signos do processo orgânico do organismo humano.

Enfrentamos portanto as pesquisas no âmbito das reações humanas orgânicas, para estruturá-las subsequentemente. Justamente isso abriu, creio, a aventura mais fecunda do nosso grupo, ou seja, as pesquisas no campo da arte do ator. Observamos que o ator é capaz de imitar a vida: é o teatro realista ou naturalista no qual se imita o comportamento cotidiano. Essa é uma possibilidade. Uma outra possibilidade: querer criar a impressão de que existe um outro mundo, o mundo do teatro, "dos grandes refletores de arco", da imaginação, da fantasia, no qual a realidade passa por uma transformação; mas em última análise pode ser chamado de o mundo da ilusão. Assim então, ou a vida cotidiana ou a ilusão; ambas as possibilidades existiram há tempos no teatro. Através de toda a história do teatro segui o duelo entre elas: a possibilidade mais próxima do fantástico, a ilusão, e a outra, a imitação um tanto realista da vida. Essa terminologia não é bastante precisa, porque em certos países se chama de ilusão um comportamento que imita a vida cotidiana; mas penso que a diferença possa ser captada facilmente. Portanto procurávamos uma situação que não pressupusesse a imitação da vida e sequer esforços para criar uma realidade da fantasia, da imaginação, mas na qual fôssemos capazes de obter a reação humana que pudesse ser, literalmente, concomitante ao espetáculo e ser, em seu interior, algo de totalmente real, ou – se quiserem – totalmente orgânico, totalmente naturalista. É o princípio de Aristóteles: unidade de lugar, unidade de tempo, unidade de ação, unidade, mas *hic et nunc*.

No fim das contas isso leva a quê? Se um ator conta uma história ou representa algo, não é um ato no tempo presente, não é *hic et nunc*. Sem dúvida, é preciso cumprir um certo ato – isso é essencial. Esse ato deveria funcionar como um desvelamento de si mesmo; prefiro aqui uma definição à moda antiga mas, em compensação, precisa: um ato de confissão. É possível cumprir esse ato unicamente no âmbito da própria vida: aquele ato que desnuda, despe, desvela, revela, descobre. O ator ali não deveria atuar, mas penetrar os territórios da própria experiência, como se os analisasse com o corpo e com a voz. Deveria reencontrar os impulsos que fluem do profundo do seu corpo e com plena clareza guiá-los em direção a um certo ponto, que é indispensável no espetáculo, fazer essa confissão no campo que for necessário. No momento em que o ator alcança esse ato, torna-se um fenômeno *hic et nunc*; não é um conto, nem a criação de uma ilusão; é o tempo presente. Desvela-se, a palavra latina *fiat* traduz o que tem lugar, o que acontece; descobre-se; no entanto, deve saber enfrentá-lo a cada vez de novo. É possível isso? Não é possível sem uma visão clara, porque seria – como eu disse – algo de amorfo. Não é possível sem uma plena preparação, porque o ator pensará sempre: "o que devo fazer", mas pensando "o que devo fazer" vai se perder. Portanto, é preciso preparar bem aquele *hic et nunc*. É justamente aquilo que hoje chamamos de partitura. Mas enveredando pelo caminho da estrutura, é preciso chegar àquele ato real, e nisso está contida uma contradição. Foi de grande importância entender que essas contradições são lógicas. Não é preciso procurar evitar as contradições, ao contrário: justamente nas contradições está contida a essência das coisas.

Quando analiso atualmente aquele famoso ritual primitivo, o ritual dos selvagens, o que contém? Para o europeu que observa à parte, trata-se da espontaneidade, mas para o participante autêntico existe uma liturgia muito precisa, isto é, existe uma ordem original, uma certa linha preparada *a priori*, destilada pelas experiências coletivas, toda aquela ordem que se torna a base; e em torno dessa liturgia se entrecruzam justamente as variações; portanto é preparado *a priori* e ao mesmo tempo é espontâneo. Só quando a coisa está preparada se pode evitar o caos. Assim então se se quer traçar uma certa linha do comportamento humano que possa servir ao ator como uma espécie de pista de decolagem, como a chamava Stanislávski, é preciso possuir os morfemas dessa partitura, assim como as notas são os morfemas de uma partitura musical. Não são gestos nem algo que se possa anotar de fora; nesse caso seria sempre falho. Desculpem-me se vou citar aqui um exemplo ao qual já me referi no meu livro, mas com a sua trivialidade ele é extremamente instrutivo. Moro em uma determinada rua, o meu vizinho mora ao lado, encontro-o todas as manhãs, vou ao trabalho e ele também. Então tiro o meu chapéu e digo "bom dia, senhor", também ele diz "bom dia, senhor", depois cada um segue o seu caminho. Essa situação se repete a cada dia, é o fragmento de uma certa partitura. De modo automático nasceu aqui uma partitura de comportamento, conhecemos bem os nossos gestos recíprocos, conhecemos bem o nosso comportamento, sei que ele dirá "bom dia, senhor"; porém, na realidade, os detalhes do seu gesto serão diversos, a voz com que fala será diversa, mas a substância permanece inalterada. Portanto não são as notas vocais, os gestos exteriores que constituem os morfemas da partitura do ator, mas alguma outra coisa. Podemos tender, como ensina o caso de Stanislávski, a descobrir enquanto morfemas aquelas ações físicas que são fortemente radicadas no mundo afetivo do homem. Perto do fim da sua vida, Stanislávski descobriu que fixar os sentimentos não é possível, porque eles não dependem da nossa vontade. Não queremos amar mas amamos e vice-versa. Os sentimentos não dependem da nossa vontade e portanto não é possível reproduzi-los conscientemente, podemos unicamente nos esforçar para espremer de nós o tipo de sentimento solicitado, o que, de resto, muitos atores fazem, mas não é autêntico; e tampouco são morfemas.

Consideramos que são morfemas os impulsos que transbordam do interior do corpo para encontrar o "exterior". Eu disse: o interior do corpo; trata-se aqui de uma certa esfera, que ao modo da *arrière--pensée* definiria como *arrière-être*, que compreende também todas as motivações do interior do corpo, do interior da alma; mas na prática falamos do interior do corpo. Existe o impulso que vai em direção ao "exterior", enquanto o gesto é só o seu acabamento. O gesto é o ponto final. Habitualmente, quando o ator quer fazer um gesto, o faz ao longo da linha que se inicia na mão. Mas na vida, quando um homem está em uma relação viva com os outros, como nesse momento vocês e eu, o impulso se inicia no interior do corpo e só na última fase aparece o gesto do braço, que é como o ponto final; a linha vai do interior em direção ao exterior. Na relação viva com os outros se recebe um estímulo e se dá uma resposta. São justamente esses os impulsos: do pegar e do responder; dar ou, se quiserem, reagir.

No início existe então a partitura de impulsos vivos, que depois é possível articular em um sistema de signos, porque no fundo não abandonamos definitivamente essa última ideia. Porém há uma certa diferença entre o comportamento do homem na rua e a obra. No seu último estágio, a obra deveria evitar tudo o que é casual, a obra deve possuir uma certa estrutura e, nesse sentido, a pesquisa da estrutura se reduz inevitavelmente à articulação dos impulsos que fluem da vida. É o estágio objetivo. Em que consiste a diferença entre objetivo e subjetivo? Não se pode chegar a compreendê-la por meio do cálculo, é antes um modo de proceder. Trabalhando como diretor, posso dizer ao ator: "creio" ou "entendo". Durante a pesquisa dos impulsos vivos, daquela linha, daquele emergir de si mesmos, uso antes "creio" ou "não creio". Em seguida, quando à ordem do dia se coloca o problema da estruturação, uso antes "entendo" ou "não entendo". Quando digo "entendo" ou "não entendo", significativamente isso se refere àquela parte dos signos que não é abstrata. "Não entendo": ou seja talvez isso exista, mas só para você. Se começou a existir também para os outros, é significante, sem pensar nisso você fez nascer os signos; em seguida, se digo "creio", isso significa que você manteve a sua linha da vida, aquela linha dos impulsos vivos. Porém observei que quando um ator começa realmente a procurar por conta própria, sente a necessidade como de uma moldura para essas pesquisas, do seu lugar na preparação do espetáculo. Em uma certa fase do trabalho – ela é bastante longa – todos os atores fazem esboços das ações, cujos resultados são orientados por eles mesmos, não ficando ao mesmo tempo sem uma ligação com a futura orientação do espetáculo; o ator dirige conscientemente a própria vida, as próprias experiências, para um rumo definido, por outro lado, serve-se dos outros atores como de uma espécie de tela, sobre a qual projeta as figuras tiradas da sua vida. Quando esse esboço já estiver vivo, procuram-se nele os pontos fundamentais, os impulsos que possam ser anotados, não com o lápis evidentemente, mas no corpo. Quando estiverem já anotados, o ator pode repeti-lo muitas vezes, eliminando tudo aquilo que não é essencial; assim nasce então o reflexo condicionado, baseado em pontos "anotados", enquanto tal esboço constitui já um pequeno fragmento da obra; o que é habitualmente muito mais interessante do que as composições planejadas pelo diretor.

Mas o trabalho parado nessa fase seria estéril. O essencial é que, sobre a base daquilo que foi reencontrado, o ator renove o próprio ato de confissão, aqui e no tempo presente. Isso constitui a dificuldade maior. Possui já aquela linha, a partitura dos impulsos vivos, fortemente radicada no seu *arrière-être*; alcançou aquele que é o ponto de partida, a decolagem; e em seguida nesse terreno agora, aqui, hoje, deve fazer a confissão pessoal, até o limite extremo, até aquele que parece impossível. Deveria cumprir aquilo que chamamos o ato, o ato total. É muito difícil explicar no que consiste o caminho em direção a esse tipo de ato, de ato atoral; é muito complexo. Se vocês viram, por exemplo, *O Príncipe Constante*, é possível ter uma ideia dele através do papel de Ryszard Cieślak, o Príncipe constante; ou se viram *Akropolis*, isso acontece na cena do final, quando o cortejo vai em direção ao forno crematório; aparece ali aquele ato, que nesse espetáculo é antes coletivo, mas de algum modo presente. Se o ato tem lugar, então o ator, isto é, o ser humano, ultrapassa o estado de incompletude ao qual nós mesmos nos condenamos na vida cotidiana. Esmorece então a divisão entre pensamento e sentimento, entre corpo e alma, entre consciente e inconsciente, entre ver e instinto, entre sexo e cérebro; o ator que fez isso alcança a inteireza. Quando é capaz de cumprir esse ato até o fim, fica muito menos cansado depois do que antes, porque se renovou, reencontrou a sua integridade original e começaram a agir nele novas fontes de energia.

    Se o ator consegue cumprir esse tipo de ato e isso na colisão com o texto, que mantém para nós a sua vitalidade, a reação que nasce em nós contém uma singular união daquilo que é individual e coletivo. Pode tratar-se também de um texto contemporâneo. Naturalmente este constitui para nós um desafio. Se nos diz respeito é graças ao fato de que contém pensamentos que são os nossos pensamentos de hoje, mas isso não basta; deve nos tocar de modo diverso, até o substrato da nossa natureza, encontrando-o devemos sentir um arrepio, então sabemos que contém em si a raiz e algo de ainda mais elementar, ligado à espécie. O ator, no contato com uma coisa semelhante, é como se estivesse em contato com as fontes do seu ser, reencontra um outro si mesmo. Através desse motivo, desse desafio (como disse antes, limpa-se o texto de tudo aquilo que não seja o cristal do desafio) que age em nós como uma voz do abismo, como a voz dos mortos, nesse caminho, graças àqueles cristais que manteve, o ator se eleva em direção a sua confissão pessoal; o que é coletivo, como ligado à espécie, e o que é pessoal se conjugam no mesmo ponto, é essa uma das características fundamentais do ato.

    Portanto, talvez quando abandonamos a ideia do teatro ritual, recuperamos esse teatro. Não há uma comunidade religiosa da fé e, como espectadores, vocês são dentro de vocês uma torre de Babel; em desacordo com vocês mesmos, estão diante de um fenômeno que tira origem da terra, dos sentidos, do instinto, das fontes, até mesmo das reações das gerações passadas, mas é ao mesmo tempo iluminado, consciente, controlado e individual. Esse fenômeno humano, o ator que está diante de vocês, ultrapassou o estado da própria cisão. Não se trata mais de atuar, eis porque é um ato (justamente atuar é aquilo que vocês desejam continuamente na sua vida de cada dia). Esse é o fenômeno da ação total (eis porque queríamos chamá-lo de ato total). Ele, o ator, não está mais dividido, naquele momento não existe mais pela metade. Repete a partitura e ao mesmo tempo se desvela até os limites do impossível, até aquela semente do seu ser, que chamo de *arrière-être*. O impossível é possível. O espectador olha, sem analisar, sabe só que se encontrou diante de um fenômeno no qual está contido algo de autêntico. No fundo do seu ser sabe que está lidando com o ato; e por outro lado age aquele cristal do desafio, as representações tradicionais de grande relevância na nossa cultura, mas elas agem espontaneamente, colidindo com a nossa experiência contemporânea de modo não calculado, não planejado friamente.

Se o espetáculo emite uma irradiação, ela deriva dos opostos (subjetivo – objetivo, partitura – ato). A irradiação na arte é reencontrada não pelo *pathos* nem pelos pleonasmos, mas através da multiplicidade dos níveis das coisas, mostrando, ao mesmo tempo, os diversos aspectos delas, que permanecem em relação entre eles, mas não são idênticos. Para dar vida a um novo ser, são necessários dois seres diversos: esse novo ser é o espetáculo; nós e as fontes, o que é individual e o que é coletivo: são justamente esses os dois seres diversos que devem dar vida ao terceiro.

Assim portanto ao longo de um caminho diametralmente diverso, abandonada conscientemente a suposta concepção do teatro ritual laico, encontramo-nos diante da possibilidade de que falei acima. Mas imediatamente ficou claro que esse não era o ritual no teatro que tínhamos em mente anteriormente. Uma vez Brecht observou com grande agudeza que é verdade que o teatro começou do ritual, mas tornou-se teatro graças ao fato de que deixou de ser ritual. A nossa situação é em um certo sentido análoga; abandonamos a ideia do teatro ritual para – como resultou evidente – renovar o ritual, o ritual teatral, não religioso, mas humano: através do ato, não através da fé. Talvez fosse preciso criar uma terminologia completamente diversa, porque quando pensamos segundo as categorias da terminologia corrente "ritual no teatro" colocamos em movimento determinados estereótipos: o estereótipo da coparticipação literal, o estereótipo do desenfreamento e das convulsões coletivas, o estereótipo da espontaneidade desordenada, o estereótipo do mito reproduzido, e não do mito de novo encarnado (porém se trata de duas coisas diversas: a primeira se reduz a uma estilização *sui generis*), e depois o estereótipo do ecumenismo, fundado a partir de um conglomerado de temas tirados de diversas religiões ou diversas culturas; então talvez seja preciso separar-se dessa terminologia. Porém o fenômeno existe e a pergunta foi feita. Qual pergunta? A pergunta: "o que é essencial? o que é verdadeiramente essencial?" Talvez não seja eu, talvez seja o ator, mas não o ator enquanto ator, mas o ator enquanto ser humano. O que é verdadeiramente essencial? Ultrapassar aquela incompletude da atuação em que o homem vai enfiar-se sozinho.

Li recentemente a primeira transcrição da história do Graal, é – ao que parece – o *Persifal*. Um dia Persifal chegou ao castelo do Rei Pescador, o rei estava paralisado, todo o reino estava em decomposição, as mulheres não procriavam, as árvores não davam frutos, as vacas – leite: esterilidade, total ausência de fertilidade. Sentado à mesa convival Persifal avistou um cortejo com uma virgem que carregava um vaso estranho, o cortejo atravessava a sala, saía, depois de algum tempo voltava e a coisa se repetia. Persifal não perguntou nada, a atmosfera do castelo lhe parecia um tanto singular; como se no ar se levantasse algo de obscuro. De manhã percebeu que o castelo estava vazio. Pensou que talvez a caça tivesse engolido todos, montou a cavalo e se pôs a caminho. Enveredou-se pelo bosque, onde se deparou com uma jovem mulher que tinha no colo o corpo morto do amado; então virou-se para ela dizendo: "O que acontece neste castelo?" – "Você viu o cortejo?" – "Sim". – "Com a mulher que carregava o vaso?" – "Sim". – "E você perguntou?" E Persifal respondeu: "Não, não perguntei". – "Não perguntou e pela sua falta de curiosidade as mulheres não podem gerar, as árvores dar frutos, as vacas não dão leite e o rei está paralisado. Você não perguntou".

Creio que quando fazemos as perguntas fundamentais, ou mesmo uma pergunta fundamental, porque na realidade existe talvez só uma, é fácil acabarmos sendo considerados loucos, como Kordian em nosso espetáculo. E talvez sejamos loucos, que foi também o destino de Kordian, apesar de toda a sua nobreza de espírito. Mas não fazer perguntas é o papel do médico em *Kordian*. Passo a passo a nossa vida vai se transformar, lhe será imposta uma certa linha, uma qualidade totalmente diferente daquela que desejávamos e estaremos repletos de sofrimento, de tristeza e muito sós. Eis porque creio que não se deva repetir o erro de Persifal. Terminei, obrigado.

Teatro e Ritual
Conferência feita em 18 de outubro de 1968 na sede parisiense da Academia Polonesa das Ciências.

"Le théâtre d'aujourd'hui à la recherche du rite", em *France-Pologne*, Ns. 28-29, 1968.
"Teatr a rytuał", em Jerzy Grotowski, *Teksty z lat 1965-1969*, Wrocław, 1990.

Jerzy Grotowski

A Voz

Creio que na formação dos atores a maior parte dos erros se cometam no âmbito dos exercícios vocais. Os mal-entendidos começam com o problema da respiração. Por volta do final do século XIX e início do XX, os especialistas em exercícios vocais descobriram que era a respiração chamada abdominal, aquela praticada com o diafragma, que dava plenitude à voz. Existem muitos pontos de vista diferentes em relação a essa descoberta: alguns teóricos e praticantes sugerem que se use *só* a respiração abdominal, o que quer dizer – muito simplesmente – que o abdômen deveria se mover em direção ao interior e em direção ao exterior durante a respiração, enquanto o peito deveria permanecer imóvel. Outros acreditam – e substancialmente é uma teoria muito mais fundada – que a respiração deveria ser abdominal, mas que o peito deveria envolver-se em um segundo nível. Esse é o modo de respirar das crianças e dos animais. O abdômen dá início ao processo da respiração, mas em certa medida o peito está um pouco envolvido. Não é a respiração que infla o peito, como se vê nas fotografias dos atletas. É um movimento sutil, que se pode verificar mais com o tato do que com a observação; porém é um movimento que de qualquer maneira existe.

Na nossa civilização a maior parte dos defeitos de respiração deve-se ao vestuário, mas também a certos tipos de moral e de comportamentos sancionados pelo hábito. É por esse motivo que as mulheres, sobretudo, respiram com o peito – que não é a maneira orgânica de respirar – por causa do sutiã e também graças a um tipo de faceirice (aprendido socialmente) do comportamento delas etc. Esse tipo de respiração é muito limitante porque utiliza somente a parte superior dos pulmões e não a parte inferior que, na realidade, pode conter muito mais ar.

Se procurarem a respiração abdominal, usando o diafragma como característica dominante, vocês podem ver o abdômen que se move. Esse método é praticado em numerosos programas de formação teatral e até mesmo no Teatro Laboratório, no início do nosso trabalho. Pude verificar que a certos atores que usavam esse tipo de respiração faltava mesmo o ar. Inspiram, porém não fazem entrar ar. Esse método pode ser facilmente imitado: os músculos abdominais movem-se imitando o processo da respiração diafragmática, mas, na realidade, o ar não é inspirado. Finalmente, por meio de consultas e pesquisas, e através da minha observação empírica (da vida cotidiana), encontrei novamente um método de controle mais orgânico. Ou seja: um método bem mais difícil de simular. A inspiração que emprega o diafragma faz alargar as costelas inferiores, tanto nas laterais quanto posteriormente. Podemos comprová-lo por meio do tato. É difícil imitar essa ação com os músculos, e também se tal imitação fosse inconscientemente possível, o movimento de que falo seria, em tal caso, muito limitado.

Portanto, se procuramos essa respiração acadêmica, livresca, a melhor coisa é tocar esse ponto preciso do corpo e é dali que devem se predispor a iniciar a respiração. Na realidade, o processo não termina ali, ele "começa" ali, e quando vocês começam a inspirar, as costelas inferiores se expandem tanto nas laterais quanto posteriormente, mas mais atrás do que nos lados. Podem descobri-lo muito rapidamente e corrigir a respiração defeituosa na qual o abdômen permanece completamente imóvel. Podem também evitar os truques inconscientes do ator verificando a respiração dele pelas costelas, e não pelo abdômen.

Mas isso por si só não resolve o problema. De fato, é falso presumir que todos podem respirar da mesma maneira. É também falso dizer que a respiração seja a mesma em posições diferentes ou durante ações ou reações diferentes. Para estudar esses problemas, vocês podem facilmente observar o comportamento dos recém-nascidos. Quando assumem posições diferentes, ou quando alguém os segura no colo, a respiração deles muda. Um outro exemplo é observar os atletas em ação. Vocês podem verificar que também a respiração deles muda dependendo da quantidade de esforço gasto e do tipo de atividade.

Para o treinamento dos atores, as diversas escolas teatrais ensinam a respiração abdominal, entendida no sentido estatístico. Os instrutores fizeram estudos clínicos sobre a existência de um tipo de respiração que é "correta" ou "normal" e querem aplicar, em geral, esse tipo de respiração a todos. Todavia existem indivíduos que não podem respirar dessa maneira "normal", estatística (porque justamente a diversidade é o sintoma da vida). Por fim, todo jovem ator é obrigado a usar um tipo de respiração que não é o seu e aí começam as dificuldades. A respiração é um assunto delicado. Podemos observá-la, examiná-la e inclusive controlá-la, é uma questão de vontade. Mas quando estamos totalmente envolvidos em uma ação, não podemos controlar a nossa respiração, é o próprio organismo que respira. Por isso qualquer intervenção cria obstáculos ao processo orgânico. Nesse caso, talvez seja preferível não interferir. Vocês deveriam observar o que acontece: se o ator não tem dificuldade com o ar, se inspira uma quantidade suficiente de ar quando age, vocês não deveriam se intrometer, mesmo se, do ponto de vista de todas as teorias, o ator respira mal. Se ele começa a interferir em seu processo orgânico, então começam os problemas. O axioma que se segue é fundamental: se não funciona, intervenham; se funciona, não intervenham. Tenham confiança na natureza. Esse é o primeiro ponto.

O segundo ponto é o seguinte: nas escolas teatrais são feitos muitos exercícios para se obter uma longa expiração. Procede-se assim: inspirem e depois pronunciem os números – 1, 2, 3, 4 etc. até vinte, trinta etc. A ideia é que dessa forma o ator irá treinar-se para prolongar o fôlego, assim não terá dificuldades com os discursos longos. Esse é um grave erro. O estudante que diz os números não tem dificuldade enquanto ainda é fácil para ele, totalmente fácil, e enquanto usa a expiração orgânica. Mas depois, para economizar o ar, fará certos esforços inconscientes. Na realidade, aí fecha a laringe e é esse fechamento que em seguida causará as maiores dificuldades no decorrer do trabalho. A primeira causa (do aparecimento) de um problema vocal é a ingerência no processo da respiração, a segunda, é o bloqueio da laringe. Há também um outro tipo de exercício que bloqueia a laringe. Em muitas escolas teatrais fazem-se exercícios de dicção, exercícios para pronunciar as consoantes: p, d, t, s, c, b etc. e se pronunciam as palavras colocando o acento sobre as consoantes: isso leva somente a fechar a laringe. Na verdade, a laringe pode estar aberta somente se se acentuam as vogais. Se o acento é sobre as consoantes, a laringe está fechada. Por outro lado, para uma correta articulação, vocês devem exercitar-se nas consoantes, no entanto deveriam exercitar-se colocando uma vogal antes e depois da consoante "ata" e não "tttt". Existem também, na área da respiração, os denominados defeitos profissionais: os atletas, por exemplo os nadadores, utilizam uma respiração profissional. Uma outra respiração defeituosa é praticada pelos amadores de teatro os quais, querendo respirar "artisticamente", colocam a ênfase no peito ao invés de no abdômen, e nem mesmo no peito, mas mais acima, no alto. Existem também defeitos decorrentes do nervosismo durante o treinamento físico. Por exemplo, os atores, fazendo os exercícios físicos, ficam sem fôlego e começam a sufocar. Por quê? Há dois motivos: alguns inspiram e depois prendem a respiração durante o movimento; quando não conseguem mais prender a respiração, inspiram rapidamente e começam a se torturar. Outros querem usar para respirar o mesmo ritmo com o qual se movem, o que é completamente errado. Se os movimentos do corpo são rápidos, o estudante inspira na mesma velocidade, se os movimentos são lentos, respira com esse ritmo. O que tem de errado? Não há dúvida, disso se encarregará a natureza: se executamos ações rápidas com o corpo, a respiração se acelerará, mas não com o mesmo ritmo; não há dúvida de que existe uma grande diferença. Se a ação do corpo é lenta, a respiração, muito provavelmente, será também mais lenta, mas não com o mesmo ritmo do movimento. Se começam a respirar com o mesmo ritmo com o qual se movem – de maneira consciente – vocês violam o processo orgânico da natureza e, consequentemente, o ator sufoca durante os seus exercícios físicos. Se o ator fica sem fôlego, é quase sempre por um desses dois motivos.

Naturalmente, a mesma coisa acontecerá durante o espetáculo se o ator agir sem os seus impulsos vivos e caso trate a ação teatral como se fosse uma ginástica, como uma espécie de automatismo: cometerá um desses dois erros.

Vocês não devem controlar a sua respiração, mas deveriam conhecer seus bloqueios e suas resistências, e isso é uma coisa totalmente diferente. Observem o ator de fora; dirijo-me agora aos diretores e aos professores. A primeira pergunta a fazer é esta: o ator tem dificuldades de respiração enquanto trabalha? Se encontra dificuldades e se é por uma das razões que indicamos anteriormente, façam com que ele note. Ele deve ficar atento para não interferir na respiração e não procurar conscientemente coordenar seus movimentos etc.

Mas esses não são os únicos erros. Podemos verificar que o ator comete numerosos erros assim chamados clássicos: por exemplo, quando respira, os ombros vão para cima e para baixo. Mas inclusive na respiração abdominal há um pouco desse movimento. E quando o instrutor procura suprimir esse movimento, o estudante se enrijece e contrai o movimento do abdômen: intrometendo-se no processo orgânico, o destruirá. É muito simples descobrir se a respiração não é completa, porque o abdômen não trabalha mais, somente a parte superior do peito trabalha. Esse tipo de respiração ocorre muito frequentemente nas mulheres.

Portanto, procurem, encontrem e criem a situação na qual o ator comece a respirar normalmente. Existem várias possibilidades: façam-no deitar no chão, de barriga para cima, e que respire, é tudo. Depois, digam-lhe quando começa a respirar normalmente. O tipo de linguagem usado aqui é muito importante, deveriam dizer: "Agora você *não* bloqueia o fluxo" e não: "Agora você respira corretamente, antes respirava mal". Porque se ele quer respirar corretamente, irá se intrometer de maneira consciente e impedirá o processo. Portanto, se lhe dizem: "Agora você *não* bloqueia o fluxo", não é simplesmente um diferente conjunto de palavras, mas funciona sobre o ator de modo diverso.

Frequentemente isso não é suficiente. Podem fazer um outro experimento com o ator: pode tampar uma narina para inspirar e a outra para expirar. Frequentemente a respiração se normaliza assim, sobretudo se se deita de barriga para cima no chão. Mas essa também não é uma regra.

Vocês podem até mesmo descobrir a respiração normal do ator colocando-o em posições que requerem sua atenção a tal ponto que ele não possa, de maneira alguma, interferir no processo respiratório. Se um ator começa – não sendo muito treinado – a plantar bananeira, fica ocupado demais para se preocupar com a respiração. Portanto, nesse momento, libera o seu processo e começa a respirar normalmente. Mas frequentemente é melhor esperar até que o diretor, preparando um espetáculo durante os ensaios, tenha liberado a reação orgânica do ator, os seus impulsos vivos. Isso significa que o diretor liberou o processo dentro do ator; nesse momento, é muito provável que o ator comece a respirar bem. Às vezes vocês deveriam cansar o ator e até mesmo fazer com que ele faça exercícios que o cansem muito – no sentido físico – até que ele não interfira mais no processo orgânico. Ao mesmo tempo é perigoso: podem provocar complexos, traumas etc. Esse trabalho requer uma grande experiência. Mas há alguns casos nos quais somente com o cansaço o ator pode liberar-se de certos tipos de resistência.

Em suma, não há receitas. Vocês devem encontrar as causas do obstáculo, do incômodo e, por fim, criar uma situação em que as causas que impedem a respiração normal possam ser destruídas. O processo se liberará.

Repito-o mais uma vez: devem esperar, não intervenham cedo demais, esperem e, ou melhor, procurem a maneira de liberar o processo orgânico por meio da ação, porque nesse caso, também o processo da respiração se liberará – quase sempre por si só – e assim o ator não terá interferido nem controlado ou bloqueado a respiração.

O tipo de linguagem – repito – é muito importante. É sempre melhor usar frases no negativo do que no afirmativo.

A respiração é – sem dúvida – um problema individual. Para cada ator os bloqueios são diferentes. Além disso, não há nenhuma dúvida de que a respiração não inibida seja diferente para cada um. E essa diferença – ainda que mínima – é decisiva quando se refere à naturalidade. Portanto – isso é extremamente importante – não existe nenhum modelo ideal, estatístico para a respiração, mas há um caminho para abrir a respiração natural de vocês. Por outro lado, pode acontecer – muito raramente, mas acontece – que o ator não possa respirar com o diafragma como característica dominante visível. Não sei porquê. Talvez se possa analisar esse caso do ponto de vista acústico. Se, por exemplo, uma mulher possui a caixa torácica muito longa e estreita, frequentemente não pode movimentar o diafragma como característica dominante visível da respiração e, nesse caso, deve procurar, de preferência, como utilizar mais a coluna vertebral na respiração. Não de maneira excessivamente consciente: movimentar a coluna vertebral – como uma espécie de serpente – é uma das adaptações da vida. A coluna vertebral não deveria nunca ser rígida como uma vara. Dessa maneira, a respiração torna-se livre.

Passemos ao problema da voz. Excluídos graves defeitos orgânicos e funcionais do instrumento vocal (por exemplo, nódulos sobre as cordas vocais, a laringe deformada etc.), em todos os outros casos, todas as afirmações segundo as quais existem vozes grandes e fortes e vozes pequenas são histórias absurdas. Essas vozes não existem. Existe somente o modo de usar a voz, é tudo.

Muitos atores têm dificuldade com a voz porque observam o próprio instrumento vocal. O ator preocupado com a própria voz concentra toda a atenção no instrumento vocal: enquanto trabalha, observa-se, escuta-se, frequentemente duvida de si mesmo, mas também se não experimenta dúvidas, comete um ato de violência contra si. Com o simples ato do observar, interfere constantemente no funcionamento do instrumento vocal. Podemos levantar várias hipóteses para procurar a causa disso. Mas o resultado objetivo é o seguinte: se se observa o próprio instrumento vocal enquanto trabalha, nesse momento a laringe se fecha, não totalmente, apenas um pouco, fica como semifechada. Esse semifechamento ao final é rompido na luta por uma voz plena. O resultado: força-se a voz e depois começam as dificuldades; o ator torna-se rouco, violenta o seu instrumento e causa defeitos, não ainda fisiológicos, mas defeitos funcionais: da laringe, das cordas vocais etc. Por fim, depois de um longo período de tal violência, esses defeitos podem tornar-se problemas fisiológicos.

É de importância básica evitar no trabalho vocal observar o instrumento vocal. As escolas de teatro ensinam exatamente o contrário. E é esse contrário que é praticado. Por fim, o ator tem problemas e vai a um médico que lhe prescreve provavelmente umas inalações. Se é verão, não há dano; porém no inverno as inalações quentes podem ser muito perigosas. Com algumas inalações, até mesmo as frias, o ator começa a enfraquecer o seu instrumento vocal. Além disso, o ar no inalador é diferente daquele do exterior. O ator torna-se rouco. Não somente, mas a cada dia torna-se mais nervoso e observa sempre mais seu instrumento vocal. Antes de falar, até mesmo antes de pronunciar uma palavra, hesita, fica com medo de perder a voz. E assim agrava o problema. A observação de seu instrumento vocal interferiu de maneira mais forte, toda sua natureza está perturbada; seu nervosismo interferirá agora até o ponto em que os impulsos orgânicos, naturais, que conduzem a voz, ficarão completamente bloqueados e o ator – ou ainda mais, a atriz, porque esse problema é muito mais comum entre as atrizes – começará a ter distúrbios vocais que, se prolongados, poderão levar a defeitos fisiológicos. Por que é mais comum entre as atrizes do que entre os atores? Porque se acredita que a voz de uma atriz deva ser bela, pura, delicada e forte, que isso é essencial para a sua profissão; o que não é verdade. Diz-se que uma atriz deve "ter a voz como um sininho". No caso de um ator, ocorre a mesma coisa, mas dele – como dos homens em geral – pensa-se que se não é rude e até mesmo um pouco rouco, não pode ser levado a sério. De fato, as dificuldades têm início na infância, mas essas são algumas das causas. Os atores têm problemas e as pessoas comuns não têm. Os camponeses cantam também quando está frio ou quando chove, em campo aberto, até mesmo quando é fácil forçar a voz, cantam e não têm problemas.

Até mesmo aqueles que ensinam têm dificuldades com a voz. E por quê? Observem atentamente um professor no trabalho: quer controlar todos os seus movimentos, pensa que deve ter gestos regulares; com frequência quer falar com uma certa clareza de articulação; dessa forma – observei isso em um seminário de filologia – sublinha todas as consoantes: "<u>Senhor</u> <u>Presidente</u>... etc." Quer articular bem, quer que todos o ouçam e, por esse motivo, destaca as consoantes. Resultado: a sua laringe fica semifechada. Além disso, muitas vezes não desenvolveu o seu lado físico, por isso é um cérebro em cima do nada. O seu corpo é uma planta – magra ou gorda – porém uma planta delicada, como os brotos da batata em um porão, uma espécie de planta branco-pálida. A sua energia física existe somente em sua cabeça e em seu instrumento vocal. Por outro lado, quer manter uma calma compostura, controla-se, bloqueia os impulsos do corpo. É assim que, em vez de usar o corpo inteiro, ele (ainda que inconscientemente) submete à tensão o seu instrumento vocal. E fala dessa forma por um longo tempo, várias horas por dia; no final terá danificado o seu instrumento vocal. Enquanto que as pessoas comuns, os camponeses não têm problemas: eles cantam em ação.

Um dia estava no escritório e a mulher da limpeza estava trabalhando; começou a cantar – não cantava bem – mas cantava sem dificuldades. Estava em ação e não observava como cantava, não controlava seu modo de cantar; o resultado era que sua laringe estava aberta, tudo funcionava bem. Saí do escritório para ver como respirava: respirava muito bem, com a respiração normal, usando o diafragma etc. Era uma ação natural. Os camponeses cantam assim.

Naturalmente podem existir problemas causados por doenças; por exemplo, as prostitutas são frequentemente roucas. Há dois motivos para a falta de pureza da sua voz: um é o álcool – muitas vezes também, mas não sempre, os excessivos cigarros – e o segundo: ficarem pelas ruas expostas às mudanças de temperatura. Isso porém não é tudo: há uma causa que não é científica, mas na qual creio profundamente. É o desprezo da mulher pelo seu corpo, uma certa atitude que a mulher tem em relação ao seu corpo, uma espécie de desprezo subentendido. E esse desprezo interferirá, essa falta de confiança – ou essa confiança destorcida – essa divisão do próprio eu.

Quando vejo os atores que possuem uma respiração orgânica por causa dos impulsos orgânicos, vivos na ação, ainda que fumem muito, observo que não têm nenhum problema vocal. Eu também fumo e não tenho nenhum problema. Em alguns dias nos quais superei os meus limites – quando por exemplo fumei sessenta cigarros – no dia seguinte posso sentir alguma coisa na garganta. Penso que os cigarros sejam, sem dúvida, perigosos para o conjunto do organismo, mas seu efeito sobre a voz foi exagerado. Portanto, o ator pode se autodisciplinar para limitar o número de cigarros que fuma uma ou duas horas antes do espetáculo. Na verdade, muitos atores deveriam limitar o número de cigarros antes do espetáculo, mas se a tentação do cigarro for muito forte, tão forte quanto a tentação da mulher por Santo Antônio, em tal caso, antes de entrar em cena, fumem um cigarro; não criem ansiedade. É sobretudo uma questão de bom senso. Simplesmente limitem-se, fumem um cigarro ao invés de cinco. Não exagerem naquilo que chamam de "treinamento da força de vontade" etc. O desenvolvimento de si não chega por meio de uma vontade rígida, como a morte, mas por meio de uma atitude que envolve a totalidade da vida, uma atitude que concentra todos os nossos esforços sobre um único ponto.

Se observamos os atores que têm dificuldades com a voz, podemos descobrir rapidamente, de maneira sintomática, que é a laringe que interfere. De maneira sintomática, essa é a coisa mais importante. Estudei a conformação esquemática da laringe etc. Era muito sábio e muito científico, mas a partir dali não cheguei a nenhuma conclusão prática. Em Xangai, pude confrontar as minhas descobertas com a escola científica do Dr. Ling. O Dr. Ling era professor tanto na Escola de Medicina quanto na Ópera de Pequim. Vinha de uma família de atores da Ópera Clássica e, quando era jovem, tinha trabalhado como ator, e foi o motivo pelo qual tinha mantido um interesse pelo trabalho vocal, do ponto de vista prático. Foi lá que entendi pela primeira vez o que é a laringe.

Eu sabia de antemão que a abertura ou o fechamento da laringe era a causa dos problemas dos atores, mas como reconhecê-lo rapidamente, aprendi em Xangai.

Vocês podem estudar a laringe com os dedos. Existem dois pontos sobre cada lado do pomo do Adão, como duas pequenas protuberâncias, fáceis de encontrar. Mas essas protuberâncias estão um pouco confinadas como em um nicho e é necessário circundar a laringe até o ponto em que as protuberâncias terminam. E depois vocês podem engolir e, tocando, podem observar os pontos onde acontece a mudança. Quando engolimos a laringe está fechada: é muito simples. Agora, observem quando falam: falam – Sim! está aberta; ou – falam e está fechada – não totalmente, mas é assim. Os alunos do Dr. Ling faziam frequentemente esse experimento. Não acredito que seja necessário; acredito que seja melhor evitá-lo. E é melhor que seja um instrutor a fazê-lo, se não se está seguro que o ator feche ou não a laringe. Na realidade, depois de uma longa experiência prática, podem descobri-lo sem tocar: vocês o sentem.

Fiz uso dessa operação: tocar diretamente a laringe com os dedos – nos atores – e é uma operação perigosa se vocês não são especialistas e escrupulosos. Vocês podem também abrir a laringe de uma pessoa do exterior usando seus dedos, podem fazer vários tipos de vibrações vocais desse modo, mas pode ser muito perigoso se as suas mãos não são experientes como aquelas de um cirurgião. Por essa razão, não recomendo esse tipo de manipulação.

Há um outro modo, mais simples. Toquem o maxilar inferior sob a língua. Engulam! Peguem o queixo com as mãos; usando o polegar, pressionem a carne sob a língua e observem (engulam). Fica contraída quando engolem. Está ali a sabedoria do Dr. Ling. A laringe está fechada: está contraída. E agora: Falem! está mole? ou contraída? Está mole, a laringe está aberta; se está contraída, a laringe está pelo menos um pouco fechada. É muito simples.

Quando os alunos do Dr. Ling cantam, tocam-se na maneira descrita. É uma boa ideia? Não o creio. Depois de muitos anos modifiquei a minha opinião: acredito que essa técnica tenha sido uma grande descoberta, mas que possa criar vários tipos de distúrbios ou, em um outro nível, renovar velhos distúrbios profissionais, porque essa técnica faz convergir de novo a nossa atenção para o instrumento vocal.

Mas antes de passar à fase sucessiva da pesquisa, analisarei um dos exercícios do Dr. Ling que, do ponto de vista de uma educação vocal obrigatória, é eficaz. Coloquem-se em posição ereta com as pernas afastadas. O tronco inclinado ligeiramente para a frente. Por quê? Porque se o tronco está ligeiramente inclinado para frente, para manter essa posição, devem sustentá-la com a parte inferior da espinha dorsal, aquela que denominamos "a cruz" (o cóccix). Agora mantenham uma linha reta ao longo da coluna vertebral que vá até o occipício. Tudo isso deveria estar alinhado. Com o dedo indicador, sustentem o queixo e, com o polegar, toquem a parte sob a língua que podem contrair ou relaxar – conforme a laringe estiver aberta ou fechada. Depois, com a outra mão, segurem as sobrancelhas e as levantem. Fazendo isso a boca se abre. O queixo fica em seu lugar. O queixo deveria ficar imóvel, nenhuma mudança. Toda a cabeça se move para cima e para baixo, a testa franzida move-se para o alto, portanto a boca se abre e o maxilar inferior fica parado. Para manter essa posição devem também contrair a nuca. A boca de vocês está aberta, o queixo sem movimento, o pescoço está contraído, mas a parte sob o queixo deveria estar relaxada.

Os músculos na parte posterior da cabeça estão contraídos e os da frente relaxados. A laringe está aberta e a voz sairá da boca como em uma espécie de ricochetear. O que vocês criaram aqui são as condições naturais para uma voz aberta. A parte inferior da coluna vertebral está envolvida, sustenta o corpo e este regula a respiração. Nessa posição – por meio da ação da "cruz" – a respiração é quase sempre abdominal. Há, além disso, um refletor formado pelo pescoço e, ao mesmo tempo, visto que o polegar de vocês controla o relaxamento sob a língua no maxilar inferior, a laringe está aberta. Nessas condições, o ator que não usou nunca a voz aberta pode, pela primeira vez, ouvir a sua verdadeira voz. Mas, dito isto, devo indicar o perigo: o ator se escuta. O perigo inicial reapareceu. O ator que repete esse exercício começa a observar e a manipular o seu instrumento vocal. Então, talvez a sua laringe esteja aberta, mas a voz não será orgânica. É uma diferença sutil, mas se pode perceber bastante rapidamente. A voz, ainda que aberta e forte, é ao mesmo tempo mecânica e dura. Há uma certa qualidade automática. Se o próprio instrutor quer ouvir a voz aberta do ator, porque observou que o ator não utiliza a sua voz natural, nesse caso, pode fazer o exercício junto com o ator, uma vez, não mais. Estou convencido de que o uso repetido desse tipo de exercício faça mais mal do que bem. E, por isso, penso que a escola do Dr. Ling seja limitada.

Todavia esse exercício permanece uma descoberta, porque permite ouvir a voz aberta do ator. Não é a única possibilidade, porque podem ser encontradas outras situações capazes de criar por si próprias o mesmo efeito. Por exemplo, como disse antes, se o ator está na vertical sobre a cabeça, nesse caso, por um lado existe uma forte pressão sobre a caixa craniana devido à gravidade, ao peso do ator; por outro lado, sua atenção está ocupada em manter o equilíbrio. Portanto, se nesse momento canta ou se diz alguma coisa, utilizará a sua voz autêntica.

Existem muitos atores que, por esnobismo ou por faceirice, querem evitar sua voz natural: por exemplo, um ator tem uma voz aguda, uma tonalidade natural que é mais aguda; nesse caso, para estar em harmonia com o estereótipo masculino, preferiria uma voz muito mais baixa e é a que também usa em sua vida cotidiana. Assim treina a voz de maneira forçada, não orgânica. A mesma situação existe entre as atrizes ou as cantoras que querem ter uma voz mais aguda do que aquela que lhes é natural.

Lembro o caso de uma grande cantora, muito famosa, que frequentemente tem crises vocais e ataques de nervos. A causa desse fenômeno está no fato de que usa uma voz mais aguda do que sua voz autêntica. É um fato que – eu o observei frequentemente – os atores que utilizam na vida e no trabalho níveis mais agudos ou mais baixos do que a gama natural da própria voz autêntica, não somente desenvolverão certas crises vocais, mas também certos tipos de distúrbios nervosos. Talvez ainda esse tipo de violação automática, repetida todo o dia, a cada espetáculo, agirá de maneira destrutiva em relação ao inteiro sistema nervoso. Não pretendo dizer que o ator deveria usar somente a parte mais baixa da sua voz. Com a base da sua voz natural, orgânica, pode usar toda a sua voz, o registro mais agudo e aquele mais baixo, porém confiando nessa base, não lutando contra ela.

Depois pode reimpostar a sua voz mais aguda e mais baixa utilizando diferentes vibradores no corpo e diferentes ecos. Quase todo ator pode produzir os mesmos efeitos de Yma Sumac, famosa e renomada, no seu tempo, porque usava a voz – assim se diz – de todos os homens e de todas as mulheres e de todos os animais, a mais aguda e a mais baixa. Qualquer ator pode fazê-lo. Mas deve ter como ponto de partida – e para a sua vida – a sua própria voz, com a tonalidade dada por uma base natural, orgânica. A natureza sempre se vinga se cometemos violência a quem realmente somos. Superar nós mesmos? Sim, mas não podemos fingir ser diferentes daquilo que somos. Quando isto ocorre, a natureza nos devolve essas perturbações e sofrimentos, ou melhor, é o organismo que no-los devolve.

Todo esse trabalho que colocamos em prática em nossa companhia por anos e anos, todo esse trabalho não foi realizado no vazio. Estudamos os diferentes fenômenos. Eu mesmo conversei com vários especialistas, observei atores em diversos países, observei também como as pessoas de culturas diferentes e de línguas diferentes usam o próprio corpo quando usam a voz.

Interroguei também vários professores de voz e fiquei fortemente surpreendido. Recebi certas mensagens de forma indireta; por exemplo, a mensagem de alguém que era um grande professor, não reconhecido, mas que tinha descoberto algo de orgânico na voz. E foi através do ensinamento dos alunos, que destruíram quase completamente o que o velho professor havia descoberto, só uma espécie de ruínas, que observei e entendi que ele tinha conhecido alguma coisa e salvei certos elementos que já tinham sido esquecidos pelos alunos.

Descobri outros elementos através de professores de voz menos conhecidos: professores em cidades pequenas, desconhecidos no âmbito de sua profissão.

Por exemplo, havia uma mulher que trabalhava em uma escola de música e que tinha percebido algumas coisas muito interessantes sobre o uso das consoantes, das vogais e inclusive sobre os ressonadores, ainda que acreditasse que existiam apenas dois deles; mas era de qualquer forma importante. Em seguida, vieram as observações em outros países. Por exemplo, como trabalham os chineses em sua ópera clássica: não estudaram a voz de maneira consciente; o Dr. Ling era uma exceção. Mas todos os dias repetem, repetem o mesmo tipo de movimento e de voz inscrito na história do papel. Mas aqui existem também algumas surpresas; alguém me disse: "A boca deveria ficar mais desse jeito" e com essa frase absurda demonstrou a existência de certos tipos de ressonadores, sem sequer ser capaz de defini-los.

Certas mensagens me foram transmitidas pelos discos: por exemplo, o modo de cantar de Louis Armstrong. Enquanto o escutava, pensava que era falso dizer que ele era rouco, porque se pode observar entre os africanos esse mesmo modo de cantar: talvez seja mais um tipo de tradição antiga. Como canta Louis Armstrong? É como o canto de um tigre. Pude observar esse mesmo modo de cantar em certos tipos de teatro oriental clássico onde as mulheres interpretavam todos os papéis – até os papéis masculinos – e onde todos usavam somente essa voz, com a ressonância animal. Aí perguntei: "Qual é o modelo para as suas vozes?" A resposta: "São todos os animais selvagens que cantam".

Assim, passo a passo, pude reunir o meu material e descobrir também alguma coisa. Qual é o resultado de tudo isso? Talvez devêssemos começar pelo problema que é denominado em diversas escolas de ópera e, sobretudo, na ópera italiana, como a "sustentação". Diz-se: "Quando cantam, devem ter uma base".

Até mesmo hoje, nos diversos tipos de ópera europeia, existem alguns cantores, especialmente cantoras, que carregam um lenço na mão e as mãos sobre o estômago, no centro do estômago. Esse lenço age como uma espécie de convenção e também como objeto de cena. A tradição remonta aos cantores da ópera italiana, os quais acreditavam, quando cantavam, que deviam usar a respiração abdominal e, no momento da inspiração, deviam contrair os músculos do abdômen. Quando a máxima quantidade de ar está no estômago, podem pressionar com as mãos no momento em que começam a cantar ou a falar. Assim o ar é expirado com força. Essa força do ar expirado conduz a voz. Para esconder essa manipulação puramente técnica, usa-se o lenço. Era uma técnica para camuflar. Mas a maior parte dos cantores se esqueceu porque seguram o estômago com um lenço entre as mãos.

Na Ópera de Pequim pude verificar que os atores, até mesmo os muito jovens (de oito ou nove anos), trabalhavam com um cinto muito apertado. Perguntei o porquê e a resposta foi que dessa maneira cantam melhor. E assim, acredito que, no final, o motivo seja o mesmo: o cinto produz efeitos, o cinto que aperta e comprime continuamente os músculos do abdômen. Se inspiram, o cinto criará por si uma pressão do ar no interior e a contração dos músculos que aperta. Isso é muito mais orgânico do que a manipulação consciente da ópera italiana porque vem por si só. Portanto, existem algumas possibilidades para sustentar a voz. Mas são necessárias?

Ouvi dizer frequentemente que os atores deveriam praticar os exercícios de respiração do Hataioga. Sabíamos que interferir no processo da respiração é perigoso. Mas deve-se experimentar e assim o fizemos. Não quero descrever essas experiências em detalhes, mas indicarei as conclusões. O objetivo dos exercícios de respiração do Ioga é eliminar a respiração. É a mesma coisa com todos os exercícios do Hataioga. Nos textos sobre o Hataioga, repete-se que o seu objetivo é parar os processos da respiração, do pensamento e da ejaculação. De fato, aqueles que, sob a orientação de um verdadeiro especialista e segundo as antigas prescrições do Hataioga, trabalham longamente a respiração, são capazes de torná-la mais lenta. Não se pode mesmo dizer que não respirem, mas respiram muito menos. A respiração torna-se mais lenta e todos os processos vitais, ainda que não parem, tornam-se mais lentos também.

Qual é o ponto final de suas experiências? O resultado orgânico está muito próximo da hibernação invernal de certos animais. Se observarem um animal nesse estado, ele respira, mas a sua respiração é muito lenta. Apenas se move e quase não está consciente, se assim se pode dizer. Portanto, qual é o objetivo quando isso vem aplicado aos atores, cujo trabalho está no extremo oposto? Como fazem os exercícios de Hataioga? Começam regulando a duração da inspiração e da expiração. Procuram como inspirar lentamente e expirar ainda mais lentamente. Mas para expirar muito mais lentamente, devem fechar a laringe pela metade. E depois procuram a pausa entre a inspiração e a expiração. A cada dia essa pausa deveria tornar-se um pouco mais longa. Mas para que essa pausa seja mais longa, devem fechar realmente a laringe, não pela metade, mas totalmente. E depois a reabrem pela metade para expirar. Devem contar dentro de vocês para manter a relação precisa entre a inspiração, a pausa e a expiração. Tentam controlar o processo até o final. Isto pode trazer como consequência somente erros e bloqueios para o ator. Não estou criticando essa técnica quando é aplicada com outros objetivos, mas para os atores é absurda. É nauseante pensar como alguns especialistas podem aplicar irresponsavelmente uma técnica que provoca erros e bloqueios, sem ter ao menos estudado seus resultados e consequências. Todos sabem que, para usar a voz, é necessária uma respiração ampla, aberta, natural. Eles utilizam uma terminologia diferente. Além disso, acham que então são capazes de fazer os exercícios. Mas não têm as propostas corretas, assim pegam as propostas mais convenientes, as fornecidas pela técnica psicofísica de uma outra cultura, com objetivos totalmente diferentes. Isto é irresponsabilidade. Esses exercícios vocais são somente um mito.

Não há dúvida de que a expiração conduza a voz. Não há dúvida de que seja uma ação material, não metafórica ou sutil. A expiração conduz a voz, não há dúvida. Mas para conduzir a voz, a expiração deve ser orgânica e aberta. A laringe deve estar aberta e isso não se pode obter com a manipulação técnica do instrumento vocal.

Talvez exista somente uma receita para se dar aos atores: não economizem ar. Mas aquilo que se aplica habitualmente, aquilo que se aplica nas escolas de teatro é o contrário. Ensinam como economizar a expiração, ensinam todos os exercícios de expiração e a pronunciar os números: 1, 2, 3 etc. Colocam em prática uma educação e um treinamento que criará somente problemas.

Devem tomar fôlego quando for necessário. Há alguns atores que por nervosismo ou por medo inspiram continuamente. Falam duas palavras e tomam ar. Digam-lhes: "Por que inspiram se não precisam disso? Acabarão por sufocar. Por que se intrometem?".

Por outro lado há alguns atores que quando falam expiram somente um pouco. Assim fecham parcialmente a laringe e, ao mesmo tempo, sufocam. A eles deveriam dizer: "O ar conduz a voz. Usem o ar. Não o economizem. Tomem fôlego quando precisarem. E depois, não poupem. É o ar que trabalha. Não é o instrumento vocal. É a própria expiração que age. Se querem mandar a voz mais longe, mandem o ar para um ponto fantástico, fantástico porque é tão longe, longe, sim, sim! Mandem o ar! Expirem! Não o poupem!".

A grande aventura de nossa pesquisa foi a descoberta dos ressonadores: talvez a palavra vibrador seja mais exata porque, do ponto de vista da precisão científica, não existe algo como os ressonadores.

Já na escola teatral – no curso para atores – aprendi que se deveria usar a "máscara". O que é a "máscara"? É a parte do rosto que compreende a testa, as sobrancelhas, o crânio, os zigomas, toda essa parte onde, em outros tempos, o ator usava uma máscara. Os atores da Antiguidade usavam suas máscaras sobre esse local chamado "a máscara". A máscara da Antiguidade reforçava a voz.

O ator no teatro de prosa usa essa parte da cabeça, chamada "a máscara", como uma espécie de ressonador natural e, na verdade, se o ator fala com essa parte do rosto, da cabeça, sente-se uma vibração e é possível observá-la se vocês colocarem uma mão sobre a cabeça, não sobre a bochecha ou sobre a testa, mas sobre o topo da cabeça. É uma tradição bastante antiga no teatro europeu; mas se cada ator quiser usar o ressonador da "máscara", então acaba usando um único ressonador. E assim a voz tem uma certa cor, um tipo de vibração vocal usado pelos atores dramáticos, ao mesmo tempo nobre – é muito divertido – e sonante. Se observarem os atores ingleses que ainda hoje querem aplicar a tradição do século XIX para dizer Shakespeare, ouvirão claramente essa voz de "máscara".

Depois disso aprendi que em certas escolas de ópera, por exemplo, usam também um outro ressonador, o peito. Esse ressonador é mais ativado se usam uma voz baixa, assim os cantores com voz de "baixo" usam esse ressonador. Os tenores usam mais a "máscara".

Desde o início do meu trabalho em teatro senti desdém por essa típica voz dos atores, não é nada mais do que histrionismo. Observem as línguas dos vários países: podem ser tiradas algumas conclusões. Por exemplo: como falam os chineses? Emitem alguns sons muito agudos que para nós são quase artificiais. Vocês podem descobrir que é mais o ponto occipital que vibra, o occipital e sob o occipital. Portanto, essa é uma outra possibilidade e podem procurar como colocar a vibração nesse ponto. É possível para um europeu porque faz parte da nossa anatomia. Eu também procurei isso por meio de palavras que para mim eram muito chinesas: "King-King", e procurei ir muito alto, ao mais agudo do agudo. Para fazer isto, antes procurei como falar com a boca, depois com o nariz, como falar com a testa, e depois, quanto mais possível, com o topo da cabeça e, por fim, como atacar a parte posterior da cabeça, como uma agulha que do interior vai espetar sob o ponto occipital, e cantava "Ki-Ki". É mais a nuca que se estica e a cabeça não fica reta. É como um pássaro que vai bicar sob a nuca. A vibração existe e podem verificá-la com o tato.

Em certas línguas eslavas usa-se mais o abdômen. E poderiam pensar que é o abdômen que dá a ressonância. Podem também observar que as pessoas gordas, que levam seus corpos a sério, centram-se na barriga – como o Buda japonês com sua grande barriga. "Expõem" a barriga, usando-a como vibrador. Por fim, observei que também as vacas usam essa voz e a procurei junto aos atores. Propus-lhes que assumissem a posição da vaca – não de quatro –, ou melhor, com as pernas dobradas, a barriga projetada para a frente e a voz que ia para baixo, com essa associação: a longa voz prolongada da vaca. Então eram utilizados os vibradores do abdômen.

Como falam os alemães? Talvez não seja muito objetivo; mas quero mostrar-lhes principalmente a direção da pesquisa. Para mim, a língua alemã está sempre associada aos dentes. São os dentes que fazem o som "Auf Wiedersehen". A associação animal é o cão, um lobo e os exercícios eram: "Falem com os dentes". É como um cão ou um lobo que fala uma linguagem humana. Coloquei as mãos sobre os maxilares, sobre os lábios de um ator que usava esse tipo de ressonador e observei que até mesmo os dentes vibravam, vibravam imperceptivelmente. Talvez não sejam os dentes, mas os ossos dos maxilares.

Por fim, o gato. Como fala o gato? Quando mia, não é sem movimento, a sua coluna vertebral se move. Fiz então a experiência de falar com a coluna vertebral, como um gato; não é simplesmente um movimento, mas é a espinha dorsal que fala.

Estudei como utilizar as diversas partes do tórax que podem ser vibradores. Assim, quando usam o tórax podem fazer uma espécie de impulso nas costas com a parte superior da coluna vertebral: comecem a falar, como se tivessem a boca no osso cervical. Aqui – e é uma outra voz. Toquei e observei que uma vibração tinha se produzido nesse ponto. E me perguntei: talvez haja uma vibração também no meio da coluna vertebral. Cantei como se a minha boca estivesse ali. Observei: é possível. Toquei o ator que estava procurando isso. Coloquei a mão sobre a sua coluna vertebral, tinha uma vibração. E, ao mesmo tempo, a voz era novamente diversa. Procurei a mesma coisa com "a cruz", começando pela barriga e por fim em direção "à cruz". Aqui, neste ponto. Como se a minha boca estivesse aqui: há efetivamente uma vibração do osso. Quase em qualquer lugar que vocês usarem os vibradores no corpo, ali começa uma vibração física.

Frequentemente as pessoas que ouviram falar de vibrações – por meio de certas anedotas – pensam que se trate de um fenômeno subjetivo. Não. Na realidade é uma vibração física. Até mesmo na barriga – e é por isto que não falamos de "ressonadores", porque na barriga, cientificamente, um ressonador é impossível. Não existem ossos. Todavia, há uma vibração. Se se usa o vibrador da barriga, a carne vibra naquele ponto.

Quando eu mesmo procurei os diversos tipos de vibradores, encontrei em mim vinte e quatro diferentes. E para cada vibrador há, ao mesmo tempo, a vibração de todo o corpo, com uma vibração maior no ponto central da vibração: a vibração máxima é onde se encontra o vibrador, o seu ponto de aplicação, onde se coloca em ação o vibrador. Mas, para dizer a verdade, o corpo inteiro deveria ser um grande vibrador. O ator envolvido em uma ação de modo total, sem pensar nela, é um grande vibrador. Acreditava que isso pudesse ser obtido por um meio mais mecânico.

Como combinar os vibradores? Por exemplo, se usam a voz baixa ativando o vibrador no crânio, duas vibrações se verificam ao mesmo tempo: o vibrador do crânio e o do abdômen. Ao contrário, se usam a voz alta e ativam o vibrador do peito, existem também dois vibradores que trabalham ao mesmo tempo: o peito e o crânio. São como as brincadeiras das crianças.

Aplicamos os vibradores com plena premeditação. Os próprios atores tocavam os vibradores e procuravam como obter a vibração física. Vocês podem encontrar as vibrações bastante rapidamente. Os atores descobriram, passo a passo, uma quantidade sempre maior de vibradores em seu corpo, e eu também. Depois tive dúvidas. Observei que a voz do ator era mais forte, que podia produzir alguns efeitos como Yma Sumac: a voz muito alta, muito baixa, uma voz muito diversificada, como se emanasse de diferentes pessoas e de diferentes animais. E, ao mesmo tempo, era dura, mecânica – não quero dizer fria, mas, antes, automática: não era viva. Observei que, no trabalho, os atores podiam usar – se procuravam certas formas vocais – as cores premeditadas da voz. Mas se começavam a agir com a totalidade do seu ser, era uma outra coisa completamente diferente, então não existiam mais os vibradores conscientes; ou os vibradores, que eles queriam usar conscientemente, bloqueavam o processo orgânico.

Nessa fase, eu me perguntava por que a voz era forte contudo artificial: e um dia entendi que tínhamos caído, por um caminho totalmente diferente, no mesmo erro. Observávamo-nos; tínhamos começado a interferir no processo orgânico. Era certamente um modo mais natural do que antes. Antes, observávamos o instrumento vocal; agora observávamos todo o corpo ou certas regiões do corpo e, por esse motivo, a voz era muito mais forte. Não eram somente os vibradores que tinham colocado em movimento os diferentes tipos de voz, era igualmente o fato de que tínhamos deixado de observar, de controlar o instrumento vocal. Controlar o corpo é mais natural, mas de qualquer forma era auto-observação.

Quando quisemos usar a voz dos animais selvagens, a "voz de Armstrong", o vibrador da laringe foi colocado em ação. A laringe pode servir também como vibrador, desde que isto aconteça por si só, que seja orgânico. Se o ator quer provocar isso premeditadamente – como nós fizemos com outros vibradores – começa a ficar rouco. Então, para ativar o vibrador da laringe, começamos a estudar e a fazer vários tipos de animais selvagens. Naquele momento, observei que nós, os atores e eu, podíamos usá-lo sem dificuldade. E, ao mesmo tempo, esse ressonador "selvagem" – esse vibrador "animal", o do tigre, era muito menos duro e automático do que os outros.

Perguntava-me porque era assim. Sem dúvida, porque não podíamos usar esse vibrador com premeditação. Por exemplo: pedi a dois atores que procurassem como liberar em si os animais selvagens, os tigres etc.; deviam fazê-lo em forma de jogo ou de luta ou de ação "em relação a" – quer dizer que deviam liberar os impulsos em direção ao exterior, *vis-à-vis*.

Foi o início da pesquisa em uma outra direção. Observei que se vocês quiserem criar um eco exterior, podem ativar os vibradores sem qualquer premeditação. Se começam a falar em direção ao teto, neste momento, o vibrador do crânio irá libertar-se sozinho. Mas não deveria ser uma ação subjetiva, o eco deveria ser objetivo, vocês devem ouvir o eco. Nesse caso, a nossa atitude, a nossa atenção não está orientada em direção a nós mesmos, mas em direção ao exterior. Porque escutaremos o eco. O eco deve ser real e, ao mesmo tempo, a voz deve ser dirigida ao teto. Se isso não fosse suficiente, eu costumava ajudar o ator com uma fórmula: "A sua boca está sobre a cabeça".

Observei depois que se quisermos que o eco venha do chão, sob o nosso corpo, nos poremos a procurar, e todo o corpo encontrará uma atitude especial. As pernas ligeiramente afastadas, agirá o ventre. E se ajudam o ator com a associação de que a sua boca está no ventre ou no baixo ventre, o vibrador do ventre entrará em ação sozinho.

Por fim, se procuram o eco da parede em frente a vocês, a uma certa distância, são os ressonadores do peito que funcionam. Então podem dizer: "A sua boca está no peito". Então, se fazem o impulso por trás – para fazer o eco da parede atrás de vocês – e se essa parede está bastante longe, e o eco é real, uma parte da coluna vertebral e das costas começa a funcionar como ressonador.

Pelo próprio fato de agir em várias direções no espaço, vocês puseram para trabalhar por si sós os diferentes vibradores. A voz não é automática, não é nem dura nem pesada, ela é viva. A atenção de vocês está voltada para o exterior, fazem o eco – o fenômeno externo e, ao mesmo tempo, ouvem o eco, o fenômeno externo – eis o que é natural.

Por outro lado, o ator não consegue nunca fugir da tentação de se escutar. Nesse caso, ele pode escutar o seu eco. Então, apesar de tudo, o processo pode ser orgânico. Naturalmente, permanecem alguns perigos. Se querem criar ou causar o eco a partir do teto, e ouvir o eco a partir do teto, olhem para cima e todos os músculos da garganta se contraem, e nessa posição é fácil fechar a laringe. Então deveriam dizer ao ator: "Mas não, não fale com essa boca, a sua boca, mas fale com a boca em cima da cabeça".

Todavia, observei que também nesse âmbito os atores podem começar a fazer algumas coisas automáticas. Observei-o durante *workshop* em vários países.

Os participantes do *workshop* começam a repetir e repetir as mesmas palavras – no caso do teto: "Teto! Teto!...". No caso do chão: "Chão! Chão!...". E assim voltam para a esterilidade: o automatismo.

Essa tentação – esse pecado original – como podem evitá-lo? Procurando algumas associações, falando para alguém: "O seu amigo está lá embaixo – no abismo – no fundo no fundo...".

Nesse período, estudei o fenômeno de pessoas que cresceram em diferentes circunstâncias de local, de espaço. Os moradores das montanhas que falam uns com os outros, de longe, liberam a voz sozinhos. Assim, pedi ao ator: "Fale para a parede, mas para além dessa parede. É uma montanha. Fale àquela montanha, a alguém, longe". E começou a gritar. Não! Os moradores das montanhas não gritam, falam para o abismo.

Procurei associações diferentes através dos animais – cães, vacas, gatos, pássaros etc. Nesse caso, observei que, mais do que liberar em seus corpos humanos os diferentes animais, os atores brincavam de fazer os animais de quatro patas. É mais uma vez uma espécie de abrigo, de refúgio, de *ersatz*. Podem criar também outras associações: tentei com um ator colocando sobre ele um pássaro. "Caminha sobre o seu peito. Cante para ele. E justamente agora, bica seu crânio, sob o ponto do occipício" – etc.

Em seguida, fiz um estudo no qual um ator reencontrou uma relação, não sexual, mas de qualquer forma carnal, com uma mulher da sua vida, que tinha reencontrado como companheira imaginária. Disse-lhe: "Cante para ela, ela colocou a mão na sua cabeça" e, naquele momento, a sua voz se liberou no vibrador do crânio. Depois, "ela te toca o peito" e também esses ressonadores se liberaram. Ponto a ponto, por meio da associação, vários ressonadores trabalharam no sentido orgânico, não automaticamente.

Em seguida surgiu um problema mais essencial, o dos impulsos do corpo. Observei muitas vezes que os atores têm reações vocais, bastante naturais no que diz respeito às circunstâncias, mas retardadas com relação aos impulsos do corpo que, do ponto de vista da ordem orgânica, na vida, deveriam preceder a voz. O caso mais simples: alguém bate o punho sobre a mesa e grita: "Chega". Na vida a pessoa antes golpeia a mesa e depois grita. O intervalo pode ser pequeno, mínimo, mas essa é a ordem. Os atores fazem o contrário. Primeiro há o grito e depois a reação do corpo. Observei que nesse caso a voz é bloqueada. Pedi: "Façam o contrário", e notei que se a reação do corpo precede a reação vocal, ela é orgânica.

Até mesmo nesse exercício há muitos perigos: os atores gritam e urram. Pensam em liberar a voz berrando. Fazem somente movimentos violentos, batem etc. Vocês deveriam procurar sem pressão, sem forçar.

Vocês podem fazer vibrar a voz, fazê-la ecoar em todo o espaço – associações com plantas, com o vento... diversos exercícios – mas no espaço.

Podem praticar com o ator, do exterior, diferentes manipulações com a sua garganta, o seu diafragma, certos pontos da coluna vertebral etc. etc. e, do exterior, podem provocar as reações do corpo que conduzem a voz; podem liberar impulsos totalmente orgânicos. Mas, desse modo, podem causar muito mal. Devo falar disto porque é um fenômeno objetivo. Podem abrir a voz do exterior. É perigoso, mas possível. Por quê?

Porque por meio de diferentes estímulos do corpo, aplicados do exterior, podem causar uma reação de todo o corpo. Existem alguns impulsos que provêm do interior do corpo e que precedem uma reação do corpo, mesmo que seja inarticulada. São esses os impulsos que conduzem a voz.

Podem liberar todos os diversos tipos de voz, por meio de diferentes associações que para nós são pessoais e frequentemente até mesmo íntimas. Todavia, para não nos esvaziarmos, não deveríamos nos empenhar em exercícios no decorrer de uma pesquisa íntima demais. Nesse caso, poderiam suscitar uma espécie de hipocrisia. Em linhas gerais, a confissão íntima é necessária somente durante o processo criativo. Se fazem os exercícios, deveriam penetrar nas regiões íntimas somente se essas regiões se abrem sozinhas.

As associações que liberam os impulsos do corpo têm um vasto campo de amplificação por meio de imagens de animais e de natureza, de plantas, e imagens quase fantásticas como: "Você está se tornando longo, pequeno, grande etc." Tudo aquilo que é associativo e orientado rumo a uma direção no espaço, tudo isto libera a voz. Sobretudo, esse tipo de jogo libera aqueles impulsos que não são frios, mas que são procurados no âmbito da nossa memória, do nosso "corpo-memória". É isso que criará a voz. Então permanece um só problema: como liberar os impulsos do nosso "corpo-memória"? Vocês não podem trabalhar com a voz sem trabalhar com o "corpo-memória".

Atualmente sei muito mais sobre o que *não* deveriam fazer com a voz, do que sobre o que deveriam fazer. Mas essa ciência: o que *não* deveriam fazer é, a meu ver, muito mais importante; quer dizer que não devem fazer exercícios vocais, mas devem usar a voz em exercícios que envolvam todo o nosso ser e nos quais a voz irá se liberar sozinha. Talvez devam trabalhar falando, cantando, mas não devem trabalhar a voz, devem trabalhar com todo o seu ser, com todo o corpo. Sei também que não deveriam trabalhar a voz em posições fixas, rígidas; que todas as posições-chave dos atores que trabalham a voz bloqueiam a voz e pronto. Todas essas posições simétricas, geométricas, posições sem movimento ou com movimentos automáticos – tudo isso é estéril.

Naturalmente, no caso da ópera italiana funciona, porque lá os atores-cantores quase não se movem, mantêm sempre as mesmas posições e, por esse motivo, podem manter certos tipos de sustentação automática, externa para a voz; podem também usar certos tipos de respiração porque tudo isso é convencional, a voz é convencional, mas também todo o resto. Tudo é geométrico, tudo é simétrico, e também a voz é – poderíamos dizer – geométrica, sem uma linha natural e imprevisível.

Em seguida entendi que se pedirem aos atores que trabalhem com todo o seu corpo quando usam a voz, caem facilmente em uma espécie de movimento deliberado, programado. Algumas escolas vocais se baseiam nesse princípio. Por exemplo, em certas escolas teatrais e em alguns centros de pesquisa vocal usa-se uma espécie de ginástica durante os exercícios vocais. São exercícios para surdos. Nos centros de reeducação para os surdos, procura-se como ensinar-lhes a usar a voz, assim se procuram diferentes tipos de movimento para as diferentes consoantes e vogais e, através desses movimentos, os surdos, apesar do fato de não ouvirem, podem liberar a sua voz.

Mas escutem a voz de uma pessoa surda: é muito artificial – e é exatamente essa voz artificial que vocês colocam nos atores. É absurdo. Tudo aquilo que é automático e mecânico só criará dificuldades. Se querem liberar a voz, não deveriam mais trabalhar com o instrumento vocal, ou seja, não deveriam prestar atenção no trabalho do instrumento vocal, deveriam trabalhar como se o corpo cantasse, como se o corpo falasse.

E o que é o instrumento vocal? É somente o lugar através do qual "isso" passa, é apenas um corredor. Nada mais. Não devemos fixar a atenção sobre nós mesmos, jamais, até mesmo se fixamos a atenção sobre nosso corpo e não sobre o instrumento vocal, faltará sempre alguma coisa. A voz é uma extensão do corpo, do mesmo modo que os olhos, as orelhas, as mãos: é um órgão de nós mesmos que nos estende em direção ao exterior e, no fundo, é uma espécie de órgão material que pode até mesmo tocar.

Por meio de certas associações, não intelectuais ou cerebrais, porém simples, no nível do corpo, vocês podem descobrir uma voz-espada, uma voz-tubo, uma voz-funil, a voz está então afiada como uma espada, larga e longa como um tubo, é realmente uma força material. E por fim observei que se querem fazer exercícios vocais, vocês criam somente dificuldades; os atores não devem fazer exercícios vocais mais do que devem fazer exercícios de respiração.

No entanto, devem trabalhar nesse âmbito? Certamente. Mas como? É a fórmula de Hipócrates: *"Primum non nocere"*. Devem cantar, devem comportar-se como camponeses que cantam. Quando fazem os trabalhos domésticos, deveriam cantar, quando se divertem, deveriam cantar. Devem também brincar com os vários sons; devem procurar como criar espaços diferentes com o seu canto, como criar uma catedral, um corredor, um deserto, uma floresta. Deveriam estender o seu ser através da voz, mas sem qualquer técnica premeditada.

Igualmente, observei que em certos períodos vocês deveriam verificar, fazer uma espécie de teste, para descobrir onde o ator bloqueia as suas reações vocais e como as bloqueia; para procurar como liberar a voz orgânica, com a laringe aberta etc. Mas, depois, não deveriam trabalhar com exercícios muito programados. Vocês devem procurar o treinamento no qual o "corpo-memória" possa estender-se por meio da voz, e é tudo.

Assim seria necessário fazer alguns jogos para o ator que envolvam as nossas lembranças, a nossa imaginação, a nossa relação com os *partners* (tanto os *partners* da vida quanto os *partners*-atores), jogos que liberem o "corpo-memória" estendido no espaço por meio da voz. Quer dizer, jogos com o "corpo-memória" – nos quais vocês cantam, nos quais falam e buscam um contato.

Há ainda um perigo a ser evitado: urros, gritos, truques consigo mesmos, através de palavras repetidas automaticamente ou movimentos que imitem os impulsos vivos, que são na realidade só movimentos (e não impulsos), movimentos programados, causados pelo exterior, controlados pelo cérebro, não o cérebro que quer eliminar uma espécie de caos, mas o cérebro que nos corta em dois: no pensamento que dirige e no corpo que segue como uma marionete.

Em casa, quando vocês estiverem fazendo alguma coisa, cantem! cantem enquanto arrumam a casa, quando jogam, quando se divertem, quando o seu corpo está ocupado. Cantem, assim podem agir melhor com o corpo.

No trabalho (o "corpo-memória", os jogos para o ator) nos estendemos por meio da linguagem, em relação a alguém, a um companheiro imaginário, ou a um *partner* trabalhando conosco que age como uma tela sobre a qual projetamos os nossos *partners* na vida. O *partner* é inevitável. Sem o *partner*, a extensão no espaço não existe.

Vocês poderiam pensar que tudo isso seja mais fácil do que os exercícios vocais. Não, é muito mais difícil. Porque desse modo, nada de receitas. Cada um tem um trabalho individual; para cada caso, problemas diversos, dificuldades diversas, uma outra natureza, um outro "corpo-memória" e outras possibilidades.

E depois, aquilo que se descobre hoje deve ser superado amanhã. Não por causa do ditado: "Não se repita". Mas antes para seguir o caminho de vocês, abandonando o que já tiverem encontrado. A tentação maior dos atores, como de todos os seres humanos, é procurar e descobrir uma receita fixa. Esta receita não existe.

Quero responder a algumas perguntas que me são regularmente dirigidas durante encontros, *workshops* etc. Essas perguntas são sobre um trabalho prático que apenas se iniciou, de modo que ainda não alcançou o ponto no qual "isso" se desenvolve, ou "isso" existe, quando a tentação perigosa do "saber-fazer" (saber como fazer) está ainda presente.

A primeira pergunta que ouço todas as vezes é: "Como usar os vibradores no espetáculo?" A resposta é a seguinte: não pensem nos vibradores quando iniciam ou estão no processo de criação. Quando estamos criando, há todos os outros problemas: da confissão, do nosso "corpo-memória", mas não esse problema técnico. Se vocês estão procurando diferentes efeitos formais, podem, em plena consciência, utilizar vários vibradores. Mas somente para criar um efeito estudado que seja a exceção no fluxo da nossa criação da atuação orgânica. Estou seguro de que é preferível esquecer todos esses problemas no trabalho criativo.

A segunda pergunta está próxima à primeira: "Como trabalhar com a voz no espetáculo?" Não trabalhem com a voz no espetáculo – é muito simples! Trabalhem com o papel, quer dizer com a confissão carnal, com a honestidade dessa confissão, o rio dos impulsos vivos entre as margens da "partitura". E todo o resto obterão a mais.

Trabalhar com os vibradores tem, na base, uma única finalidade: fazer-nos entender que nossa voz não é limitada e que, na verdade, podemos fazer qualquer coisa com a voz, experimentar que o impossível é possível. E todo o resto pertence à esfera dos impulsos vivos.

Quando todo o ser do ator é um fluxo de impulsos vivos, ele usa, ao mesmo tempo, os diferentes vibradores em uma relação complexa na qual eles se modificam continuamente. Frequentemente existem relações quase paradoxais, realmente imprevisíveis e impossíveis de dirigir conscientemente. Isso é muito mais rico do que qualquer técnica. A totalidade do corpo age como um grande vibrador que desloca os seus nós dominantes e até mesmo as suas direções no espaço. A técnica é sempre muito mais limitada do que a ação. A técnica é necessária somente para entender que as possibilidades estão abertas, em seguida, apenas como uma consciência que disciplina e dá precisão.

Em todos os outros sentidos, vocês deveriam abandonar a técnica. A técnica criativa é o contrário da técnica no sentido corrente da palavra: é a técnica daqueles que não caem no diletantismo e no plasma e que, ainda assim, abandonaram a técnica.

A Voz
Conferência para os estagiários estrangeiros do Teatro Laboratório de Wrocław (maio de 1969).

"La Voix" em *Le Théâtre* (Cahiers dirigés par Arrabal), n. 1, 1971.
"La Voix" ("The Voice"), versão inglesa, inédita, de James Slowiak.

Jerzy Grotowski

Exercícios

A noção de exercícios difere segundo os vários tipos de artes performativas. Portanto a pergunta "Que tipo de exercícios eu deveria fazer?" depende da relação criativa de vocês com o teatro.

Em geral, quando falamos de exercícios, pensamos que devam consistir em diferentes elementos e movimentos paraginásticos que deveriam treinar uma certa agilidade. Por exemplo, no caso da pantomima, pensamos que se deva repetir continuamente um certo número de gestos, sinais, movimentos e que, por meio da repetição, os assimilaremos até que eles funcionem como a nossa expressão da pantomima. Esse é o caso da Pantomima Clássica. No teatro oriental clássico, por exemplo na Ópera de Pequim, no teatro Kathakali indiano, ou no Teatro Nô japonês (que é muito mais limitado do que a Ópera de Pequim) existe, na realidade, uma espécie de alfabeto de signos que são "signos do corpo". Na Europa são chamados quase sempre de "signos-gestos", o que não é muito preciso, porque não são somente gestos mas também movimentos específicos e posições do corpo significantes, e até mesmo um certo número de signos vocais. É aqui que se apresenta o verdadeiro problema: de que modo o ator aprende uma tal quantidade de signos e a domina? Porque não existem somente vinte ou trinta signos, mas centenas. O treinamento do ator no Oriente consiste no trabalho cotidiano para dominar esses signos de modo a não esquecê-los; ao mesmo tempo, eles aperfeiçoam também uma natural agilidade física de modo a poder executar os signos sem que o corpo oponha resistência; depois procuram o modo de prevenir os bloqueios físicos do ator, no sentido de um excessivo peso, da "entropia" energética. Fazem uma série de exercícios, "acrobacias", para liberar esses bloqueios naturais que nos são impostos pelo espaço, pela força da gravidade etc.

O teatro oriental é um modelo de "teatro do alfabeto". Como o é, dentro de certos limites, também a pantomima europeia. Essas são artes performativas nas quais os atores alcançam uma relativa perfeição no seu ofício e nas quais os grandes atores parecem ser magos. Tornam-se a tal ponto mestres de seu corpo, nos limites de seu ofício, da sua linguagem, que é como um milagre. Mas ao mesmo tempo, de um certo ponto de vista, é estéril. Podem trocar as combinações dos signos, algumas letras do alfabeto, mas isso ainda não revela a personalidade humana, quero dizer, o ator como ser.

No caso do teatro oriental, onde o diretor não existe, o tempo foi o diretor, o tempo clareou as coisas. Esses espetáculos foram repetidos por séculos e o filho sucede ao pai. Repete o mesmo papel com os mesmos signos. Eventualmente faz certas modificações, muda dois ou três signos, os substitui por outros e então os espectadores estarrecidos dizem: "Fez uma grande revolução". Indubitavelmente a personalidade do ator também existe no Oriente, no sentido do seu fascínio pessoal, da sua habilidade pessoal, mas – por outro lado – como dizer... em tudo aquilo que fazem não há confissão alguma. São pessoas de enormes qualidades. Os atores ocidentais deveriam ver os espetáculos do teatro oriental clássico para compreender o que é trabalhar de verdade, estar preparado de verdade, existir de verdade para o próprio ofício etc. Mas, por outro lado, tudo isso está radicado em uma civilização totalmente diferente e aquilo que para nós é essencial na arte, a expressão íntima de nós mesmos, lá não conta. Talvez exista uma determinada expressão da espécie humana e inclusive de pessoas pertencentes a uma certa tradição ou a uma elite. Existem certos "tipos" humanos como "O Grande Mandarim"... mas no entanto não são criações individuais, são tipos coletivos.

No teatro oriental clássico o treinamento é muito claro. Devem repetir para não esquecer e para dominar os signos do corpo, devem além disso desenvolver uma agilidade extrema. Devem ultrapassar os limites do espaço e da força de gravidade. O mesmo aspecto dos exercícios aparece na pantomima. O que nos leva a perguntar: esse tipo de trabalho desenvolverá os impulsos vivos do corpo? Não. E é muito interessante o fato de que muitos mímicos extraordinários tenham a voz bloqueada porque, nesse modo de trabalhar, o uso do movimento estruturado, "artificial", bloqueia os impulsos do corpo. E a voz é a extensão dos impulsos do corpo. É verdade que no teatro oriental clássico os atores usam a voz à perfeição, mas a voz é sempre artificial. Provavelmente, nesse tipo de teatro, tudo isso é feito conscientemente, porque há um objetivo claro em seu trabalho, há uma grande honestidade profissional.

Já, em relação aos atores europeus... O que fazem no denominado teatro "de prosa" para se prepararem para o trabalho? A maior parte deles não faz nada. Ou seja, ensaiam e fazem o espetáculo. Stanislávski combatia essa falta de disciplina cotidiana dos atores e propunha alguns exercícios preparatórios que chamava de "treinamento". Tratava-se, de um lado, de "jogos de ator" e, de outro, de exercícios para desenvolver as qualidades do corpo, da voz, das articulações. Stanislávski acreditava que o ator devia fazer vários tipos de ginástica, esgrima, um pouco de acrobacia. Se o ator hesita antes de um salto difícil, hesitará antes do ponto culminante do seu papel.

Stanislávski propunha aos atores alguns exercícios para desenvolver ações cotidianas, por exemplo: trabalhar com objetos invisíveis, escrever com uma caneta sem segurá-la na mão, escrever sobre papel imaginário, escrever uma carta com uma caneta inexistente sobre papel inexistente com toda a precisão necessária. Fazer esse gênero de exercício era uma ideia cara a Stanislávski. E, para o teatro que praticava, era tão consciencioso quanto eficaz. Frequentemente quando os atores querem se comportar em cena como na vida, aproximam-se somente das ações da vida e logo isso perde precisão. Por exemplo, seguram na mão uma caneta, uma caneta real, mas manuseiam essa caneta – como posso dizer – em geral. Não é uma caneta concreta para escrever uma carta concreta, é sempre só um tipo de movimento. Faz-se de maneira desleixada, até mesmo com um objeto real, concreto, em uma situação real. Stanislávski tinha observado que se vocês estudam algumas ações simples, deveriam estudar toda uma série de ações ainda menores. Deveriam saber como pegar a caneta, se é pesada ou leve, como se deve segurar, como contrair a mão de modo que não caia, como manuseá-la para escrever, quanta pressão exercer sobre ela. Se fazem todas essas ações, primeiramente sem caneta, e depois com uma caneta e depois, de novo, sem caneta, estão buscando: "Sim, deveria contrair um pouco aqui. E como? Aqui. E agora deveria apertar". Isso desenvolve a precisão das ações cotidianas. Já não é mais uma única ação, escrever com uma caneta, é toda uma série: dez, vinte, trinta pequenas ações cujo resultado é uma ação maior: escrever. Se o ator estudou tudo isso sem o objeto, no momento de manusear o objeto real, cada coisa estará já muito precisa. Se não perde nem mesmo um desses detalhes quase microscópicos, dará a impressão de ser expressivo; na vida, isso existe por si só. Stanislávski propunha aos atores que fizessem esse exercício com objetos diferentes: usar uma cadeira inexistente, livros, estudar um livro imaginário, vestir-se com roupas inexistentes, despir-se. Tudo isso para desenvolver a precisão das ações cotidianas.

Stanislávski estudou certos aspectos concretos do nosso ofício para reencontrar a precisão e, por meio da precisão, um terreno fértil. Outros se escondem atrás de seu nome para fazer algo que aparentemente é similar, mas que é, na realidade, estéril. Vocês podem encontrar grandes especialistas nesse campo: imitam somente a aparência das coisas e evitam todas as dificuldades fundamentais (É como a tentação de atingir estados de "euforia" psíquica tomando LSD). Eles dizem: "Deveriam *sentir* o objeto porque Stanislávski nos disse para *sentir* o objeto". "Peguem a caneta. Continuem a segurar a caneta, pousando-a, manuseando-a até que conheçam de verdade a *sensação* da caneta". Não tem sentido porque nada é preciso. Fazem a mesma coisa sem caneta: "Não peguem a caneta, mas procurem-na em sua mão, *sintam-na*". Observo a mão do ator enquanto faz isso e é uma grande confusão, uma imprecisão total. Mas dizem que não importa porque "é a sensação do objeto que conta". Assim se auto-hipnotizam por meio de uma espécie de engano psíquico e acham que isso seja trabalho. Não é absolutamente trabalho. Procuram a "sensação" do tocar um objeto e toda a essência do duro trabalho de Stanislávski, um trabalho que realmente obrigava o ator a dominar as pequenas ações, é perdida, caída no plasma psíquico, nas sensações ou nas "emoções do objeto"; "a sensação do objeto", "sinto... sinto". Eis o que se faz em nome de Stanislávski.

Stanislávski foi o primeiro a observar que quase todo ator, quando está nervoso, tem um certo ponto no corpo que se torna o centro da tensão, da contração. Essa tensão pode contaminar o corpo inteiro. Alguns atores ficam tão contraídos que mal podem agir. Stanislávski observou que esta contração se inicia sempre em um ponto específico do corpo: por exemplo, poderia ser na testa ou nas costas ou nas pernas etc. Pedia a cada ator para descobrir o próprio centro de tensão e fazendo isso – se existe – o inteiro processo de contração irá se desfazer. No plano profissional, essa hipótese está evidentemente correta. Pode ser ampliada com a seguinte observação: existem também alguns atores que têm um centro de relaxamento. Se estão em um estado psíquico artificial, provocado pelo nervosismo ou por uma espécie de histeria profissional, relaxam demais certas partes do corpo e se tornam frouxos como farrapos.

As pesquisas de Stanislávski foram sempre muito precisas e orientadas em direção ao lugar no qual se inicia o problema. Tomava como exemplo o gato. O gato está sempre relaxado, mas não relaxado até a morte. Está relaxado com toda a possibilidade de fazer movimentos rápidos e eficazes. Quer dizer que os seus músculos se mobilizam efetivamente até o ponto necessário e não além dele. Assim, por exemplo, Stanislávski propunha aos atores que se sentassem em uma cadeira em uma certa posição e depois que relaxassem todos os músculos que não fossem necessários para manter aquela posição. Sem trocar de posição ou cair da cadeira. Dizia: isso é exatamente o que fazem na vida, mas quando estão em cena vocês se contraem muito mais. Então, a primeira coisa é eliminar o excesso de tensão, aquela que não é necessária para essa ação específica ou posição precisa; depois, procurem o ponto em vocês onde começa a tensão artificial (contração), devem descobrir esse ponto. E por terem ouvido dizer isso, os atores europeus e americanos ligaram ao nome de Stanislávski o problema do relaxamento. Pouco antes da Segunda Guerra Mundial, mas em proporções bem maiores depois, a psicoterapia médica começou a usar diferentes sistemas de relaxamento. Existiam várias escolas, mas a mais conhecida é a escola de Schulz denominada "treinamento autógeno". Essa escola de relaxamento se baseava em observações extraídas do Hataioga (Stanislávski também tinha pesquisado um pouco a influência do Hataioga sobre os problemas do relaxamento. Mas não aplicava as técnicas do Hataioga aos atores). O "treinamento autógeno" de Schulz, enquanto sistema que favorece uma certa harmonia psíquica (estar relaxados no sentido psicofísico) foi eficaz para muitas pessoas na nossa civilização que estão sempre tensas demais, nervosas demais, sempre sob a pressão da pressa etc. O "treinamento-autógeno" não imita o Hataioga: a diferença entre as duas civilizações é grande demais. É antes uma versão europeia, fortemente radicada nos contextos e nas pesquisas europeias. O relaxamento médico começou a se tornar muito famoso. O próprio Hataioga estava na moda na Europa depois da Segunda Guerra Mundial. E assim muitos falsos profetas propuseram um novo remédio milagroso para os atores: relaxarem-se. Hoje, em muitas escolas de teatro em todo o mundo vemos atores deitados no chão relaxando. Em particular amam assumir a posição que, no Ioga, se denomina "Shavasana" que quer dizer: "a posição do cadáver". Naturalmente não sabem que é a "posição do cadáver". Assim, na realidade, treinam uma espécie de atrofia ou astenia do corpo. Observem esses estudantes. Movem-se em câmera lenta; a boca semifechada, os braços que pendem como pesos. Caminham em círculo pensando em liberar a sua expressão e em encontrar algum estado psíquico excepcional. Na realidade, estimulam somente diferentes tipos de astenia. Depois, entram em cena. Alguns deles estão de novo completamente contraídos, portanto voltam a relaxar ainda uma vez. Os outros estão totalmente relaxados, ou seja, estão astênicos, como em uma espécie de sono. Tudo isto se faz em nome de Stanislávski.

Assim a proposta de Stanislávski de redescobrir os falsos pontos de tensão e de eliminar o excesso de contração (que era o resultado de uma consciência profissional com vistas a um objetivo preciso) caiu mais uma vez em uma espécie de plasma, exatamente como o exercício sem objetos, tornou-se um exercício amorfo. Qualquer um pode estar deitado no chão e relaxar. Sentimo-nos bem. Existe até mesmo um pouco de narcisismo. Assim vocês o fazem. Podem fazê-lo por horas e horas, é uma espécie de álibi. Nada para o ofício, nenhuma vantagem, somente, ao contrário, muitos danos. É preciso eliminar a tensão em excesso. Talvez Stanislávski não tenha analisado o problema até o fim, mas penso que estivesse plenamente consciente da natureza cíclica da vida, um rio de contrações e distensões que são, todavia, naturais e que interferem; não podem ser definidas nem podem ser sempre dirigidas.

Naturalmente existem certas tensões em excesso que devem ser eliminadas. Como também o relaxamento. O relaxamento em excesso, que bloqueia a expressão, é somente um sintoma de uma disposição para a atuação histérica ou astênica ou, mais simplesmente, um sintoma de nervosismo. Existe um ponto preciso, diferente para cada indivíduo, onde tem início a tensão ou o relaxamento em excesso.

Analisando esses dois aspectos elementares da técnica de Stanislávski podemos ver os perigos do treinamento. As coisas difíceis, que são o resultado de um longo trabalho de aprendizagem dos segredos do ofício, transformam-se nas mãos dos charlatães em uma espécie de plasma, alguma coisa que se pode obter rapidamente, do modo mais fácil, na esperança de que receitas milagrosas possam livrar-nos de todos os nossos problemas. A receita milagrosa: "sentir o objeto". A receita milagrosa: "relaxar-se... relaxamento". Ou outras. Por toda a parte há sempre essa necessidade e essa falsa esperança em receitas que possam resolver todos os nossos problemas criativos. Essas receitas não existem. Há somente o caminho que requer consciência, coragem e numerosas ações simples – não quero usar a palavra "esforço" – mas ações simples aplicadas a nós mesmos. Bem. Mas sabendo que não existe outro caminho para superar nós mesmos, podemos cair em um outro perigo: o perfeccionismo. Esclarecerei esse ponto em seguida.

Voltarei agora ao problema do treinamento do ator na nossa civilização, aqui, onde em todos os âmbitos da vida criativa a noção de "pessoal" sempre existiu. Não estou de acordo com o tipo de treinamento em que se crê que várias disciplinas, aplicadas ao ator, possam desenvolver a totalidade dele; o ator deveria, por um lado, ter aulas de dicção e, por outro, aulas de voz e acrobacia ou ginástica, de esgrima, de dança clássica e moderna e inclusive de elementos de pantomima; e tudo isso, colocado junto, deveria dar-lhe a riqueza de expressão.

Essa filosofia do treinamento é muito difundida. Quase em todos os lugares se acredita que desse modo se preparam os atores para serem criativos, e é completamente falso. O que é mais bizarro em nossa profissão, mais surpreendente, é que ninguém colhe as verdades simples e essenciais, mas por toda parte repetem-se continuamente os mesmos erros ingênuos. Um ator pode dançar, é verdade. Pode fazer dança clássica ou moderna, no sentido de que pode executar movimentos de dança relativamente disciplinados. Portanto, se deve dançar em cena, saberá dançar; não criará a própria dança, saberá repetir uma dança ditada por alguma outra pessoa. Depois (não quero analisar agora o problema do trabalho vocal: permaneçamos no âmbito dos exercícios físicos) executa alguns elementos de pantomima, aprende a caminhar no lugar, a fazer os signos da pantomima. Assim, se houver alguns fragmentos de pantomima no espetáculo, pode usá-los. Mas observem como, desse modo, ele usa sempre coisas que não são o resultado do processo criativo, que não são pessoais, que provêm de um outro âmbito. Por exemplo, se o ator deve dançar a pavana? Sabe dançar a pavana. Deve fazer um pouco de mímica? fará alguns movimentos de mímica. Mas onde está o trabalho do ator? Onde está a criação do ator? Diz-se a ele que deveria fazer ginástica, faz e seu corpo fica um pouco mais desenvolvido, o que não é mal. Mas vejam a expressão vital, biológica, das pessoas bem treinadas na ginástica. São ágeis? Sim, em movimentos específicos. São expressivas nos pequenos movimentos, nos sintomas de vida? Não, elas são bloqueadas. Parecem pesadas porque a ginástica desenvolve somente determinados músculos, desenvolve zonas específicas da força e da agilidade muscular. Essa agilidade muscular pode ser aplicada em um âmbito muito preciso: os saltos, os saltos mortais, a corrida, o levantamento de pesos.

Quando o ator é treinado desse modo, podemos ver que se tornou uma espécie de "brabanção". É o nome de um cavalo muito pesado com muitos músculos atléticos, como os atores "culturistas". Nas situações difíceis, os atores-"brabanções" deixam-se facilmente tomar pelo pânico e atravessam crises agudas. Existem outros atores que não são "brabanções", mas são acrobatas, esportistas. São naturalmente fortes, "másculos", mas todas as suas reações são sempre cortadas. São pesados, fortes, até mesmo ágeis, mas sem aquela linha de impulsos vivos, aqueles impulsos quase invisíveis, que tornam o ator irradiante, que fazem com que, mesmo sem falar, fale continuamente, não porque quer falar, mas porque é sempre vivo. A ginástica não libera, ela aprisiona o corpo em um certo número de movimentos e reações aperfeiçoadas. Se somente alguns movimentos são aperfeiçoados, então todos os outros continuam subdesenvolvidos. O corpo não é liberado. O corpo é domesticado. Há uma grande diferença. Portanto, a ginástica, apesar do fato de que os atores deveriam ser fisicamente ágeis, criará somente bloqueios. Evidentemente, para o ator é muito melhor ser bloqueado por um excesso de agilidade do que por uma total inaptidão, mas em última análise não é esse o caminho do ator. O que precisa fazer é liberar o corpo, não simplesmente treinar certas zonas. Mas dar ao corpo uma possibilidade. Dar-lhe a possibilidade de viver e de ser irradiante, de ser pessoal.

Existem exercícios frequentemente denominados "plásticos" ou "exercícios do gesto". Aqui os atores nem repetem sempre os mesmos detalhes (se ao menos repetissem os detalhes talvez desenvolvessem uma certa disciplina) mas repetem uma estética do gesto. Movimentos como belas flores. Frequentemente, na linguagem desses "exercícios do gesto" é usada a expressão "florescer". As mãos deveriam ser expressivas e belas, os movimentos deveriam ser como uma onda... belo... belo... belo. Repetem-se continuamente essas palavras, "belo – belíssimo – estético". No fim das contas, o que se treina? Em *Os Banhos*, de Maiakóvski, Pobiedonóssikov pergunta ao diretor por que ele não faz um espetáculo com "gente bonita em belas paisagens". Pobiedonóssikov sonha com um grande teatro onde se possa ver sobre o palco "elfos, ninfas e fadas". E é exatamente aquilo que vocês obterão com os "exercícios do gesto". Não só, mas assim vocês separam os gestos do corpo, o que é muito perigoso.

Existe uma noção errada dos gestos: os gestos são movimentos expressivos da mão. É errado dizer que existem movimentos da mão que são, por si sós, expressivos. Se a reação tem início na mão e não no interior do meu corpo é, na verdade, um "gesto", e é falsa. Existem atores que o fazem. Se é uma reação viva, começa sempre no interior do corpo e termina nas mãos. Creio que em todos os problemas dos exercícios o mal-entendido decorra do erro inicial: que desenvolver as diferentes partes do corpo liberará o ator, liberará a sua expressão. Não é verdade. Não deveriam "treinar" e, por esse motivo, até mesmo a palavra "treinamento" não é correta. Vocês não deveriam treinar, nem de modo "ginástico" nem de modo acrobático, nem com a dança nem com os gestos. Ao contrário, trabalhando separadamente dos ensaios, vocês deveriam confrontar o ator com a semente da criatividade. Eu poderia contar longas histórias sobre o modo pelo qual procuramos esse tipo de exercício. Sem dúvida cometemos numerosos erros e também nós incorremos em diversos tipos de erros denominados "convencionais". Quando, por exemplo, usamos a acrobacia (e com a acrobacia não conseguimos maus resultados), os atores faziam os saltos mortais, para frente, para trás, mas não acredito que isso tenha trazido algo de essencial.

Se querem fazer números de circo em cena, podem conseguir artistas do circo que os farão muito melhor do que os atores. Todavia, os atores deveriam chegar ao nível dos artistas do circo. E isso não é fácil.

Existiram períodos durante o trabalho em *Akropolis* nos quais procurávamos a expressão humana não sentimental em uma situação trágica. Representar a situação de prisioneiros em um campo de concentração em um registro sentimental seria faltar com qualquer modéstia e medida. Como reencontrar uma expressão humana que, em sua base, seja em um certo grau fria? Tomamos alguns elementos da pantomima, os mudamos de maneira que não fossem mais reconhecíveis como pantomima clássica. Os elementos frios eram sempre transformados dentro do ator e superados pelos seus impulsos vivos. Isso criava um conflito entre a estrutura e os impulsos vivos. Mas antes de chegar àquele ponto, trabalhamos longamente para assimilar os exercícios de pantomima. Trabalhamos sobre os signos da pantomima até que percebemos que esses signos funcionam como estereótipos que bloqueiam o processo dos impulsos pessoais.

Tomemos agora como exemplo os exercícios praticados no Teatro Laboratório. Selecionamos dois tipos essenciais deles. Chamamos esses exercícios, atendo-nos aos termos tradicionais, de exercícios plásticos e de exercícios corporais. Esses termos são somente tradicionais, mas sua essência é diferente. No início, quando nos interessamos pelos exercícios plásticos – influenciados de algum modo por Delsarte – procurávamos como diferenciar as reações que *de* nós vão *em direção ao* outro das reações que *do* outro vão *em direção* a nós: introvertidas – extrovertidas. Isso não nos levou a lugar algum. Finalmente, depois de ter aplicado diferentes tipos de exercícios plásticos extraídos de sistemas bem conhecidos (Delsarte, Dalcroze e outros), passo a passo, começamos a considerar esses exercícios plásticos como uma *conjunctio oppositorum* entre estrutura e espontaneidade. Nos movimentos do corpo existem formas fixadas, detalhes que podem ser chamados de formas. A primeira coisa essencial é fixar um certo número desses detalhes e torná-los precisos. Depois, reencontrar os impulsos pessoais que podem encarnar esses detalhes; ao dizer encarnar, entendo: transformá--los. Transformá-los, mas não destruí-los. A pergunta é esta: como começar improvisando somente a ordem dos detalhes, improvisando o ritmo dos detalhes fixados, e depois mudar a ordem e o ritmo e até mesmo a composição dos detalhes, não de maneira premeditada, mas com o fluxo ditado pelo próprio corpo? Como reencontrar no corpo essa linha "espontânea" que é encarnada nos detalhes, que os abraça, os supera, mas que – ao mesmo tempo – mantém a precisão deles? É impossível se os detalhes são "gestos", se envolvem os braços e as pernas e não estão radicados na totalidade do corpo.

Nas aulas de dança clássica, diz-se a um mau bailarino que "compensa", o que quer dizer que quando executa certos detalhes da dança adapta seu corpo. No nosso caso, descobrimos que essa "compensação" não é algo negativo, ao contrário, é vital. A falsa "compensação" consiste em executar os detalhes de modo mais fácil. Por exemplo: a sua cabeça gira para a esquerda e deveria tocar o ombro, assim levantam também o ombro até a cabeça. Facilitando, vocês arruinaram todos os detalhes. Mas a "compensação" vital, que poderia ser chamada também de adaptação do corpo, está ligada à causa do ajuste que tem origem no corpo e flui organicamente do corpo.

Toda reação autêntica tem início no interior do corpo. O exterior (os detalhes ou os "gestos") é somente o fim desse processo. Se a reação exterior não nasce no interior do corpo, será sempre enganadora – falsa, morta, artificial, rígida. Mas exatamente onde tem início a reação? A resposta a essa pergunta pode ser entendida e aplicada como uma receita. Mas se vocês fizerem assim, será sempre falsa e, se aplicada durante os ensaios, estéril. Se porém é entendida de modo relativo, com bom senso e aplicada somente durante os exercícios e nunca durante os ensaios, então essa descoberta pode ser importante. Importante para aqueles que fazem os exercícios. Onde tem início essa reação? na parte do corpo que chamamos "a cruz" (o cóccix), ou seja, a parte inferior da coluna vertebral, incluindo a inteira base do torso, até o abdômen inferior. É ali que têm início os impulsos. Vocês podem estar relativamente conscientes desse fato para desbloqueá-lo, mas não é uma verdade absoluta e não deve ser manipulado durante os exercícios e jamais durante o espetáculo. Nosso inteiro corpo é uma grande memória e em nosso "corpo-memória" criam-se vários pontos de partida. Mas uma vez que essa base orgânica da reação do corpo é, em um certo sentido, objetiva, se estiver bloqueada durante os exercícios, estará bloqueada durante o espetáculo e bloqueará também todos os outros pontos de partida do "corpo-memória".

Passo a passo, isolamos um certo número de exercícios "plásticos" que nos deram a possibilidade de uma reação orgânica, radicada no corpo e que encontra a sua realização nos detalhes precisos. O fluxo espontâneo do corpo está encarnado nesses detalhes: eles são mantidos, permanecem, apesar da espontaneidade. Por isso começamos procurando os detalhes precisos com os atores, porque se essa precisão não existe, nada pode ser feito, ou então irá transformar-se em uma espécie de plasma. Na vida, todas as nossas reações se compõem de detalhes precisos. Mas, tanto na vida quanto na criação, o que é importante é não limitar o número desses detalhes. Cada coisa que fazemos até o fim é precisa. Por exemplo, uma garota deixa cair um objeto porque, no período da puberdade, era "desajeitada". Por que o deixou cair? Uma garota, nesta situação, disse-me: "Queria chá, mas no momento em que levantei a xícara em direção à boca, comecei a ficar vermelha e queria esconder meu rosto com a mão, assim deixei cair a xícara".

Todavia cada elemento, até mesmo nesse movimento de reflexos confusos, é preciso. Existem muitos detalhes ilimitados evocados por um só momento, mesmo assim precisos. Se vocês se exercitam e não há detalhes precisos, vocês caem imediatamente no plasma.

O "corpo-memória". Pensa-se que a memória seja algo de independente do resto do corpo. Na verdade, ao menos para os atores, é um pouco diferente. O corpo não *tem* memória, ele *é* memória. O que devem fazer é desbloquear o "corpo-memória". Se começam a usar detalhes precisos nos exercícios "plásticos" e dão o comando a vocês: agora devo mudar o ritmo, agora devo mudar a sequência dos detalhes etc., não liberarão o corpo-memória. Justamente porque é um comando. Portanto é a mente que age. Mas se vocês mantêm os detalhes precisos e deixam que o corpo determine os diferentes ritmos, mudando continuamente o ritmo, mudando a ordem, quase como pegando os detalhes do ar, então quem dá os comandos? Não é a mente nem acontece por acaso, isso está em relação com a nossa vida. Não sabemos nem mesmo como acontece, mas é o "corpo-memória", ou mesmo o "corpo-vida", porque vai além da memória. O "corpo-vida" ou "corpo-memória" determina o que fazer em relação a certas experiências ou ciclos de experiências de nossa vida. Então qual é a possibilidade? É um pequeno passo rumo à encarnação de nossa vida *no* impulso. Por exemplo, no nível mais simples, certos detalhes dos movimentos da mão e dos dedos irão se transformar, mantendo a precisão dos detalhes, em uma volta ao passado, a uma experiência na qual tocamos alguém, talvez uma amante, a uma experiência importante que *existiu* ou que *poderia ter existido*. Eis como o corpo-memória/corpo-vida se revela. Os detalhes existem, mas são superados, tocando o nível dos impulsos, do corpo-vida, o nível – se preferem – da motivação (mas a motivação já implica uma certa premeditação, um ditame, um projeto, não necessário aqui e até mesmo danoso). Muda o ritmo e a ordem. E um após o outro, o corpo-vida "come" – isso acontece por si – os detalhes que ainda existem na precisão exterior, mas é como se explodissem do interior, do impulso vital. E o que alcançamos? Não *alcançamos* nada. Liberamos a semente: entre as margens dos detalhes passa agora o "rio de nossa vida". Espontaneidade e disciplina ao mesmo tempo. Isso é decisivo.

Dizer que se trata de uma *conjunctio oppositorum* entre espontaneidade e disciplina ou, antes, entre espontaneidade e estrutura, ou em outras palavras ainda, entre espontaneidade e precisão, seria um pouco como usar uma fórmula árida, calculada. No entanto, do ponto de vista objetivo, é precisamente isso.

Mas, na prática, acontece diferentemente. O corpo-vida está canalizado em uma linha distante do plasma. Nos denominados exercícios "plásticos" o nível dos detalhes é preciso. Por meio deles o corpo-memória se manifesta. O corpo-memória: a totalidade do nosso ser é memória. Mas quando dizemos a "totalidade do nosso ser", começamos a imergir, não na potencialidade, mas nas recordações, nas regiões da nostalgia. Eis porque talvez seja mais exato dizer corpo-vida.

Indubitavelmente, vocês podem ampliar o número dos detalhes "plásticos". Podem, passo a passo, encontrar novos. O ciclo dos detalhes plásticos que criamos era o resultado de nossa própria experiência. A evolução foi como a "seleção natural" de Darwin. Podem começar os exercícios por uma base diferente. Podem encontrar um ciclo de detalhes completamente diferente. Depois de muitos anos de trabalho, naturalmente. Tudo isso implica sempre em uma longa eliminação de coisas excessivamente artificiais ou estéticas que bloqueiam o corpo-vida. O tipo de detalhe inicial não é importante, o que importa é o espírito das coisas.

Também nos exercícios corporais seguimos uma longa evolução de seleção e eliminação natural. Realmente baseamos alguns desses exercícios no Hataioga. Naturalmente, foram reelaborados e seu ritmo condutor invertido (a dinâmica tomou o lugar da estática). Podem usar muitos outros tipos de elementos. Os atores têm numerosos bloqueios, não somente no plano físico mas, muito mais, no plano de sua atitude em relação ao próprio corpo. Falamos sem refletir sobre como os atores caem facilmente no narcisismo, no exibicionismo etc.; esses *slogans* são muito mais verdadeiros no sentido psicológico (exibicionismo psicológico, narcisismo psicológico) do que no físico. Com exceção de certos atores e atrizes que realmente trabalham para se valorizarem e serem aceitos como homens ou como mulheres, para a maior parte dos atores não é fácil aceitar o próprio corpo. Têm grandes dificuldades.

Não é simplesmente envergonharem-se do próprio corpo. É muito mais do que isso. O corpo funciona tanto como algo precioso demais quanto como uma espécie de inimigo íntimo. Isso cria dificuldades. Ou é demais ou não é suficiente. Como se todas as suas derrotas e imperfeições na vida fossem projetadas sobre o corpo e ele fosse responsável por isso. Querem aceitar o seu corpo e, ao mesmo tempo, não o aceitam. Talvez o queiram aceitar demais e portanto aparece um certo narcisismo. Assim, na realidade, vocês não o aceitam de modo algum.

A existência de vocês é constantemente dividida entre "mim" e o "meu corpo" – como duas coisas diversas. A muitos atores o corpo não dá um sentido de segurança. Com o corpo, com a carne não estão à vontade, estão antes em perigo. Há uma falta de confiança no corpo que é, na realidade, uma falta de confiança em si mesmos. É isso que divide o ser.

Quantos paradoxos. Ouvimos frequentemente o dito evangélico: "ama ao teu próximo como a ti mesmo". Mas esquece-se de que, segundo essa fórmula, em primeiro lugar devem amar a si mesmos. Aquele que se ama demais na realidade não se ama nem um pouco, tem falta de confiança em si. Para viver e para criar, devem em primeiro lugar aceitar a vocês mesmos. Porém, para ter a possibilidade de aceitar a nós mesmos, é necessário o outro, alguém que nos possa aceitar. Não estar divididos é a base para se aceitar. Não confiar no corpo de vocês quer dizer não ter confiança em vocês mesmos: estar divididos. *Não estar divididos*: é não somente a semente da criatividade do ator, mas é também a semente da vida, da possível inteireza.

Tudo aquilo que vou dizer parecerá um paradoxo. Mas não é questão de paradoxos estilísticos; é, na verdade, tudo assim. Aqui, nada acontece no plano lógico formal.

Não sei porquê – vocês podem formular hipóteses diversas – mas, realmente, *é* possível superar nós mesmos se nos aceitamos. Superar nós mesmos não é manipulação. Alguns atores, durante os exercícios corporais, se torturam e se atormentam; isso não é superar si mesmos pois é manipulação baseada na autorrepressão e nos sentidos de culpa. Superar você mesmo é "passivo" e "não oponha resistência" ao superar você mesmo. É tudo.

Há algo que tem que ser feito e está além de você. Não oponha resistência ao fazê-lo. Até mesmo uma simples evolução nos exercícios corporais – arriscada, dentro de certos limites sem dúvida, e mesmo assim arriscada, com a possibilidade da dor – tudo aquilo que é preciso é não resistir a assumir o risco.

Os exercícios corporais são o fundamento para uma espécie de desafio para superar nós mesmos. Para quem participa, deveriam ser quase impossíveis, mesmo assim deveria poder fazê-los. "Deveria poder fazê-los". Digo isso com um duplo significado. Por um lado, deveriam parecer impossíveis de fazer, todavia não deveria resistir ao fazê-los; por outro, deveria ser capaz de fazê-los em sentido objetivo; apesar das aparências, deveriam poder ser feitos. Aqui tem início a descoberta da confiança em vocês mesmos.

Um dia um pagão perguntou a Teófilo de Antioquia: "Mostra-me o teu Deus", e ele respondeu: "Mostra-me o teu homem e eu te mostrarei o meu Deus". Examinemos agora só a primeira parte desta frase: "o teu homem". Esta é uma terminologia que vai além das concepções religiosas. Penso que com isso Teófilo de Antioquia tenha tocado algo de fundamental na vida do homem. Mostra-me o teu homem – é, ao mesmo tempo, tu – "o teu homem" – e não-tu, não-tu como imagem, como máscara para os outros. É o tu-irrepetível, individual, tu na totalidade da sua natureza: tu carnal, tu nu. E ao mesmo tempo, é o tu que encarna todos os outros, todos os seres, toda a história.

Se se pede ao ator para fazer o impossível e ele o faz, não é ele-o ator que foi capaz de fazê-lo, porque ele-o ator pode fazer somente aquilo que é possível, que é conhecido. É o seu homem que o faz. Nesse momento, tocamos o essencial: "o teu homem". Se começamos a fazer coisas difíceis, por meio do "não resistir", começamos a encontrar a confiança primitiva no nosso corpo, em nós mesmos. Estamos menos divididos. Não estar divididos – é essa a semente.

Nos exercícios corporais vocês devem manter os elementos concretos, assim como mantêm a precisão nos exercícios plásticos. Sem concretude, começa o engano, o rolar pelo chão, os movimentos caóticos, as convulsões e tudo isso se faz na convicção de que sejam exercícios.

Poderia ser dito que há certos problemas que podem ser analisados do ponto de vista técnico, mas cuja solução não é nunca técnica. Tomem, por exemplo, o problema do equilíbrio nas posições do Hataioga.

Tentam, caem. Sem enganar, tentam de novo. Torna-se claro que a própria natureza nos ditou esse ciclo de evoluções: caem de novo. Por que perdem o equilíbrio? Porque algo do exterior, dos seus pensamentos, do seu controle calculado, começou a agir. Talvez uma espécie de medo. "Perdi a confiança e caí. Não segui o processo. A minha queda é um sintoma disto". Não cairão se é verdadeiramente a natureza de vocês que os guia. "Se começo a intervir sem necessidade, caio imediatamente". Nesse exemplo o equilíbrio é o sintoma da confiança que se procura nos exercícios corporais.

Podemos elencar todos os elementos dos nossos exercícios. Selecionamo-los durante anos, eliminando muito mais do que mantendo elementos; mas não há dúvida de que podem tomar como pretexto uma outra base. De que modo o corpo-memória não somente age nos exercícios mas também os guia? Se vocês não se recusam, então, ao superar vocês mesmos, descobrem uma certa confiança. Começam a viver. Então o corpo-memória dita o ritmo, a ordem dos elementos, a sua transformação, mas os elementos continuam concretos. Não se transformam em plasma. Aqui não se trata da precisão externa que existe nos detalhes dos exercícios plásticos, mas os elementos estão presentes e não ditamos a nós mesmos a natural pulsação durante as evoluções. "Isto" se dita; "isto" se faz. Por fim, começam a intervir os conteúdos viventes do nosso passado (ou do nosso futuro?). Portanto é difícil dizer se são exercícios ou antes um tipo de improvisação; pode ser o nosso contato com o outro, com os outros, com a nossa vida que se realiza, encarna-se nas evoluções do corpo. Se o corpo-vida deseja nos guiar em uma outra direção, podemos ser o espaço, os seres, a paisagem que reside dentro de nós, o sol, a luz, a ausência de luz, o espaço aberto ou fechado; sem algum cálculo. Tudo começa a ser corpo-vida.

Qualquer coisa compreendida e realizada como preparação para uma receita de exercícios não tem importância. Quando uma coisa foi aprendida e tornou-se fácil não tem valor algum. Se, no nosso trabalho, mantivemos certos elementos, os mantivemos mais como uma disciplina e não para nos defendermos daquilo que dita o corpo-memória ou o corpo-vida, não como uma defesa daquilo que acontece por si só.

Vocês podem juntar aos exercícios uma quantidade de elementos. Podem sempre procurar novas perspectivas – e deveriam mesmo fazê-lo – porque os exercícios deveriam ser uma espécie de desafio à nossa natureza. Esse desafio deveria ser renovado. Porém devem sempre ter um fundamento ao qual voltar. Sem isto, cairão no caos.

Gradualmente chegamos àquela que chamamos de "acrobacia orgânica", ditada por certas regiões do corpo-memória, por certas intuições do corpo-vida. Cada um gera o *seu* modo e é aceito pelos outros do modo *deles*. Como crianças que procuram o modo de serem livres, de se liberarem dos limites do espaço e da gravidade. E não através do cálculo. Mas não finjamos ser crianças, porque não o somos. Porém é possível reencontrar fontes análogas ou, talvez, até as mesmas fontes e, sem nos distanciarmos da criança dentro de nós, podemos procurar aquela "acrobacia orgânica" (que não é acrobacia), que é individual e se refere a necessidades luminosas e vivas; isto é possível se não começamos ainda a morrer, pouco a pouco, renunciando ao desafio da nossa natureza.

Há numerosos campos de ação e mesmo certas possibilidades de treinamento que abandonamos para concentrarmo-nos no que é essencial. Por exemplo, no início, procurávamos a máscara facial, usando os músculos faciais com total premeditação e treinando as diferentes partes do rosto: as sobrancelhas, as pálpebras, os lábios, a testa, e assim por diante. Movimentos centrífugos-movimentos centrípetos, extrovertidos-introvertidos, abertos-fechados. Isso nos dava a possibilidade de forjar diversos tipos de rostos, de máscaras, mas finalmente demonstrou-se estéril. Todavia nos levou a uma descoberta – Rilke observou o mesmo no seu livro sobre Rodin – de que cada rosto, com todas as suas rugas, é o traçado da nossa vida. As rugas abraçam o ciclo inteiro das experiências fundamentais que se repetiram incessantemente ao longo da nossa vida, as experiências que a vida continuamente proporcionou. Como "Ah, estou cansado disso..." ou "Devo contudo viver de algum modo..." ou "Um dia será a minha vez..." e assim por diante. Pode ser qualquer frase, até mesmo não formulada, que responda ao "mundo". Essas frases criam os traços e depois as rugas. Podemos ler essas fórmulas não formuladas um no rosto do outro e se, enquanto se trabalha um papel, encontramos uma delas que tenha sido experimentada na nossa vida e que tenha sentido no contexto do papel, o rosto criará essa máscara sozinho.

Essa observação é perigosa porque o ator pode começar a procurar tal fórmula, inclusive usando as palavras e depois constranger-se, apressar-se a repeti-la e a procurar falsas rugas, a procurar uma máscara, um "personagem", uma "personalidade", o *slogan* da personalidade: a "personificar" alguém. Pode expor à luz somente o seu rosto ao invés de si mesmo todo. E assim abandonamos essa pesquisa. No entanto, essa experiência permaneceu conosco e não hesitamos em nos referir a ela, quando é necessário. O mesmo pode se dizer de outras experiências e de outros exercícios.

Evidentemente os exercícios funcionam de um modo que se pode dizer "biológico". Se o ator não for vivo, se não trabalhar com toda a sua natureza, se estiver sempre dividido, então – podemos dizer – envelhece. No fundo de todas as divisões que nos são impostas pela educação e pela nossa luta na vida quotidiana, no fundo de tudo isso existe – até a uma certa idade – a semente da vida, da natureza. Mas depois, começamos a descer ao cemitério das coisas. O problema não é a morte clínica, mas a morte que nos reclama pouco a pouco. Se o trabalho sobre o espetáculo, a criação, os ensaios, podem envolver a totalidade do ser do ator, se na criação o ator pode relevar a sua inteireza, não descerá ainda ao cemitério das coisas. Mas em todos os outros dias, sim.

Por esta razão, nos períodos em que vocês não estão ensaiando ou em que não fazem o espetáculo (no sentido da realização de um Ato), os exercícios são indispensáveis. Os exercícios consolidam além do mais valores que, ao mesmo tempo, consolidam a nossa fé e a nossa confiança. Não se trata de *slogan*, mas de algo vivo que é preciso reconfirmar a cada vez.

Por que sou contrário aos exercícios como um modo de autoaperfeiçoamento? Aqueles que empreendem o autoaperfeiçoamento, na realidade, retardam o Ato. Aquele que diz: "Aperfeiçoo-me do ponto de vista ético, portanto cada dia mentirei menos" confirma simplesmente o fato de mentir. Se pensamos segundo as categorias da perfeição, do melhoramento, do autodesenvolvimento etc., reafirmamos a indiferença de hoje. E isso o que significa? O desejo de evitar o Ato, de fugir do que deveria ser feito agora, hoje.

A presença da técnica não é o mesmo que a presença do Ato. A técnica pode ser (em graus diversos) um sintoma de um Ato sub--rogado. Se executamos o Ato, a técnica existe por si mesma. A técnica fria, consciente serve para evitar o Ato, para nos esconder, para nos cobrir. A técnica emerge da realização, portanto a falta de técnica é um sintoma da falta de honestidade. Existem só as experiências, não o seu aperfeiçoamento. A realização é *hic et nunc* (aqui e agora). Se existe a realização, ela nos conduz ao testemunho. Porque foi real, plena, sem defesas, sem hesitação...

Um exemplo de um outro campo de ação: suponhamos que haja um ensaio. Começa uma cena. Temos alguns elementos muito precisos. Por meio do contato e da presença tangível do corpo-memória, a cena se desenvolve coerentemente. O diretor observa. Observa que a cena está plena, que o Ato é tangível, o que acontece, acontece. Mas o diretor sabe que não servirá ao espetáculo porque vai em uma direção diversa. O que deveria fazer? Se o diretor não tiver em si semente alguma, interromperá o ensaio, parará o ator. Se tiver a semente, não os interromperá. Pode ser que, quando tudo estiver acabado, encontrem alguns pontos de contato, alguns fragmentos que poderão ser "montados" na partitura do espetáculo. Depois, talvez, poderá encarar esse ensaio de um outro ponto de vista. Mas suponhamos que nenhum desses materiais possa ser "usado" no espetáculo. Quer dizer que o ensaio foi desperdiçado? Ao contrário. O que se provou hoje? A semente da criatividade, as fontes.

Com certeza, vocês devem estar conscientes do fato que, ao longo do caminho, retornarão à coerência final, à estrutura. A estrutura pode ser construída, o processo nunca. O Ato não pode nunca ser fechado, acabado. A estrutura: sim. A organização do trabalho: sim. Se não temos essa capacidade da coerência, não podemos criar. Mas essa é só a condição, não o essencial. O essencial é a presença da realização, para este dia, cada dia, e não a eterna preparação para um outro dia.

Exercícios
Do encontro realizado em maio de 1969 com os estagiários estrangeiros que residiam no Teatro Laboratório.

"Exercices", em *Action culturelle du sud est*, suplemento ao N. 6, 1971.
"Exercices", versão inglesa, inédita, de James Slowiak.

Jerzy Grotowski

Sobre a Gênese de *Apocalypsis*

Cada um de nós é em certa medida um mistério. Em teatro pode acontecer algo de criativo – entre o diretor e o ator – justamente quando ocorre o contato entre dois mistérios.

Conhecendo o mistério do outro, conhece-se o próprio. E ao contrário: conhecendo o próprio, conhece-se o do outro. Isso não é possível com qualquer um. Assim dizendo não pretendo julgar o valor dos outros. Simplesmente, a vida nos fez tais que podemos nos encontrar: você e eu. Podemos nos encontrar pela vida e pela morte – cumprir um ato comum. Criar como se fosse a última vez, como se logo depois se devesse morrer.

Poderia parecer que o encontro fosse o aspecto criativo só do teatro, porém se se analisam certos fenômenos, por exemplo, em literatura, podem ser encontradas, de fato, numerosas analogias. Em teatro trata-se, sem dúvida, de algo essencial. Talvez não seja o único caminho rumo ao teatro, mas considero que nesse caminho somos muito mais devorados por aquilo que fazemos. Parece-me, além disso, que seja mesmo aquela pesquisa da superação que libera a plenitude do artista, a plenitude criativa do diretor. O que procuramos no ator? Indubitavelmente: ele mesmo. Se não o procuramos, não podemos ser-lhe de ajuda. Se não nos desperta curiosidade, se ele não é para nós algo de essencial, não podemos ajudá-lo. Mas procuramos nele também nós mesmos, o nosso "eu" profundo, o nosso si. A palavra "si" ou "se", que é absolutamente abstrata se referida a nós mesmos, se imersa no mundo da introversão, tem sentido porém quando se aplica em relação a algum outro. Quando se procura "si mesmo" em algum outro – mas não em uma ordem, por assim dizer, moral, nobre, relativa a todo o gênero humano – mas sim quando se usa em toda a sua seriedade, excluindo ao mesmo tempo a grande, nobre hipocrisia. Nem mesmo essa definição é muito precisa, porque pressupõe de qualquer forma um quê de espiritual.

Certamente age aqui o mesmo mecanismo como na vida privada, nas relações entre as pessoas, onde tudo aquilo que é espiritual demais, ideal demais, no fundo não é autêntico. De qualquer maneira que se queira denominar isso, existe uma espécie de troca: uma espécie de penetração no ator e o retorno a si mesmo, e vice-versa.

Quando analiso o trabalho do ator, na realidade analiso a mim mesmo. Mas há mais, porque no ator, muito mais do que em mim mesmo, reencontro as possibilidades da minha natureza. Aproximo-me dele e digo: "aja". Se não há tal interesse humano, não creio que se possa ser diretor, diretor no sentido profundo, no máximo pode-se ser um *metteur en scène*.

São esses os motivos pelos quais o ator deveria recusar-se a agir com a sua personalidade conhecida pelos outros: elaborada, calculada, preparada para os outros, como uma máscara. De resto, frequentemente se trata não de uma personalidade, mas de duas, três, quatro... Pela mesma razão pude descobrir que ele deveria procurar aquilo que – com Teófilo de Antioquia – eu chamava de "o teu Homem": "mostra-me o teu Homem e eu te mostrarei o meu Deus". Essa liberação "do próprio Homem", ou melhor, a sua aceitação, ocorre por si mesma. Muitos caminhos conduzem a ela, cada um é diverso: diverso não apenas para cada um individualmente, mas diverso também para cada processo criativo.

Em *Apocalypsis cum figuris* isso era ainda mais evidente do que em qualquer outro nosso espetáculo. Não só eu, mas nem sequer todos os outros membros do nosso grupo saberiam mais repetir aquele processo. No caso de *Apocalypsis* a aceitação do "meu Homem" realizava-se no decorrer do inteiro processo da sua gênese por meio da rejeição, da renúncia. Ousaria dar uma formulação nesses termos: como diretor a única semente que conservei do início ao fim daquele trabalho foi a recusa dos estereótipos e, especificamente, dos estereótipos do meu trabalho. Isso significava, entre outras coisas, não repetir nada na técnica criativa, não construir nada sobre a base de uma consciência do trabalho obtida anteriormente.

Tinha então só um princípio: se alguém está em ação, no decorrer do processo criativo, se não machuca o outro, posso não entender nada, mas devo olhar. Devo permitir-lhe agir e por tanto tempo quanto lhe dita a sua necessidade: quanto quiser. E em seguida, se sinto que ali há algo vivo, em algum momento – posso ainda não entender – mas deveria voltar junto com ele àquele ponto, pedir que tente ainda uma vez tocar aquele ponto; que dali comece e a ele permaneça fiel. Mas se o ator sentia que ali não havia nada, eu não o obrigava a voltar àquilo. Às vezes só o tempo é juiz. Diz-se com uma fria definição que "os *partners* julgarão". Mas já não se trata mesmo de *partner*. Quando se trabalha com alguém oito, nove, dez anos, não se trata mais de *partner*, mas sim de pessoas próximas. Também os outros sentem aquilo que é vivo e aquilo que não é. Também assim se pode conhecer.

Mas acontecia também que fossem duas pessoas: uma dirigia a improvisação, a outra devia ajudá-la. Diz-se então que tudo é para aquele que guia, o outro deve ser apenas seu *partner*. Uma vez. Agora se repete uma segunda vez. E ocorre uma troca. E o que resulta normalmente? Aquele que ajuda é autêntico. Enquanto aquele que se considera ser essencial, não o é. Mas como saber? É até mesmo difícil chamar de saber, trata-se mais de conhecer. Milhares de erros até que uma enésima vez: eis! Existem certos momentos no trabalho em que é preciso ceder a uma espécie de resignação, à ideia de que talvez não sairá nada dali. Mas a mim como diretor não é permitido cobrir nada por meio de truques. Em suma: o que fazer? Se não sai nada dali, então nada. É possível que não se chegue à estreia, que a obra não nasça. Aqui não convém consertar, remendar nada, já que a coisa está morta. O mesmo acontece com cada ator. Quanto maior é a experiência de um ator, tanto mais fácil lhe é enganar. Pode esconder tudo com aquela sua mentira cotidiana, pode atuar de maneira muito bela, mas sem desvelar-se. Mas se ele também decidir-se por aquela renúncia: "não sei, não consigo, não posso atuar, não me realizarei", cumprirá algo de grande. Só com as derrotas podemos aprender.

Repito ainda uma vez: não queria que alguém a tomasse como uma proposta, porque os segredos da criação são diversos para cada um. Dessas coisas pode-se falar olho no olho, porque às vezes em uma troca do tipo se encontram elementos que podem encorajar alguém, por vezes de fato também por meio do confronto se descobre algo. Mesmo assim, não se pode falar nesse caso de um saber objetivo.

Pode haver alguém, um grande diretor que faz grandes espetáculos, grandes de verdade, importantes para os outros, porém manipula os atores. Se o ator está de acordo, não há nada de mal. Mas no trabalho de que falo, o diretor deve renunciar a criar sozinho. Existe alguém mais importante do que ele. Isto é essencial.

Éramos tentados: tanto os atores quanto eu. De resto podia parecer que eu tivesse já cedido algumas vezes a essa tentação. Éramos tentados a enveredar por um caminho conhecido, aquele, por exemplo, do *Príncipe Constante*. Cada vez que cedíamos a tais tentações, manifestava-se em nós um tipo específico de coragem. Não era uma coragem ativa, mas a coragem da renúncia. Enveredava-se inicialmente por um caminho, mas logo era preciso abandoná-lo. Enveredava-se só porque não víamos outra solução. Houve numerosos abandonos do gênero.

Como foi possível preparar um espetáculo sem um texto de partida? Simplesmente porque um outro caminho não era possível.

Começamos o trabalho com o roteiro de *Samuel Zborowski* de Słowacki, um roteiro preciso, pensado como um bom trampolim e com a plena consciência de que se tratava só de um trampolim, que no decorrer do trabalho seria possível abandonar. Aconteceram coisas diferentes; fizemos variados "estudos". Tudo isso era uma resposta ao desafio do roteiro. Era interessante, mas ao mesmo tempo, tanto para mim quanto para os atores, era evidente que estávamos só prolongando a trilha conhecida, que aquele roteiro não era a semente nova. Era evidente também que, se no decorrer de alguns "estudos" se liberava algo semelhante a uma radiação, isso acontecia quando eles se afastavam do roteiro, do trampolim, do inteiro contexto de partida. Por exemplo, Samuel e o Advogado interpretados pelo mesmo ator – Antek Jahołkowski – começavam a adquirir uma realidade plena só quando aquilo que Antek fazia não tinha mais qualquer relação com o *Samuel Zborowski* de Słowacki ou com o nosso roteiro. Enquanto tinha uma relação evidente – ao menos para mim – com um pope ortodoxo. O mesmo acontecia com os outros atores.

O que eu podia fazer em tal situação? Podia, apesar de tudo, lutar para realizar *Samuel Zborowski*, mas sentia que tudo o que era ligado ao tema inicial estava morto, que podia existir só como pura técnica.

E então o que fiz? Criei todas as circunstâncias possíveis para ganhar tempo para mim e para os atores. Fazia outras propostas – antes "em torno" de *Samuel Zborowski* – discutia novamente com o arquiteto a questão das cenografias, dos figurinos. Elaboramos até mesmo essas cenografias: foram realizadas no laboratório. Tudo isso tomou muito tempo. Nesse meio tempo eu pensava: o que posso fazer? Pensava mesmo que os objetos pudessem conduzir-nos a algo. Mas se não poderão conduzir-nos os objetos, talvez aconteça um milagre, se apenas não tivermos pressa. Talvez portas se abrirão – eu pensava – talvez esteja só cansado, estéril, talvez as minhas faculdades criativas tenham secado? Talvez se trate só de brincar de ganhar tempo com o máximo cinismo? Assim eu pensava então. Passavam-se as semanas. Eu não dizia nada. Observava o que acontecia. E renunciei a simular. É essencial aqui o fato de que recusei simular uma força criativa que na realidade não tinha, renunciei a fazer uma violência sobre mim e sobre os atores, a fim de criar um espetáculo que não queria nascer sozinho apesar do trampolim bem construído. Eu observava aquelas sementes que estavam longe de *Samuel*. E com delicadeza dava a minha ajuda para que se desenvolvessem.

Era a única eventualidade que via diante de nós: poder ajudar aquelas sementes. Talvez tudo isso tivesse se encontrado, apesar de tudo, com *Samuel Zborowski*, ou talvez tudo tivesse terminado, tivesse se fechado, talvez tivesse sido necessário recomeçar mesmo. Porém era preciso verificá-lo. Era preciso ajudar a viver aquilo que nascia espontaneamente. Não posso dizer ter dado estímulos específicos aos atores nesse sentido. Eu o fazia só quando via que algo estava suspenso no ar. Fazia tudo para ajudá-los a reencontrar aquele *élan*, que estava neles, para depois vivificá-lo.

Sentia portanto continuamente aquela necessidade, digamos, criativa, que todavia não mantinha relação alguma com o espetáculo que nascia, ou tinha uma ligação só superficial. Por exemplo, eu tinha proposto fazer a cena das bruxas, porque ela era viva naquelas mulheres e em mim. Pensava que talvez no final de *Samuel* teria podido existir uma cena em que vivesse o mundo, para assim dizer, metafísico e que naquele ponto seria possível colocar aquela cena. Ao mesmo tempo sabia muito bem que isso era só um pretexto para mim. Quando essa cena das bruxas se realizou, abriram-se outras possibilidades, por exemplo: a fogueira das bruxas, depois o funeral. Estimulava então os atores justamente naquela direção. Todos pensavam que estivéssemos sempre trabalhando em *Samuel Zborowski*. Eu mesmo, de resto, não tinha certeza disso.

Mas me decidi a não fazer nada à força. *Deveria fazer-se, por si.* Senão, por que forçar? Por que lutar, por que querer criar, quando a criação não brota de nós? Ou, mesmo se surge, vai em uma outra direção?

Então é preciso procurar essa outra direção. E, portanto, eu via o pope e não Samuel ou o Advogado. O pope. Era o período em que partíamos para as férias. Eu me encontrava em Cracóvia. Pensava então que de qualquer forma se devesse fazer alguma coisa; as cenografias para *Samuel Zborowski* estavam já montadas, os figurinos prontos, tínhamos feito tudo aquilo que era possível. Mas não resultava. Portanto, por que fazê-lo? Procurava as motivações mais variadas. Algo que me interessasse particularmente naquele trabalho. Pensava no pope. Recordei-me então de que muitos anos antes havia lido "A Lenda do Grande Inquisidor" em *Os Irmãos Karamazov* de Dostoiévski, e que naquele tempo para mim foi como uma revelação. Conscientemente não quis relê-la, porque, talvez, se a tivesse relido, teria cessado de funcionar daquele modo. Para mim estava viva a recordação. Portanto, voltamos às recordações, àquilo que está vivo nelas. Eu sabia que naquilo que tínhamos feito até então, o pope existia de verdade. Portanto: O Grande Inquisidor e esse pope.

Depois das férias, sem dizer nada aos outros atores e aos bolsistas que naquele tempo participavam do trabalho, com esse pope brotado espontaneamente do trabalho sobre *Samuel Zborowski*, com Antek

Jahołkowski, preparamos uma provocação. Ou seja: preparamos um encontro em que o pope devia indicar Cristo, de fato o Inquisidor falava com Cristo. Abri o caminho para o ator sem nem mesmo dizer-lhe que visava à "Lenda" de Dostoiévski.

Existe uma cena do tipo em *Apocalypsis*, na realidade agora são duas cenas. Uma delas é de fato o início do espetáculo: o fragmento no qual Simão Pedro diz, como se lançasse um desafio: "Levantemo-nos! Oh Salvador!" E assim roda pela sala. Encontra Lázaro e o indica, mas é só uma brincadeira. A sua verdadeira vítima é o Escuro*, uma espécie de *jurodivij*. Então se dirige a ele: "Você nasceu em Nazaré..." e assim por diante. Uma espécie de brincadeira em companhia, que acontece hoje. Começam a rir. Há em *Apocalypsis* também uma outra cena, na qual todos circundam o Escuro segurando velas na mão e cantando: "Glória ao Grande e ao Justo!". Cantam-lhe esse belo canto para que acredite nisso. E também eles querem acreditar nisso. Quando isso acontece, começam a balir em cima dele como cabras; do mesmo modo com que se pode acabar com alguém, assim eles balem em cima dele, destroem-no, aniquilam-no com a sua lamúria. Como nasceram as duas cenas? Ambas nasceram durante aquela única improvisação que deu início, no trabalho, àquela corrente que nos levou a *Apocalypsis*. Então, aconteceu assim: um dia, durante os ensaios de *Samuel*, havia algo entre nós, em suma digamos que não havia um grande entendimento. Nada de mal na verdade, mas havia algo. Provavelmente as raízes afundavam mais em profundidade, em toda a semana transcorrida. Pensei comigo mesmo: "Mas o que aconteceria se se tirasse tudo da sala, todas essas cenografias prontas para *Samuel*?" Recolhemos tudo e levamos para fora. Peguei de lado Jahołkowski e lhe perguntei: "Escute, por que você vai para cima e para baixo e fica olhando-os como se você fosse um pope?" Na verdade, olhava mesmo daquele maneira. A decisão foi que eu lhe propus montar uma espécie de banquete. Como ocorreu? Entre nós era como um truque, um jogo, uma brincadeira, uma curiosidade... A vontade de fazer uma espécie de banquete, já ali, colocada a mesa, as velas sobre a mesa. Estabeleci junto com ele que, de repente, durante o banquete, teria começado a fazer alusões, que finalmente aqui alguém é o melhor ator: seja como homem, quanto como ator, e de verdade... quase um santo. E assim aconteceu. Todos estavam preparados para o fato de que às vezes eu mudava a ordem do trabalho. Sentamo-nos, portanto, a essa mesa. Em toda essa tarefa Antek sabia a coisa essencial: devia encontrar alguém que fosse o melhor. Já devia voltar-se em direção a Cieślak, mas se voltou ao contrário para Cynkutis. Depois, porém, queria mudar o objetivo das suas *avances*. Assim começou. Não falava nada de específico. Só algumas palavras. Combinava algo com as pessoas. Começou a fazer uma espécie de cortejo, começou a arrumar algo que deveria ser mais do que um cerimonial. Como se surgisse de um sonho dele... Naturalmente então eu não o sabia. Eu estava abalado. De repente jogou Cynkutis no chão e se dirigiu a Cieślak: Cieślak é um grande ator, mas detesta que alguém o cobre. A situação se tornou um tanto ambígua. Calou-se, agachou-se. E foi então que Jahołkowski inventou aquele texto extraordinário, que mantivemos no espetáculo. "Nasceste em Nazaré, és o Salvador, por eles morreste na cruz, mas eles não Te reconheceram!" E naquele momento também Rena Mirecka entoou aquele canto: "Glória ao Grande e ao Justo!". Pegou uma vela acesa e começou a ir em direção a Cieślak, atrás dela algum outro. E assim começou. Depois sozinha chegou aquela lamúria. Enquanto observava, compreendi que, vejam só, começava algo que deveríamos fazer. Não sabia ainda o que. Sabia só que não teria sido mais *Samuel Zborowski*, mas algo diverso.

Em seguida, todo esse evento, sem os acessórios do banquete, uma vez limpo, encontrou-se em *Apocalypsis*, subdividido em duas partes, colocado em momentos diversos do espetáculo. Mas aquela divisão era agora só uma questão de montagem. Isso aconteceu muito, muito mais tarde, depois de centenas de ensaios. Mas então justamente nasceu *Apocalypsis cum figuris*.

A fase seguinte começou quando propus a Antek O Grande Inquisidor de Dostoiévski. Que conversem sim juntos, com as palavras dele, e que diga aquilo que teria vontade de dizer àquele que é o melhor.

Eu tinha em mente então também a cena das bruxas. Quando pude àquela altura reler "A Lenda do Grande Inquisidor", observei que havia uma cena, em que Cristo ressuscita uma menina. Era como se estivesse em relação com a nossa cena das bruxas. Portanto trabalhei sobre isso com uma das atrizes. Atualmente essa cena não existe em *Apocalypsis*, mas tinha o seu sentido no fluxo dos eventos durante o nosso trabalho. Justamente em torno dessa cena, recomeçamos o trabalho.

Naquele período manifestaram-se muitas coisas vivas e embora muito daquele material não tenha sido aproveitado em *Apocalypsis*, nele era bem perceptível uma espécie de irradiação.

Assim, do meu encontro com o pope, com o ator, que fazendo inicialmente o papel de Samuel-Advogado, deu vida ao pope, abriu-se uma perspectiva natural, uma base possível. Não ainda aquela em direção ao Grande Inquisidor. Para o momento aquela do sacerdote, do provocador de Cristo. E ao mesmo tempo abrira-se a possibilidade para Cieślak como Cristo.

Chegou então o tempo em que foram esquecidas as velhas cenografias do *Samuel Zborowski*, e também nós esquecemos totalmente aquele roteiro. Mas observei ao mesmo tempo que alguma coisa se estava refreando, que existia uma espécie de desorientação. Nos atores e em mim. Entre nós algo começava a empacar. Por outro lado, estava já emergindo a nova terra. Mas não em torno do tema do Inquisidor, mas em torno do tema de Cristo.

Comecei então a refletir: por que não fazer os *Evangelhos*? No passado, tinha um projeto do tipo. Em relação a uma fase do nosso trabalho devia ser o ponto final, o fechamento de certos temas que vieram à luz quase totalmente, mas não ainda até o fim. Comecei então a me perguntar: por que adiar?

Foi assim que começamos a ler os *Evangelhos*. Pedi a cada um para ler aqueles fragmentos-chave que para eles fossem vivos no campo da sua vida, não no sentido de recordações concretas e nem sequer considerando-os como um conto mitológico. E assim começamos a procurar. Pedi aos atores para que fizessem o impossível, que – por exemplo – sem preparação fizessem "estudos" em torno de cenas tão complicadas como a da piscina de Betsaida com a água que cura. E se só havia uma semente, eu tentava dar-lhe respiro, tentava ajudar aquilo que começava a viver, procurava o modo de eliminar o que estava morto desde o princípio, como encontrar nisso uma possibilidade. Penso que já então todo o grupo sentisse que estava acontecendo algo de especial. Alguns colegas foram-me de grande ajuda. Acredito que não perguntassem nada com plena consciência. Viam que estava acontecendo algo de excepcional, que exigia simplesmente que se fizesse sem premeditação. Provavelmente todos sentíamos então que não era preciso fixar-se demais no futuro, não era preciso pensar na realização do espetáculo. De qualquer forma os meus colaboradores mais importantes trabalhavam então daquele modo mesmo.

Além disso, se se tornava necessário o uso de objetos, pegava-se as coisas que se encontravam à mão, no teatro. Todavia, aquilo que era realmente essencial ocorria no trabalho individual; os "estudos" preparados, não premeditados nos detalhes, mas mesmo assim preparados, eram os mais importantes. Como disse, porém, o essencial ocorria no trabalho individual. Disso não se pode falar. Não é possível contar, por exemplo, o meu trabalho com Jahołkowski com o texto da "Lenda", que desenvolveu-se continuamente, mesmo se já então eu sabia que se teria tratado antes dos *Evangelhos*. Mas mesmo aquele trabalho começara, em relação com o trabalho sobre os *Evangelhos*, a dar vida: tinha portanto o dever de continuá-lo. Uma outra questão do gênero, impossível de se formular, era a pesquisa, junto com Cieślak, em torno de Cristo. A um certo ponto, de qualquer forma, depois de muito tempo, a bloqueamos, a fechamos, a fim de entrar nela de maneira completamente diversa, para depois voltar a ela ainda à maneira de antes, mas já com uma outra perspectiva. Na realidade, algumas horas de trabalho à parte lançaram a semente para a existência de Scierski como João. E todo o trabalho depois se desenvolveu em torno daquela semente. Tudo acontecia sobre planos diversos, ligava-se a várias derrotas e a diferentes fontes de irradiação. Mas já então era essencial. Já então estava no âmbito daquela frase de Teófilo de Antioquia: "Mostra-me o teu Homem, e eu te mostrarei o meu Deus".

Mais ou menos naquele período fui a um convento, onde assisti a cantos gregorianos. Ali se encontravam alguns bancos muito peculiares. Na volta, pedi que fossem construídos similares a eles no laboratório, encomendei alguns para o nosso teatro. Começamos a criar cenas utilizando esses bancos, eliminando todos os outros objetos. Isso conferia às nossas ações uma certa estrutura, mas provocava também caos e muito barulho. Havia uma ação acrobática em cima dos bancos. Todos esses episódios evangélicos agora não existem mais. Havia textos como o cântico de São Francisco, fragmentos das cartas de São Paulo. Improvisávamos também os figurinos; mas essas cenas, fora aquela em que Maria e Judas vão ao sepulcro, não existem mais.

Maja Komorowska, que depois deixou o grupo e portanto não participou da estreia, deu uma notável contribuição à cena das mulheres que vão ao sepulcro. Inicialmente trabalhava junto com Rena. O "caminho" mesmo era uma rua campestre da aldeia, Nienadówka, onde vivi nos tempos da minha infância. As camponesas lavavam os pés e iam à igreja.

Realizamos duas montagens, completamente diversas, de todo o conjunto. Ambas eram bastante lógicas. Tinha se tornado possível estrear. No entanto eu via que existiam ainda muitas coisas falsas, truques, e não somente naquelas evoluções com os bancos. Era como se, no trabalho individual, tocássemos aquela semente, e depois, na montagem do conjunto, ela se perdesse em alguma parte.

Depois de duas montagens diversas, sem chegar à estreia, recomeçamos quase do zero. Por quase um mês discutimos sobre as nossas associações em relação a algumas cenas, aquelas que para uma parte dos nossos colegas eram as mais irradiantes; discutimos sobre aquilo que em um certo sentido guiava cada um, sobre as questões ligadas ao espaço. Trabalhamos sempre praticamente, sem falar durante os ensaios, enquanto aqui, agora, de repente: um mês inteiro só de conversas; era como a procura de associações pessoais em que tudo acontece hoje, na Polônia, no âmbito da nossa vida. Foi então que Scierski se fez portador de numerosas associações cruciais. Poderíamos dizer que naquela fase o trabalho era uma análise, não intelectual, mas por associações, se bem que consciente. Cada um de nós tinha em si uma espécie de determinação. Também eu a descobri em mim, passo a passo. Porém eu não fazia, então, violência à minha consciência para saber logo do que se tratasse. Era importante que existisse. Naquela altura eu tinha tido que recusar a fazer o espetáculo pelo menos três vezes. Tínhamos já feito dois ensaios gerais sem estrear. Dizia-me: não, não, esses são caminhos conhecidos, truques, enquanto aquilo que é mais intensamente irradiante na montagem se dissolve. Eu pensava: existe uma necessidade, neles e em mim; pouco importa se ainda não a identifiquei, não é oportuno fazer a todos os custos, talvez não façamos absolutamente nada. Todavia, no que concernia ao tempo de que podíamos dispor, os prazos da programação etc., estávamos premidos pela necessidade de estrear. No entanto por quase um mês só discutimos, porque era a consequência da ordem natural das coisas. E só isso contava.

A um certo ponto senti que o nosso trabalho era entre aquilo que é contemporâneo e aquilo que está no Apocalipse. No apocalipse dos nossos tempos, o apocalipse do mal-estar depois de uma bebedeira. Mas que estava também entre os *Evangelhos* e a "Lenda", entre o Cristo histórico, que sabe que é tal, e o Cristo que não sabe que o é e que talvez não o seja, entre Judas, que talvez é só chamado Judas, e Simão Pedro, que pode se tornar o verdadeiro Judas? Todavia é muito importante ressaltar aqui que por volta do fim desse período, o eixo do trabalho se tornou o reencontrar a terra da cotidianidade. Arrisco-me a dizer, "da cotidianidade, da contemporaneidade", ainda que esses termos sejam batidos. Não se trata daquilo que é lendário, mítico, consagrado, formado, mas daquilo que é real perante à vida. Naquele período se apresentaram muitas recordações bem sinceras tiradas da vida real, seria possível dizer comum, dos meus colegas e minha; recordações que eram de grande ajuda.

Trabalhávamos ainda com os objetos, com os bancos, mas um dia descobri que a ausência dos bancos era mais interessante. A falta de tudo. Portanto havia a sala vazia, sem bancos. O que é essa sala? Talvez essa gente tenha bebido um pouco e depois faz tudo isso, que não é mais só uma brincadeira, divertimento, provocação em companhia, mas que gradualmente se transfere para a realidade? Onde se pode colocar os refletores? Nós os instalávamos em vários lugares de modo que não dessem a impressão de refletores teatrais. Como dispor os bancos dos espectadores de modo a anulá-los? Depois nos colocávamos também em lugares diversos, para nos observarmos mutuamente, para ver quando algum de nós estava presente demais, quando estava distante demais e que relação tivesse a luz com tudo aquilo. Havia momentos em que para algum de nós essa sala parecia uma garagem, por exemplo. Para mim era o sótão de *O Processo*, de Kafka, onde Joseph K. procura o marceneiro Lanz. Um dia ficou claro que o espaço tinha sido encontrado.

Foi reencontrada, além disso, toda aquela base da vida real, comum, aquela terra da cotidianidade e da contemporaneidade, aquela presença da vida corpórea.

Permaneciam ainda algumas coisas. Em certos casos manifestavam-se de novo dificuldades enormes. Por exemplo, a questão das roupas, que eu discutia com Waldemar Krygier. Mostrei-lhe as fotografias de um grupo de pessoas, marginalizadas, que eu tinha encontrado por acaso e procurávamos juntos como deveria ser a roupa de alguém que eles chamariam de Simão Pedro. Procurávamos também a roupa para o Escuro, que não era mais Cristo. O Escuro estava vestido como um cego: calças, sapatos, como se o tivesse vestido a família, até mesmo os óculos escuros, o cajado branco e o capote, que usa agora. No entanto, bastou um ensaio para que se pudesse eliminar tudo isso; ele, de fato, não é cego. Fica com o cajado. Sem dúvida ele permaneceu o Escuro ficando só com o capote. Bastou um ensaio para criar a possibilidade de descobrir nos figurinos já prontos aquilo que eu tinha procurado por semanas nas discussões com o cenógrafo. O impulso do ator sem fingimento determinava imediatamente aquilo que era preciso eliminar *tout court*. Logo clarearam-se também os nomes; não os papéis no sentido tradicional. Esses nomes: Lázaro, João, Judas e assim por diante. Todavia não eram os personagens históricos. Naquele período havia ainda duas Marias Madalenas, mas depois da segunda estreia, depois que o todo foi reconstruído, ficou uma só.

Começamos a procurar os textos indispensáveis. Por exemplo, foi mantido o texto da primeira improvisação do pope, mas em lugar do texto usado durante os ensaios do Escuro, encontramos fragmentos nas poesias de Eliot. Pedi a Cynkutis para procurar no Livro de Jó trechos que fossem vivos para ele e ao mesmo tempo estivessem em relação com Lázaro, o cadáver vivente. Pedi a Molik para encontrar nos *Evangelhos* parábolas, que fosse possível estropiar, mutilar, não finalizando o conto, de modo que parecessem provocações, denúncias. Pedi a Scierski para procurar no material de imagens do Apocalipse de João, mas não porque ele era João, mas porque tudo isso que tinha dado, enquanto matéria da vida, era muito "visionário", portanto "bêbado" e muito corpóreo, mas algo do gênero se encontra só no *Apocalipse*, além do mais ele amava aquele texto, portanto procurava nele. Eu procurava junto com eles. Agora os textos eram necessários.

Houve um momento, nesse mês de análise, em que já sabia que o título devia ser *Apocalypsis cum figuris*. Era uma associação muito pessoal. Quem leu o *Doutor Fausto* de Thomas Mann pode entender por quê. Em seguida encontrei as xilografias de Dührer, das quais Mann pegou o título da composição de Leverkühn, e que deviam me dar a possibilidade de fazer "figurações". Encontrei, além disso, textos do *Apocalipse*, os textos da cotidianidade e do mal-estar depois de uma bebedeira, que era possível usar com essas figurações. Mas no decorrer dos ensaios, isso se mostrou um engano e foi imediatamente abandonado. Eu pensava:

seja então sem ligação com Dührer, praticamente sem ligação também com os textos apocalípticos. Mas aqui há o apocalipse da vida, daquilo que é trivial, por assim dizer. Assim tudo isso se resolvia, se abria, se realizava. Até o momento em que, por volta do fim do espetáculo, Simão Pedro, já real, fala de verdade com Jesus.

Naquele período eu trabalhava com plena consciência porque, de um lado, percebia distintamente a semente viva desse trabalho, do outro, sentia nele uma perspectiva autônoma, diferente que nos teria guiado e que não se devia trair. Além do mais, estava presente, continuamente, aquele elemento essencial do trabalho, aquele: "mostra-me o teu Homem", em que estava evidente que, ao longo daquele caminho, nos esperava alguma coisa. Portanto eu podia trabalhar com plena consciência, sem temor de destruir algo. Eu já era capaz de fazer uma montagem bem pensada, podia eliminar os textos do todo logicamente, voltar a algumas cenas deixadas de lado, eliminar outras e construir, construir... mas na realidade... reconstruir, retornar aos temas.

Mas também então havia períodos de desespero, quando aquilo que tinha existido antes começava a funcionar só no plano da forma. Eu não era mais capaz de fazê-lo reviver. Também então me dizia: não consigo. Por exemplo, um dia pedi a Cieślak para que fizesse sozinho o ensaio técnico de algumas cenas. Respondeu-me que não conseguia mais trabalhar, que já tinha esgotado as possibilidades. Essa resposta me irritou muito. Disse-lhe que: ou não teríamos nunca terminado aquele trabalho, ou os meus colegas teriam tido que assumir o peso, a outra face daquilo que chamávamos "coensaios". Cieślak trabalhou assim por algumas semanas. Depois eu voltei. Eu já era capaz de reatar a ligação com o *quid* misterioso, contido na frase: "mostra-me o teu Homem". Era então evidente que vivia de novo, ou seja: não escondia a nossa vida, a nossa existência, o nosso ser, as nossas experiências.

No decorrer de todo esse trabalho houve numerosos obstáculos objetivos. Queríamos, portanto, fazer uma quase-estreia, antes da turnê que nos esperava, para que existisse o fato consumado. Fizemos. Depois partimos, e na volta surgiu o problema de uma única Maria Madalena. Tornou-se então evidente que era preciso reconstruir o todo ainda uma vez. De resto havia duas possibilidades: ou substituir *tout court* uma atriz, para manter a estrutura existente, mas teria sido um querer salvar algo e então teria caído, ou procurar uma outra coerência, diversa, que já existia no coração do trabalho, e que provavelmente não tínhamos alcançado antes. Havia ainda um outro problema: como reencontrar as perspectivas daqueles papéis que, na pré-estreia, não existiam ainda plenamente. Tudo isso mudou e fez progredir muitas coisas, até mesmo no plano dramatúrgico.

Apresentávamos "ensaios abertos" ou "espetáculos fechados". Não era ainda a obra verdadeira. Em volta, os reveses do teatro, problemas sem fim. O espetáculo enveredou pelo caminho do nervosismo com um excesso de barulho e de gesticulação. Sabia então que os meus colegas deveriam arriscar, agir sem pressão, e que naquele ponto não se teria obtido algo sem soltura. Ao mesmo tempo eu sentia que eles estavam simplesmente cansados de mim, portanto me retirei. Por um mês inteiro não vi o espetáculo (que era ainda "fechado"), não trabalhei com os atores. Devo dizer que em todo aquele período fiquei sozinho, dia e noite em casa. Depois voltei. Observei então que já ousavam agir, embora sempre com nervosismo. Mas aquilo que faziam começava a viver como um organismo.

Àquela altura o problema essencial para todos nós era esquecer o espetáculo oficial, os papéis; mantê-lo só no sentido da organização de si mesmos, da responsabilidade e voltar àquele "mostra-me o teu Homem". E teve início então para esse espetáculo um período difícil, mas muito interessante. Seria possível dizer: fazer a verdade, toda a verdade, nada mais do que a verdade. Não ceder, não fingir, não enganar, não cair nos truques psíquicos.

No meu retorno aconteceu o ensaio decisivo que durou vinte e quatro horas. Retornamos a toda uma série de "esboços" negligenciados, de temas deixados de lado. É difícil até mesmo imaginá-lo. Não é como nos outros teatros, em que se representam algumas cenas, enquanto os outros não estão envolvidos e podem dormir nos camarins. Aqui é impossível. Foi verdadeiramente um trabalho comum durante vinte e quatro horas. Assim portanto, depois desse retiro, depois dessa segunda estreia interna (vinte e quatro horas! Só para nós!), o trabalho se regenerou.

Quando de uma coisa de vinte e quatro horas se faz uma de uma hora, se tem a impressão de uma forma muito nítida. Naturalmente se trata de um problema muito difícil, porque bem frequentemente, no decorrer de uma operação do gênero, algo morre. É preciso proceder gradualmente, lentamente, em pequenos fragmentos, depois transpor algo, encontrar novas conexões com a fonte e continuar, pouco a pouco. É um trabalho muito cansativo. O essencial é não perder nele a vida. Nestes momentos eu invejava os diretores cinematográficos: têm a película, podem cortar. Enquanto aqui há o tecido vivo.

O período que se seguiu foi talvez o mais interessante. Para os atores o sentido desses encontros está no não se esconder, não fugir: isso é até mesmo mais importante do que todo o trabalho precedente. Para todo o grupo foi o período em que tocamos algo de essencial: a consciência de que nesse espetáculo não havia a possibilidade de se esconder, de enganar, nem mesmo inconscientemente; de que, em outras palavras, ninguém podia se limitar a não perturbar. Em cada um dos nossos espetáculos anteriores uma possibilidade do gênero existia ainda, embora em grau muito menor em relação aos outros teatros, mas mesmo assim existia: em algumas partes, em algumas cenas que funcionavam como um anteparo premeditado da estrutura. Mas aqui é impossível. Também nesse espetáculo existem os impulsos fixados e os seus desenvolvimentos. Mas nada fora da honestidade – a honestidade de cada um em particular – é capaz de salvá-lo. Nessa perspectiva *Apocalypsis* é o mais difícil dos nossos espetáculos. É o mais desarmado e indefeso e, por tal motivo, o mais essencial na sua inteireza. Sempre suspenso sobre o abismo, sempre pronto a cair, sempre exigindo de cada um a honestidade. Se qualquer um recusa a honestidade, seja só por um instante, tudo desmorona.

O que é a expressão? A expressão é o momento em que você abre o caminho através do desconhecido e conhece. Quando se faz alguma coisa que já é conhecida até o fim, ela começa a ser morta. Ao contrário, quando se está conhecendo, quando se está no caminho do conhecer, então se tem a expressão. A expressão é o prêmio, a dádiva da natureza pelo afã do conhecer. Por exemplo, há um fragmento do papel que você já conhece, então é preciso observá-lo para ver onde há ainda algum mistério. Existem já os espectadores e a obra está praticamente terminada. E todavia é preciso procurar para continuar a conhecer porque, em caso contrário, ela morrerá. É a primeira questão importante. Se o ator tem uma cena culminante, a matará quando tentar se exercitar nela. É preciso só fazer abordagens. E a cena culminante? É o desconhecido. Uma será semelhante à outra, porque semelhantes são as abordagens.

Se se considera que exista algo próximo ao ideal (aconteceu-nos algumas vezes), quer dizer que chegou o momento de tirar o espetáculo de cartaz. Quer dizer que é perfeito – morto. Tudo já foi conhecido. O espetáculo não pode ser um ideal. Deveria ser procura, conhecimento. Se não há mais algum mistério, não há mais nada para conhecer, é preciso tirá-lo de cartaz.

Lembrei-me da renúncia que ditou esse trabalho. Nem em mim era consciente. Um dia, durante a turnê depois da pré-estreia, um dos colegas me disse algo de positivo a propósito desse meu trabalho, e eu lhe respondi: "Estive perdido tantas vezes nesse tempo". Então ele disse: "Via continuamente em você a renúncia a fingir". A renúncia. Creio que tenha sido o único tema do nosso trabalho em *Apocalypsis cum figuris*. A fonte desse trabalho foi a criação dos atores. Considero que em nenhum dos nossos espetáculos a criação dos atores tenha sido tão evidente. Foram três anos de luta. Se, durante o trabalho, nascia um conflito entre o processo criativo de algum dos meus colegas, de um lado, e a ordem do conjunto, a estrutura ou a ordem da montagem, do outro, eu dava sempre prioridade ao processo. Não cortei nunca aquilo que era realmente o processo, nem mesmo quando não via no momento uma ligação com o conjunto. Procurávamos teimosamente nos "esboços", nas improvisações, nos "estudos". Desse modo, tudo se manifestou só durante o trabalho. Também aquilo que se pode chamar narração, que, de resto, é bastante limitada.

Aquilo que emergiu dali é uma espécie de representação da humanidade, como se essas seis pessoas representassem o gênero humano.

Esse espetáculo é profundamente contemporâneo, apesar de os textos serem tirados da Bíblia, de Dostoiévski, Eliot e Weil; no choque com a matéria do espetáculo eles ressoam com ecos drásticos e até mesmo obscenos. Essa situação tem algo da provocação com relação aos eternos temas bíblicos, em relação à história sacra que é a sua urdidura narrativa. Mas efetuamos simplesmente uma extrapolação da nossa vida sobre essa tradição, que é como a condensação da história de todo o gênero humano e por tal motivo adaptava-se tão bem a ela. A nossa trama nesse contexto é de fato totalmente contemporânea. Trata-se daquilo que é estranho e louco. Esse ajuste de um miserável, pequeno apocalipse é lamentável, mesquinho. Aquele idiota lá. Porém lá está uma referência a algo mais.

Qual foi o meu papel em tudo isso? O paradoxo é que, para mim, trata-se do espetáculo mais pessoal. Ulteriores esclarecimentos não são mais necessários.

Nota:
*Esta definição aparece ao lado do nome de Cieślak na ficha técnica polonesa. No cartaz inglês, "o Escuro" tornou-se "Simpleton" e, no italiano, "o Inocente". (Nota de Carla Pollastrelli)

Sobre a Gênese de *Apocalypsis*
Versão polonesa sob os cuidados de Leszek Kolankiewicz, baseada nas transcrições de alguns encontros ocorridos depois da estreia de *Apocalypsis cum figuris*, mais ou menos no decenário do Teatro Laboratório – 1969/70.
A tradução do polonês foi publicada pela primeira vez no programa da Temporada 1984/85 ("10 anos") do Centro para a Experimentação e a Pesquisa Teatral de Pontedera.

A PERSPECTIVA PELO AVESSO

Jerzy Grotowski

O Que Foi

Este é um encontro singular e acontece em um momento singular da minha vida. A maior parte de vocês é – como se diz – gente de teatro, mas na verdade nenhum de vocês é um profissional e vocês mesmos se colocam a pergunta se aqui, se nestas condições, é possível falar de profissionalismo em geral. Alguns de vocês falam disso quase com alegria, sem a intenção de entrar no profissionalismo, porque o que fazem é um veículo e não uma profissão e assim deveria permanecer. Mas muitos sonham com o profissionalismo em um ou em outro significado da palavra, frequentemente de algum modo nobre, puro nas intenções: sair do amadorismo. Mas para sair das areias movediças é preciso necessariamente ir parar no pântano?

Na minha vida este é um momento dúplice. Tenho às minhas costas aquilo que é o teatro, "a técnica", a metodologia. Aquilo que há anos me empurrava rumo a outros horizontes foi resolvido dentro de mim. Não entrei no profissionalismo para voltar ao amadorismo mas, ao que parece, nem para permanecer ali. Aquela que foi a pesquisa em teatro, na "técnica", até mesmo no profissionalismo (mas como nós o entendemos: como *vocação*) me é de algum modo cara. Tudo aquilo me levou ao ponto em que me encontro. Levou-me para fora do teatro, para fora da "técnica", para fora do profissionalismo. Está ainda vivo enquanto experiência de vida. Mas agora respiro um ar diferente. As pernas tocam um outro terreno e os sentidos são atraídos em direção a um outro desafio. Para lá me dirijo. Ouço as suas vozes, as suas perguntas. *Sobre o teatro*. Volto a cabeça em direção a ele, em direção ao *teatro*. É o passado. Falo sobre aquilo que *foi*, sobre aquilo que eu procurava naquela vida.

1. *Existe o* training *enquanto introdução à criação*

É um erro considerar que possa existir uma preparação, uma introdução à criação, ao ato, e que ela consista em um treinamento. Nenhum *training* é capaz de se transformar no ato. Não falo da improvisação como *training*, é uma outra questão. Falo de exercícios *sui generis*, de uma espécie de ginástica criativa. Os exercícios não têm sentido algum se junto com eles e – por assim dizer – superando-os, não se realiza a única coisa essencial: a ação, o ato humano.

Frequentemente, e também aqui, me ocorre encontrar grupos que começam pelos exercícios tomados emprestados do meu livro. São exercícios muito velhos, por sinal, longínquos, ao menos para mim... de 1964... Crê-se que um certo tipo de *training* preparatório, se se submete a ele por um período de tempo convenientemente longo, seja capaz de conduzir o homem ao ato. Mas o que recebe aquele que se exercita durante essa espera é apenas uma peculiar ilusão. O homem começa a observar o próprio corpo, o "está a ouvir", começa a pilotar-se e a fazer movimentos pilotados. Transforma-se em uma espécie de esportista ou de hataiogue. Se se tomam emprestados os exercícios do Hataioga, em geral são utilizados em dois modos diversos: à maneira – digamos – oriental, isto é, com o fim de controlar a respiração, de ralentar as atividades do corpo, de atingir uma espécie de modorra mantendo o equilíbrio (tudo isto no campo que nos interessa é inútil, apaga a comunhão, apaga a existência em relação ao outro homem), ou à maneira ocidental, assim como se pratica o Ioga nos institutos de beleza para obter "a harmonia do corpo". No fundo, se reduz à hipocrisia, a uma espécie de afetação.

Quando nos dedicávamos ainda ao teatro, ao profissionalismo e coisas semelhantes, verificamos que os exercícios podem ter um sentido de algum modo à margem da pesquisa na qual – por assim dizer faz-se viver alguma coisa e nos períodos *depois* de ter realizado, no âmbito dessa pesquisa, o ato real, humano.

Durante a pesquisa, víamos que as dificuldades e as inibições que se manifestavam eram diferentes em cada um de nós. Os exercícios eram úteis quando cada um podia treinar baseando-se naqueles elementos dos exercícios que lhe eram necessários, por isso o que se obtinha em seguida aos exercícios era diferente em cada caso. Porque cada um encontrava obstáculos diversos. Alguns são semelhantes em pessoas diversas: por exemplo, a falta de confiança no próprio corpo. É impossível distingui-los com a ginástica ou com a ajuda da observação e do controle consciente do movimento. Mas quando se executa uma evolução no espaço, que em geral não somos capazes de executar porque nos parece impossível, adquirimos um pouco de confiança no nosso corpo, em nós mesmos. Como realizar tal evolução? Nos anos em que fazíamos isso, procurávamos reduzir ao mínimo qualquer esclarecimento preliminar. O instrutor ajudava aquele que fazia o exercício na medida em que era absolutamente necessário, para que ele tivesse ao menos uma possibilidade. Descobrir aquela evolução, aquela superação do impossível: eis o que aquele que se exercitava deveria fazer de alguma maneira sozinho, a seu modo, a seu risco. Só em tal caso lhe era útil. Era preciso fazer aquilo que era desconhecido e a própria natureza do homem que agia descobria o segredo. Então acontecia que o medo do próprio corpo se dissipasse. Se algum de nós repetindo muitas vezes um movimento ou uma evolução, descobria, em um certo sentido até o fim, o segredo dele, sabia então como fazer, "sabia fazê-lo", e se não havia mais algum risco nisso, não havia alguma mobilização necessária, alguma adaptação inconsciente de toda a natureza, então o fazia mesmo que corretamente, precisamente, mas ainda uma vez como um ser dividido em consciência e corpo. Não estava inteiro com o próprio corpo, mas como separado deste, quebrado. Dirigia si mesmo com habilidade, só isso. Não improvisava mais nada, nada a seu modo e cada vez de maneira diferente. Pois ao homem não é necessária a consciência do corpo, mas o fato de não ser destacado do corpo. Não é necessário saber como fazer mas como não hesitar frente ao desafio, quando é necessário fazer aquilo que é desconhecido e fazê--lo, deixando o "modo" (tanto quanto possível) para a nossa natureza.

Aquilo que estou dizendo, se refere sobretudo a quem pega do meu livro, daquela parte detalhada relativa aos exercícios, certas configurações de elementos. Visto que aqueles elementos foram selecionados enquanto teste e não agiam milagrosamente. Eram sempre muito relativos. Tinham um sentido, porque conferiam uma disciplina àquilo que se fazia, e exigiam precisão. Mas a disciplina, a precisão, também na nossa experiência daqueles anos, eram totalmente sem sentido se o seu fundamento não era a espontaneidade do homem. Isto é, se ele não mantivesse a precisão dos elementos, refazendo-os cada vez de novo a seu modo. Descobrimos tudo isso em certo sentido à margem de uma outra pesquisa – que aqui vocês amam chamar de criativa – nos períodos em que se realizava essa pesquisa, ou depois.

Os exercícios não tinham e não podem ter sentido enquanto introduções ao ato.

2. *Como exercitar-se de maneira sincera*

O problema da sinceridade – da sinceridade consigo mesmo – existe onde há a revelação, não onde se treina. No campo dos exercícios, nos interessava antes a honestidade. Sabia-se o que fazer, porque cada um dos elementos era já conhecido, mas era necessário enfrentá-los, à luz do dia, do momento, da situação entre nós... portanto, era como entrar em uma terra inexplorada. Ou seja, como manter a precisão de cada elemento sem cessar de improvisar o fluxo? Cada vez, mesmo que a precisão tivesse sido plenamente atingida, era necessário enfrentá-los de novo. Isto é, mantendo inteiramente os elementos conhecidos, era necessário fazer aquilo que é desconhecido. Mas para fazer aquela coisa desconhecida era necessário apelar para todos os elementos da própria natureza. Logo identificamos com a catástrofe o fato de guiar conscientemente o corpo como se se tivesse que lidar com uma marionete. No fundo, quando são mantidas simultaneamente a espontaneidade e a precisão, agem ao mesmo tempo a consciência (isto é, a precisão) e o inconsciente (isto é, a adaptação espontânea).

3. *Os estímulos*

Provavelmente não se pode dizer, de modo geral, que alguns estímulos sejam bons e outros não. Nos anos em que nos dedicamos a essas pesquisas estritamente profissionais, procurávamos simplesmente o estímulo eficaz. Para um era a música, para um outro o ritmo, para um outro ainda alguma recordação, para alguns uma associação quase fantástica, enquanto para alguns talvez a volta à paisagem, por exemplo, à areia do mar: fazer no piso da sala algo que se faz à beira mar. E a cada momento algo diverso se tornava o estímulo. Um bom estímulo era tudo aquilo que nos jogava na ação com todos nós mesmos, ao contrário, um mau estímulo era aquele que nos dividia em consciência e corpo.

O que era para nós o estímulo? Aquilo que nos ajudava a reagir. Era algo – independentemente do campo de que se tomava – que, se nos referíamos a ele, nos ajudava a agir na nossa inteireza. Não procurávamos aplicar alguma definição verbal exata. Não havia nada de científico nisso. Compreendemos que se tratava de um conhecimento empírico e que não pode ser idêntico ao conhecimento do cientista. Esse ponto se mostrou essencial porque até mesmo quem guiava o trabalho o fazia eficazmente só quando – também ele – agia por sua vez na interpenetração de consciente e inconsciente. Ao contrário, quando assumia uma atitude "científica" agia somente a sua consciência. Vejam, tudo aquilo que eu acabo de dizer era uma questão de eficácia, uma questão pragmática.

4. *Existe uma contradição fundamental entre a encenação e o trabalho criativo do ator?*

Até mesmo essa terminologia me parece estranha. Mas responderei a partir do exemplo do trabalho de um dos grupos aqui presentes, que mostrou uma cena de *Romeu e Julieta*: a montagem previa que os atores estivessem nus. Acontece que, se o diretor tem dificuldades no trabalho com o ator, vá à procura de efeitos, pois julga não obter nada seguindo um outro caminho. A cena que vocês mostraram deveria culminar (assim vocês queriam) em um ato de sinceridade extrema. A sinceridade é algo que abraça o homem inteiramente, o seu corpo inteiro se torna uma corrente de impulsos tão pequenos que isoladamente são quase imperceptíveis. Mas é assim quando o homem não quer mais esconder nada: sobre a pele, da pele, sob a pele. Mas vocês (vocês mesmos me disseram) procuravam um efeito, um meio que pudesse "transmitir a sinceridade". Tratava-se portanto de adequados "meios de expressão", da encenação. E a sua nudez tornou-se um achado, não um fato. E vocês fazem essa cena nus, mas não existem aqueles pequenos impulsos, aquilo que é quase invisível, imperceptível, mas que diferencia a nudez encenada da verdadeira, desarmada, humana. Em vocês a pele nua age como um figurino de grande efeito. O resultado: uma rica encenação. E daí? O que permanece depois? O que fica disso para vocês? Mas suponhamos que *não seja pelo efeito*, mas sim, levados pela verdade existente entre vocês, pelo desejo de superarem o medo um do outro, pela vontade de se desarmarem, pela renúncia a qualquer possibilidade de se esconderem, a qualquer abrigo, vocês improvisam essa cena nus. Não há interesse particular nisso, nem egoísmo, não há humilhação, não há "técnica". E então, mas é claro, daqueles impulsos no limite do invisível vive a pele inteira, vocês vivem inteiramente, são inteiramente na revelação. Vocês entraram em contato com a sua vida, com vocês mesmos naquilo que é mais tangível, a que se une a sinceridade extrema, a sinceridade a consigo mesmos. E depois – em seguida – quando esses impulsos, esse ato se radicar em vocês, poderão ficar nus e mesmo assim seria de algum modo natural, digno, mas poderiam também – se subsistissem causas objetivas – fazê-lo vestidos, mesmo "da cabeça aos pés" e todavia será sincero e – apesar dessa indumentária acrescida, que lhes foi imposta – de algum modo aparecerá essa nudez humana, desarmada, boa. Podemos nos jogar naquilo que é mais íntimo, pessoal, e sem dúvida é preciso fazer assim, mas nunca interessadamente, isto é, à procura do efeito, de "meios ricos" (alguém chamaria de "pobres", não faz diferença). Não é lícito manipular isso, porque se reduz à humilhação, à profanação do homem. Essa seria a resposta. Mas, repito, hoje vejo tudo isso de uma perspectiva diversa, enquanto brota do homem assim como é, sem esconder-se, na sua inteireza. Mas isso vai muito além da dimensão desta resposta e de toda a sua pergunta e do exemplo concreto, de que falamos aqui.

5. *A diferença entre o trabalho individual e o coletivo*

Considero que temos que lidar aqui com um mal-entendido que é muito difundido. Este mal-entendido tem origem em uma certa concepção do trabalho coletivo. Vi aqui um grupo que quer praticar a criação coletiva. Não há nada de pessoal aí. Quando se trabalha com texto, temos pelo menos que lidar com um mínimo de trabalho individual, imposto pelo papel. Mas se se pratica a criação coletiva, sem estar conscientes do fato que cada um tem o próprio âmbito individual, se são feitas só improvisações de grupo, se em todas essas práticas coletivas se apresentam continuamente os mesmos elementos, a única coisa que poderá brotar daí será a multidão. Tudo aquilo que ali encontrarão se reduz somente às reações da multidão. E renunciarão a tudo aquilo que compõe o território do homem. De fato não podem existir sequer reações de grupo se falta a reação do homem. Tal reação pode atingir a fase coletiva e então pode ser muito bela e até mesmo essencial, mas unicamente se o grupo existe de verdade, isto é, se *cada um* no grupo existe de verdade. Até mesmo durante as improvisações de grupo cada um deveria atravessar o próprio terreno, o terreno da própria vida, do próprio encontro com o outro, você com o *partner*, e não reduzir-se à função de algum fantasma coletivo, de uma criatura mais ou menos imaginária. Não é possível entrar em contato com alguém, se não se existe sozinho.

6. O texto escrito. A palavra

É certo que o texto enquanto atuação lógica permanece em contradição com a realidade. Na vida, de fato, não falamos nunca de maneira lógica. Aparece sempre uma espécie de lógica paradoxal entre aquilo que dizemos e aquilo que fazemos. E, mesmo assim, se vivemos plenamente, as palavras nascem das reações do corpo. Das reações do corpo nasce a voz, da voz, a palavra. Se o corpo se torna um fluxo de impulsos vivos, não é um problema impor-lhe uma certa ordem das frases. Uma vez que é como se os impulsos engolissem aquelas frases, sem mudá-las, as absorvessem. Em tal caso, a interpretação do texto não constitui absolutamente um problema: aquilo que acontece de vocês, o interpreta por si só. Se a palavra é necessária e o homem que age não tem aqueles impulsos vivos, porque se exercitou só nos movimentos, o instante em que deverá falar será um momento de grande resistência, porque nisso a sua vida é ilusória. Porque trata o próprio corpo como o mímico, ou como a consciência que move a marionete do corpo. A palavra não pode ser absorvida por algo do gênero e nem pode nascer de uma tal atitude.

7. A concentração e a doença

Improvisar significa talvez fazer qualquer coisa? Alcançar um estado psíquico excepcional? Acordar em si uma certa emoção e ficar observando-a? Praticar a introspecção sem se fecharem porém em si mesmos? Nada de tudo isso; seria assim um modo para violentar a própria natureza, o que, de resto, no caso de indivíduos particularmente sensíveis, pode dar um efeito sugestivo. Vocês perguntaram se o excesso de concentração pode levar à doença. Sim, se se entende a improvisação como um modo de forçar e observar as próprias emoções. Em primeiro lugar, isso provoca (cedo ou tarde) efeitos histéricos, mas se se continua a praticar pode levar a crises sérias. Por esse caminho as pessoas hiper sensíveis investigam em si um mundo não ilusório, que existe de verdade, mas que ao mesmo tempo não pertence à vida de cada dia. Mas o investigam sem seguro e em vez de ligar os motores fazem sair os tigres das gaiolas. É um deslize muito perigoso. Quando alguém incorre nele com boa vontade e sem motivos hipócritas, não para enganar a si mesmo, pode significar, de resto, que está pronto para procurar a plenitude, a totalidade. Trata-se, portanto, de um ponto crítico. Está-se de fronte à derrota ou a uma soleira a ser superada. Aqui é como se um alarme soasse: para anunciar o fim ou a vitória, a sua totalidade ou a amputação das fontes, o alagamento dos porões, o transbordamento dos subterrâneos. Um passo além se estende o terreno aberto. Onde está aquela fronteira que é necessário ultrapassar? Quem procura a própria totalidade é semelhante ao aventureiro. Penetra em um terreno inexplorado onde é difícil descobrir, reconhecer, distinguir aquilo que é ilusório daquilo que ilusório não é. Mas em tal caso é necessário sentir sob os pés a terra que nos leva. O ponto em que, de modo tangível, se possa pousar o pé. De fronte a algo que lembra a loucura é preciso manter todo o nosso bom senso. Só uma loucura lúcida pode nos conduzir à plenitude. Uma loucura lúcida. O bom senso exige aquilo que é tangível, concreto, que – de maneira simples – permite distinguir o real do irreal. Esse campo tangível é a nossa vida. Se dizemos: a nossa vida – é ainda uma abstração; mas existe um âmbito que é a nossa vida de modo nada abstrato: este âmbito é o corpo.

8. *O corpo-vida*

É necessário dar-se conta de que o nosso corpo *é* a nossa vida. No nosso corpo, inteiro, são inscritas todas as experiências. São inscritas sobre a pele e sob a pele, da infância até a idade presente e talvez também antes da infância, mas talvez também antes do nascimento da nossa geração. O corpo-vida é algo de tangível. Quando no teatro se diz: procurem recordar um momento importante da sua vida, e o ator se esforça para reconstruir uma recordação, então o corpo-vida está como em letargia, morto, ainda que se mova e fale... É puramente conceitual. Volta-se às recordações, mas o corpo-vida permanece nas trevas.

Se permitirem que o seu corpo procure o que é íntimo, o que fez, faz, deseja fazer na intimidade (em vez de realizar a imagem da recordação evocada anteriormente nos pensamentos), ele procura: toco alguém, seguro a respiração, algo se detém dentro de mim, sim, sim, nisso há sempre o encontro, sempre o Outro... e então aparece aquilo que chamamos de impulsos. Não é possível sequer formulá-lo com palavras. E quando digo *corpo*, digo *vida*, digo *eu mesmo*, você, *você inteiro*, digo. Algumas vezes a associação se refere a um momento da vida importante demais para nós para tornar-se o objeto de monólogos na taverna, mas antes de qualquer associação – mesmo uma do gênero – é essencial o encontro aqui e agora com o outro, em grupo, essa presença viva: e a volta ao corpo-vida exigirá o desarmamento, a nudez extrema, total, quase inverossímil, impossível na sua inteireza. Perante um tal agir toda a nossa natureza se desperta. Portanto, o que é necessário? Algo que não seja barato. Uma doação. Eu não ousaria dar uma definição precisa, de resto, não se trata disso. Alguém que tenha experimentado aquela aventura surpreendente descobrirá as coisas mais inesperadas. Em primeiro lugar: que sabe muito mais *depois* do que *antes*; descobrirá coisas que não lhe passaram nunca pela cabeça. Em segundo lugar: que mesmo depois de um longo e extenuante trabalho está menos cansado do que estava antes de começar.

O ato do corpo-vida implica na presença de um outro ser humano, a comunhão das pessoas. Mas então até mesmo as nossas recordações são essenciais, quando se ligam a um outro ser humano, quando evocam aqueles momentos em que vivemos intensamente com os outros. Esses outros estão inscritos no corpo-vida, pertencem-lhe por natureza. E se vocês evocam com o corpo-vida o instante no qual vocês tiverem tocado alguém, aquele alguém se mostrará naquilo que vocês fazem. E talvez ao mesmo tempo estará presente aquele que é o seu *partner*, aqui e agora, e quem esteve na nossa vida e quem vai chegar: e Ele será uno. Eis porque aquilo contrasta com o aprofundar-se em si mesmo, com o concentrar-se em si.

É muito difícil passar daquela experiência na sua forma primeira, original, a algo que é um fato já nascido, limpo, sobre o qual é possível apoiar o pé, sem dissipar tudo. O que é necessário manter quando voltamos àquela experiência pela segunda ou terceira vez? A associação ou o movimento? Se vocês disserem: "a associação" é porque vocês existem independentemente, separadamente das suas associações. São, portanto, desmembrados. O que guia? O movimento ou a consciência? Então vocês são divididos. O corpo-vida não é associação nem movimento. A cada vez que se volta a isso, se percebe de modo sempre mais tangível. Portanto, se a quem age, sucede esquecer algo, alguém que é o seu ajudante – há um tempo atrás teria usado aqui a palavra diretor – pode vir em sua ajuda não descrevendo exteriormente aquilo que deu certo na primeira vez, mas com uma palavra que tenha o poder de despertar a vida, a vida daquele que deve agir. Faz algo do gênero, difícil de definir... e o corpo-vida volta a existir.

Não é preciso ter pressa de passar para a montagem das sequências. Voltar àquele instante da primeira tentativa, cada vez em direção à sinceridade do corpo, precisa no ato, que não retrocede; mas no entanto é diversa: aqui, hoje, agora, com você *hoje* presente, com vocês *hoje*; e somente depois pegar os elos, como se fossem ilhas, e uni-los, para que se conjuguem em uma totalidade coerente, um pouco como um filme. Lentamente, lentamente. Para que o que está vivo ali não morra; para que possa viver mais plenamente: livre.

9. *A consciência de classe pode ser um estímulo?*

Indubitavelmente sim, se não é chamada pelo nome, isto é, se no decorrer do trabalho não se procura uma terminologia. Por exemplo, quem é Calibã em *A tempestade*, de Shakespeare? Quem é aquele ser condenado a ter como único recurso a força dos seus músculos? Quem foi sempre o mais forte e ao mesmo tempo escravo? Quem foi condenado a servir e a não ser jamais amado? Quem nunca foi capaz de aceitar a si mesmo? A resposta a essas perguntas nos mostraria a consciência de classe em estado puro mas isso se reencontra através da semelhança ou graças a uma situação que se repete na nossa vida. É a experiência da sua vida, a sua ferida social, que permitirá que vocês se confrontem com isso, não algum tratado de sociologia. O tratado sociológico é eficaz no campo da sociologia. Cada coisa é eficaz dentro do seu âmbito.

10. *A luz do homem, a luminosidade*

Todos os efeitos de luz podem ser utilizados. Por que não? No que me diz respeito, há tempos renunciei aos jogos de luz. Absorveu-me demais no princípio o fenômeno do ator total e depois do homem inteiro, mas é totalmente possível que um belo dia eu comece de novo a utilizar as luzes. E por que não? Aqui nada deveria ter a força do dogma. Mas quando um dia observei que quem age podia dar a impressão de irradiar luz, de ser trespassado pela luz, tinha em mente outra coisa. Eu citava o exemplo de El Greco, a impressão que dão as suas figuras é como se algo as iluminasse de lado a lado. Não é necessário tomar isso de modo sentimental, um pouco místico. Quando o homem na ação ultrapassa todas as barreiras da cotidianidade, o que faz é quase impossível. Digamos que na vida estamos de tal modo habituados a nos esconder que o fato de não nos escondermos, por nada, é quase um milagre. Esse fenômeno provoca no homem algo que poderia ser comparado ao abandonar a gruta e sair em plena luz; é como se alguém por anos inteiros se tivesse escondido em algum lugar, em um canto, em um porão, em um subterrâneo: e de repente saísse. Quando abandona aquele lugar escuro e sai em plena luz, reage – sem sequer sabê--lo – àquela luz e quem olha tem a impressão de que a luz emana dele. Não se trata de um fenômeno místico nem material no sentido da irradiação, é o fenômeno do abandono da obscuridade, a reação ao fato de não esconder-se. Porque explicá-lo com fatores paranormais, se quem quer que, mesmo uma vez só na vida, tenha vivido um instante de verdadeiro amor, pôde ver isso no corpo e no rosto do ser amado.

11. *O tema como trampolim*

Falar da sinceridade consigo mesmo não pode esgotar todos os problemas. Falamos daquilo que é como a fonte. Mas a fonte não é ainda o rio, assim como a raiz não é a árvore. Porque ainda numerosas perguntas se impõem. Manifesta-se o problema da coerência, o problema da estrutura, o problema de como não cair no plasma, no informe. O caos anula o ato. Não é possível dar testemunho *em geral*. Tudo o que existe *em geral* é abstrato. Tudo aquilo que professamos, de que damos testemunho, deve inevitavelmente referir-se a algo. A quê? Se fazemos algo por acaso, quer dizer que não nos é verdadeiramente necessário. E aqui se impõe algo que por vezes chamamos de tema, de motivo, ou mesmo de trampolim. Se fazemos uma coisa de maneira especulativa, é sempre artificial ou estéril.

Mas se para um grupo humano algo quase se eleva no ar, algo que perturba e seduz, isso estará ligado à vida daquelas pessoas, à nossa própria vida, mas a vida não é jamais fechada em uma torre de marfim, transborda inevitavelmente para fora, vai além das paredes dentro das quais agimos, além do laboratório onde pesquisamos; trata-se de uma questão humana, viva para os outros, não só para nós. Portanto, em um sentido, ou em outro, é social. Mesmo se não pensamos nisso. Eu diria que normalmente é comum a todos os homens. Portanto temos todo o direito de nos ocupar dela se para nós se levanta no ar que respiramos. É bem fácil blaterar no bar sobre as tragédias dos outros, mais difícil é afrontar a tragédia que se mistura com a nossa vida.

12. *É preciso controlar o processo criativo?*

Digamos assim: o processo da *sinceridade consigo mesmo* deveria ser controlado na medida em que sem controle pode ser perturbado. É necessária uma consciência vigilante para prevenir a possibilidade do caos. É necessário também evitar matar os colegas: o bom senso impõe que Otelo não mate Desdêmona. Um certo tipo de consciência é necessário para não perder aquela estrutura de saída, emersa do corpo--vida, para evitar dissipar incidentes de percurso, o caos, para evitar dissipar aquele que é o terreno, como a base de nosso agir, como o leito, o traçado. Os incidentes simplesmente. De resto por esse motivo fracassa todo o tipo de ação sob o efeito dos narcóticos: a consciência vigilante é necessária para evitar os incidentes de percurso.

Quer dizer: é preciso não ser cegos nem surdos.

13. *A sinceridade e a luta social*

Tudo aquilo que digo não exclui uma atitude com relação à vida em geral, com relação à vida que nos circunda. Mas se trata de uma atitude autêntica, não puramente verbal. Como vocês querem enfrentar a luta na vida partindo de mentiras que estão em vocês, da falta de sinceridade com relação à própria vida É impossível lutar enquanto personagem imitado ou representado, porque em tal caso a sua luta será em vão desde o começo. Pois se a sua mão direita faz uma coisa diversa da esquerda ambas mãos anulam reciprocamente a própria ação e cada uma agirá só pela metade. A função humana ou social está presente em cada ação, pois o outro ser humano está inscrito na nossa vida, mas inscrito de verdade, e não de maneira declamatória. Frequentemente são feitas perguntas que são por si sós caricaturais. O que é mais importante: a educação ou a arte? O homem deveria dedicar-se à própria sinceridade ou à luta social? São perguntas caricaturais. É como se alguém de vocês perguntasse se é preciso lavar as mãos, ou os pés. É preciso abordar tudo isso com um mínimo de bom senso. Não fazer passes de mágica com as palavras. O corpo-vida é inato? Mas o corpo é inato? O que vocês pensam disso? O corpo de que dispõem hoje é talvez inato?

14. *A psicanálise do ator e do personagem*

Não creio que seja necessário efetuar a psicanálise, com exceção dos casos evidentemente patológicos. Psicanálise do personagem? Mas o personagem não existe, há um papel, um campo, há um *desafio*. E na própria vida, a resposta. O que resulta daí pode ser às vezes comparado à psicanálise, assim como Freud disse que Dostoiévski era um grande psicanalista. Mas sabemos perfeitamente que existe uma diferença entre Freud e Dostoiévski: trata-se de atividades humanas de tipo completamente diverso.

15. *Quais são os resultados daquilo que há tempos chamei de falsa mística do ator?*

Tudo aquilo que se realiza em um estado supostamente extático é em geral bem pouco concreto. É desprovido de qualquer ordem, informe. Ele dedica a maior parte do seu tempo à pesquisa de estados psíquicos excepcionais, infla as emoções. Quando se olha para ele, vêm à mente as mulheres histéricas ou as carolas.

16. *O que é para mim o Teatro Laboratório?*

Em princípio era um teatro. Depois era um laboratório. Agora é um lugar em que tenho a esperança de ser fiel a mim mesmo. É um lugar em que espero que cada um dos meus companheiros possa ser fiel a si mesmo. É um lugar em que o ato, os testemunhos dados pelo ser humano serão concretos e corpóreos. Onde não se pesquisa alguma ginástica artística, alguma surpresa acrobática, nem o *training*. Onde ninguém quer dominar o gesto para exprimir algo. Onde se quer ser descoberto, desvelado, nu; sincero com o corpo e com o sangue, com a inteira natureza do homem, com tudo aquilo que podem chamar como quiserem: intelecto, alma, psique, memória e coisas semelhantes. Mas sempre tangivelmente, por isso digo: de maneira corpórea, porque tangível. É o encontro, ir ao encontro, ser desarmado, não ter medo um do outro, em nada. Eis o que eu gostaria que fosse o Teatro Laboratório. E não é essencial que se chame de Laboratório, não é essencial se em geral for chamado de teatro. Um tal lugar é necessário. Se o teatro não existisse, encontraríamos um outro pretexto.

17. *A nossa relação com a tradição polonesa*

Sou um produto dessa tradição. Os meus companheiros são produtos dessa tradição. Penso que em cada instante em que não mentimos conosco mesmos estamos em contato com essa tradição. Todavia não vale a pena procurar esse contato de modo consciente. A tradição age de maneira real, se é como o ar que se respira, sem pensar nela. Se uma pessoa deve forçar-se, fazer esforços espasmódicos para reencontrá-la, mostrá-la ostensivamente, isso quer dizer que nela não é viva. Não vale a pena fazer aquilo que não é vivo em nós, porque não será verdadeiro.

18. *Como treinar a concentração*

A concentração existe quando não a procuramos, quando nos devora algo que devemos fazer. Quando vocês amam alguém e fazem amor, pensam talvez na concentração? Aquilo que se faz é preciso fazê-lo até o fim. É preciso se dar inteiramente, superando as fronteiras da cotidianidade, de modo tangível, de verdade. Então existe a concentração. Quando existe a *doação*, existe concentração.

19. *A sinceridade na busca da plenitude*

Se vocês pretendem fazer teatro, deveriam perguntar-se: o teatro lhes é indispensável para viver? Não enquanto teatro. Não enquanto instituição e edifício e não enquanto profissão, mas enquanto grupo e lugar. Mas com certeza, pode ser indispensável para a vida se nele se procura um lugar em que não se mente consigo mesmo. Onde não nos escondemos, onde somos aqueles que somos, onde o que fazemos é assim como é, sem fingir outra coisa, portanto um lugar onde não somos divididos. De resto, isso nos fará sair do *teatro*, a seu tempo. Se cumprimos o ato com todo o nosso ser, como nos instantes do verdadeiro amor chegará o momento em que será impossível decidir se agimos conscientemente, ou inconscientemente. Em que é difícil dizer se somos nós a fazer algo ou se isso nos acontece. Em que somos ativos e totalmente passivos ao mesmo tempo. Em que a presença do outro se manifesta por si só, sem que se procure. Quando é eliminada toda a diferença entre o corpo e a alma. Naquele momento podemos dizer que não estamos divididos.

O que é essa plenitude? Começa com: *não ser mornos*. Se queremos ilustrar algo, por exemplo, uma concepção ideada *a priori*, tudo aquilo que faremos estará dividido em concepção e ação, mesmo no instante em que agirmos. Como no amor, quando um pratica uma espécie de ginástica sexual: então está fragmentado em consciência e corpo que cumpre as ordens da consciência. Retorna-se portanto à divisão em corpo e alma, em consciente e inconsciente, em sexo e intelecto; tais oposições podem ser multiplicadas. Mas o que finalmente permanece delas é a experiência de agir só com uma parte de si. Mas quem age só com uma parte da própria natureza vive só com uma parte da própria natureza. A sua vida é portanto parcial. No fundo ambos os problemas, não se esconder e não ser divididos, se reduzem a um só.

O Que Foi
(Colômbia, Verão de 1970 – Festival da América Latina)
Texto do encontro realizado no Festival da América Latina. Publicado pela primeira vez em polonês em *Dialog*, n. 10, 1972. A versão francesa "Ce qui fut" foi publicada na brochura *jour saint et autres textes*, Festival d'Automne à Paris, 1973, Gallimard, 1974.
Texto original em polonês.

Jerzy Grotowski

O Diretor Como Espectador de Profissão

Gostaria de falar-lhes do trabalho do espectador de profissão; mas não para brincar com o título deste encontro. Passaram-se cerca de dezessete anos da minha primeira chegada à Escandinávia, quando me perguntaram na fronteira o meu ofício e eu respondi que era um espectador de profissão – coisa que o funcionário anotou. É evidente para mim que o trabalho do diretor é ser espectador de profissão. É um ofício muito preciso. Por que, por exemplo, certos grandes atores são péssimos diretores – no sentido do trabalho com os outros atores, não da encenação espetacular? Isso acontece porque a relação do ator com o espectador é bem específica. O ator não é espectador e o trabalho do diretor é ser espectador. Existem certas formas muito sofisticadas da arte do ator em que se é ao mesmo tempo ator e espectador. Assim acontece por exemplo em várias formas do teatro clássico oriental. Um ator que tenha chegado a uma grande maestria nas formas da sua arte (que possua já portanto a inteira precisão de todos os mínimos elementos da arte) pode começar a mudar os acentos do ritmo; começa a deslocar esses acentos, a mudar a ordem de pequenos detalhes, a fazer-se surpresas. Esse então é um grande mestre do teatro oriental. Nesse caso pode-se dizer que o ator age e ao mesmo tempo observa o seu corpo em ação, observa realmente o seu corpo e as suas mãos. E então acontece como se ele encontrasse por si só: "Isso funciona – isso não – isso é preciso tentar de novo".

Grandíssimos atores desse tipo na Itália seriam aqueles que seguem a tradição da *commedia dell'arte*, atores capazes de fazer espetáculos individuais e ao mesmo tempo de envolver os espectadores, de brincar com eles, de tê-los em seu poder. Mesmo esses, ou pelo menos alguns que eu observei, têm essa capacidade, essa peculiaridade de fazer e ao mesmo tempo de observar o que fazem. É como um duplo jogo, que frequentemente é muito fascinante e demanda uma enorme maestria.

Mas se olhamos o teatro como é normalmente, o teatro convencional, o teatro de vanguarda, o teatro de grupo, aí há uma grande diferença entre o trabalho do ator e aquele do diretor. Não quero dizer, evidentemente, que seja quem for que exercita a profissão de diretor é capaz de ser um espectador de profissão de verdade. Mas o problema é este.

Por que quis tocar com vocês nesse aspecto totalmente artesanal do ofício? Vocês sabem, se se está em um campo de futebol não é preciso jogar *rugby*. E nós hoje estamos no mundo em uma situação em que as pessoas têm um tal sentimento da fragilidade das coisas, que fazem esforços desesperados para aceitar a realidade convencional. Não se trata de estar de acordo com elas no fazer um trabalho convencional, mas de falar com elas com uma linguagem que possam compreender.

Portanto, do meu ponto de vista – digamos aquele de alguém que tivesse vivido na Grécia antiga e se encontrasse hoje na Grécia atual, – não posso falar com as pessoas em grego clássico: quero dizer-lhes as mesmas coisas, mas usando o grego moderno, mesmo se acho que essa língua é um grego tão arruinado quanto o italiano é um latim desagregado.

Quero citar-lhes agora uma velha história contada por Charles Duits. Este apresentava uma espécie de grande instrutor, quase um guru ocidental, dizendo que sabia ensinar às pessoas como levitar. Mas efetivamente o seu verdadeiro objetivo era ensinar-lhes a atravessar a rua durante o horário de pico. Era a *belle époque*, um período muito longínquo, digamos ainda antes dos anos sessenta. Naquela época, para ensinar as pessoas a atravessar a rua durante o horário de pico, era preciso ensinar-lhes a levitação. Se não, não teriam querido trabalhar com vocês: "Mas o que nos ensina? A atravessar a rua, é ridículo...". Nos novos tempos, se quiserem ensinar uma pessoa a levitar devem trabalhar com ela ensinando-a como atravessar a rua durante o horário de pico.

Hoje há uma tal ruptura de toda confiança, um tal sentido de insegurança, que se quer aprender só as coisas consideradas concretas e precisas. Então se eu digo a uma pessoa: quero ensinar-lhe como caminhar com a perna esquerda de maneira perfeita e eficiente, ela se esforçará, trabalhará comigo, poderá até mesmo obter uma certa transcendência. Mas só porque pensa em trabalhar sobre o movimento da perna esquerda.

Portanto, nesse novo mundo é preciso falar com uma linguagem técnica. É a nova linguagem. Por esse motivo decidi falar-lhes dos detalhes técnicos do ofício de observador. Estou consciente de que entre vocês há sobreviventes da *belle époque* dos anos sessenta ou pouco depois: você se movimentam em seu país como se fossem dinossauros, como seres de outros tempos. Mesmo assim, penso que também para vocês é muito importante saber que o seu conhecimento de dinossauros, que em muitos casos é um conhecimento bem precioso, pode ser transmitido só em uma linguagem técnica. Não podem fazê-lo em uma linguagem filosófica, ideológica, social, e – ousaria dizer – nem na linguagem das relações inter-humanas. Mas em maneira técnica podem fazê-lo. Isso significa que vocês devem fazer esforços para tornarem-se dinossauros extremamente competentes no sentido do ofício. Em suma, o diretor que começa o seu trabalho é quase sempre um grande amador. Se é um ator, mesmo um ator notável, é ameaçado pelo perigo de aplicar a sua técnica específica de atuação aos outros atores. Isso não é perigoso no interior das formas teatrais clássicas, por exemplo aquelas orientais, porque ali não há criação da personagem; recebe-se a personagem como de herança. Mas no teatro ocidental como existe hoje isso é muito perigoso.

    O diretor é alguém que ensina aos outros algo que ele mesmo não sabe fazer. Mas exatamente, se sabe: "eu não sei fazer isto, porém sou um espectador", neste caso pode vir a ser criativo. E pode tornar-se até mesmo um técnico, porque nisso há uma técnica precisa e complexa. Só que não se pode receber essa técnica em escola alguma, a aprendemos só com o trabalho.

    Há diretores, por exemplo, que pegam um texto escrito, uma peça e constroem uma sua ideia de realização. Isso quer dizer que constroem no seu intelecto a imagem que deve ser realizada. Nesse caso, trata-se sempre do teatro de um filólogo, em suma, de algo que no melhor dos casos chega a uma espécie de tratado sobre o que seja, por exemplo, *Hamlet* como tragédia. Aqui há um profundo mal-entendido porque, dado que há mil livros a respeito de *Hamlet* que dizem qual seja o verdadeiro *Hamlet*, não há uma só concepção que possa representar o *Hamlet* objetivo. Em primeiro lugar portanto não se pode separar *Hamlet* do ator que o representará. Mas como pode o diretor conhecer realmente o potencial do ator? Pode saber quais foram os êxitos daquele ator em outros espetáculos. Então esse tipo de diretor impele o ator a repetir aquilo que fez nos seus êxitos precedentes. No quadro de uma estrutura inventada de maneira especulativa que o diretor considera como a sua concepção, este pensa ter algo para impor aos outros atores e aos espectadores. Ele sabe melhor do que ninguém o que é *Hamlet*; não o *Hamlet* daquele ator ou dele mesmo, mas *Hamlet* em si. Fará transmitir essas ideias reveladoras aos espectadores, e se os espectadores compreenderem essas ideias, as aplicarão na vida, e isto mudará a sociedade...

    Mas o diretor pode aproximar-se do texto, mesmo do texto escrito, com a atitude de quem quer ver coisas apaixonantes, que verdadeiramente quer não se entediar nem durante os ensaios, nem durante o espetáculo, que quer verdadeiramente ver algo de excepcional, de extraordinário. Já quando lê o texto, há nele uma espécie de filme interior sobre certas potencialidades, como o sonho de um espetáculo fascinante. Este sonho não é demasiadamente rico em detalhes: alguma coisa se refere aos atores que podem eventualmente fazer certos papéis; alguma outra coisa, ao espaço onde o espetáculo se desenvolverá; alguma outra coisa, a si mesmo, ao contexto da sua vida, a sua necessidade de pagar as suas contas. E ao mesmo tempo pensa nos espectadores que são como ele (vocês podem dizer que não deveria pensar em espectadores como ele, que é uma coisa muito egoísta. Sejam egoístas. Para criar, sejam egoístas, façam as coisas para os seus espectadores, para as pessoas com as quais vocês têm relações profundas e *contra os outros!...*). E ele tem também a visão de como colocar armadilhas para os espectadores que não ama. A esse propósito, me lembro de Swinarski, um grande diretor polonês, enquanto preparava um breve texto de Wyspiański. Era um período muito interessante. Todos pensavam que nós fôssemos adversários, por causa da concorrência entre nós na Polônia e no contexto internacional, enquanto nós éramos ótimos amigos. Tínhamos, várias vezes ao ano, momentos certos para nos encontrar, e então fazíamos a nossa troca de informações. Eu lhe dizia: "Konrad, aproximaram-se de mim tais e tais pessoas que me disseram que você é um porco imundo, o que é justificável; mas infelizmente com essas outras pessoas eles estão preparando uma ação contra você; e eu fui convidado a participar dessa ação". E eu recebia dele presentes análogos. Nós nos encontrávamos em um apartamento que não era oficialmente seu, e que ele tinha alugado de pessoas que trabalhavam no exterior. Naquele apartamento, isolado de todos para não ser perturbado, ele trabalhava preparando os esboços para as suas direções, e nós discutíamos juntos detalhes do nosso trabalho. Portanto, nesse breve texto de Wyspiański, havia um momento em que uma moça devia fazer o sinal da cruz. Swinarski tinha feito um desenho disso, mas me mostrou também diretamente o gesto: levantou-se, fez o sinal da cruz pondo porém as mãos sobre o seu sexo em vez de sobre o peito e me disse: "quero fazer-*lhes* isso". Eu estava muito maravilhado. Em quem terá pensado? Nos espectadores que não amava e que talvez sejam os espectadores carolas demais (demais, não um pouco. Um pouco carolas vai muito bem).

Acho que foi Jan Kott que falou de *Os Antepassados* de Mickiewicz realizado no Teatro Laboratório, dizendo que eu aplicava aos espectadores a psicomaquia, isto é, a ação extremamente dúbia de atraí-los e de atacá-los, não no sentido de tocá-los fisicamente, mas atacando com uma certa discrição os estereótipos que eles amavam. Vocês se lembram daquele fragmento de *Apocalypsis cum figuris* em que o

Inocente, que é fortemente associado à figura de Cristo, tem uma cena de amor com Maria Madalena. Há então um momento de contato, um modo de tocar-se em uma ação que, se se recorda que o Inocente se assemelha a Cristo, para certas pessoas resulta verdadeiramente escandalosa. Não é escandalosa para mim, mesmo porque eu tenho uma grande estima por Cristo.

Como foi realizada aquela cena? Sobre aquele jogo de amor foi imposta uma forma secundária: Maria Madalena era um arco e desse arco o Inocente atirava flechas. Essas flechas alusivas partiam em direção a Staszek, que era João, e estava correndo sem sair do lugar. Corria como um cervo, mas ao mesmo tempo o barulho dos seus passos era o ritmo de um ato amoroso, do caminho rumo ao ápice de um ato amoroso. E exatamente no momento do ápice a flecha partia.

Aqui temos vários elementos: uma ação quase naturalista de amor entre o Inocente e Madalena, mas dentro do quadro de uma forma de arco e flecha com um outro elemento que pode chamar a atenção dos espectadores, isto é, um cervo que corre. Mas esse cervo que corre faz o barulho (o ritmo) do ápice de um ato de amor...

Antes de tudo, o que fiz como espectador foi dispersar a atenção dos espectadores. Disse a mim mesmo: "Seria belo ver tudo isso sem vê-lo". E para eles, os espectadores que chegam, é ainda mais importante, porque podem estar sujeitos a vários mal-entendidos: pensar, por exemplo, que se trate de uma coisa blasfematória em sentido completamente banal – não daquela grande blasfêmia que poderia constituir o valor dela, mas de uma pequena blasfêmia mesquinha. Então disse a mim mesmo: "É preciso que a ação flutue". Vejo aquele momento de contato e quando me pergunto o que fazem já vejo o arco. Não tenho mais sequer certeza de ter visto aquilo que acontecia uma fração de segundo antes. Isso se repete, começa a trabalhar-me, mas agora já vejo o cervo que corre. Portanto, como no texto de Racine, em que há um ato erótico transposto na história de uma caça ao cervo. Mas não! porque há aquele ritmo que me joga de novo em uma alusão quase naturalista. Mas quando estou tomado por essa alusão, encontro de novo o arco ou a parada do cervo, que é uma forma muito esculpida e provoca portanto repentinamente algo como um efeito estético.

Quando olho essa cena, não posso saber no fim se houve ali algum jogo erótico ou não. No fundo de mim mesmo eu sei e cada um sabe que se trata de uma cena de amor entre o Inocente e a Mulher. Mas não é certeza que essa ação tenha tido lugar. Muda todo o tempo, flutua. É algo de semiconsciente que registra a cena.

Esse é um caso especial e bem raro, muito difícil de realizar, mas que mesmo assim toca um dos problemas essenciais do ofício do espectador, isto é, do diretor que olha: aquele de ter a capacidade de guiar a atenção; a própria e também a dos outros espectadores que chegarão. No caso que acabei de descrever, tratava-se na realidade da capacidade de dispersar a atenção dos espectadores. Mas mais frequentemente o problema é guiar, concentrar a atenção do espectador. Isso é difícil de entender para muitos diretores, sobretudo para aqueles que começam a exercer o ofício.

Talvez para compreender esse problema seja preciso ver documentários do mesmo espetáculo, um feito com uma câmera imóvel, o outro realizado de maneira muito mais sofisticada, com uma câmera que pegue os detalhes. Uma outra possibilidade seria assistir a um espetáculo teatral e ver depois um bom documentário sobre esse mesmo espetáculo, efetivamente complexo e detalhado. Quando vocês realizam um documentário, o primeiro problema com o qual vocês se deparam é o da escolha dos detalhes. Podem apresentar a cena em plano geral mas depois devem pegar com a câmera uma parte da cena, um ou dois personagens, ou mesmo um detalhe muito simples, uma mão e uma parte do corpo de um ator que na ação está em relação com uma parte do corpo de um outro ator et cetera. Isso significa que o espectador do documentário já dispõe de um itinerário da atenção.

Reparem: um itinerário da atenção. Olhe aqui, este plano geral, este detalhe, este personagem, este fragmento do ator, este fragmento de um e de um outro ator, de novo este plano geral...

Se não for assim, o documentário se torna completamente confuso. Isso por várias razões, porque a tela é mais plana e menor do que a realidade e porque a ação das pessoas vivas é completamente diversa daquela em imagens. Quando vocês fazem um documentário de um espetáculo, constroem necessariamente um itinerário da atenção do espectador. Mas têm a mesma obrigação também quando fazem um espetáculo, exatamente a mesma obrigação. Exceto os casos precisos como aquela cena entre Maria Madalena e o Inocente, na qual havia certamente um elemento de itinerário, mas destinado a *dispersar* a atenção, vocês devem estar muito conscientes de para onde querem *dirigir* a atenção do espectador durante a ação. Esse é um âmbito totalmente análogo àquele do prestidigitador que, para esconder a operação-chave, guia todo o tempo a atenção do público.

Tomemos um exemplo muito simples. Em primeiro plano encontra-se uma pessoa que diz uma espécie de introdução, dá informações, mas não está ainda verdadeiramente no espetáculo. Porém, é necessário que essas informações sejam transmitidas aos espectadores. E em segundo plano temos já a ação que começa. Então o diretor se diz: "sim, é uma bela associação – o ator informador apresenta aqui, e lá os outros agem". Mas na verdade se engana. Quando o espectador vê realmente a ação em segundo plano, não escuta mais, não compreende mais a informação, inversamente, se está concentrado no informador, não vê aquilo que acontece em segundo plano. As soluções possíveis neste ponto são muitas. Entre outras, esta: o que deve fixar a atenção do espectador é a pessoa que dá as informações. E atrás dela há uma ação. Ela deve ser percebida, deve existir, mas não deve fixar a atenção. Se para atingir este objetivo vocês diminuem a luz, é um fracasso total porque todos quererão ver o que acontece na obscuridade. Então a ação deve ser extremamente simples e repetitiva. Sem surpresas. Antes que o ator que dá as informações comece, ou melhor quando já se apresentou, porque o fato de apresentar-se chama de toda a maneira a atenção, os outros atores em segundo plano começam essa ação mais ou menos repetitiva, sem surpresas. Ela pode ter uma composição formal e rítmica bastante desenvolvida, mas monótona e simples. Portanto, depois da primeira frase, o informador se encontra quase em suspenso, como se procurasse lembrar-se da sequência; e então os espectadores percebem que algo começa lá embaixo no fundo. Veem aquilo e em um segundo reconhecem o que acontece. E, portanto, quando o informador recomeça, a atenção dos espectadores volta para ele, e se se arreda dele é só por breves períodos, com o objetivo de verificar se em segundo plano há sempre a mesma ação repetitiva.

A outra solução é a da alternância. Isso significa que quando a atenção deve ser levada ao informador, os atores em segundo plano devem estar empenhados em uma ação tão sutil que sugira que eles esperam em vez de fazer alguma coisa. Depois o informador para e a ação retoma em segundo plano. Em um momento subsequente, em segundo plano, a ação não para propriamente, mas é como se o movimento atingisse um repouso. Nesse ponto de novo recomeça o informador...

Assim funciona bem. Pena que seja banal. Por que é banal? Se o diretor olha durante os ensaios o que fez, se é verdadeiramente um diretor que ama ser testemunha de coisas fascinantes, ele se diz: "sim, é claro, mas não há revelação nisto". Por que não há revelação? Porque não há mistério, não há segredo. O problema não é inventar algo de misterioso; porque se se inventa isso, se trata simplesmente de coisas estupidamente bizarras; mas há aí todo um *inter mundus* entre ver aquilo que existe e não o ver. Assim, por exemplo, em vez de justapor simplesmente as sequências, elas poderiam se justapor parcialmente. Isto quer dizer que o informador tem ainda a iniciativa mas já em segundo plano emerge alguma coisa. A ação em segundo plano ainda está se desenvolvendo mas o informador já recomeça a falar e assim por diante. A atenção do espectador está dividida, ele vê sem ver e escuta sem escutar. Isso é completamente diferente da primeira e da segunda versões.

Naturalmente não estou dizendo que esta seja a única solução, há milhares delas. Digo a vocês somente que o itinerário da atenção do espectador pertence ao nosso ofício. Se alguém é diretor e trabalha com os atores deve ter uma câmera invisível que filma sempre, dirige sempre a atenção do espectador em direção a algo. Em certos casos, como o prestidigitador, para desviar a atenção do espectador e em outros, ao contrário, para concentrá-la.

Em um outro caso, o diretor direciona a atenção do espectador para fazê-la saltar. Em um ponto há uma ação muito precisa de dois atores. Em um outro, em um certo momento, se acende uma luz. A atenção salta para lá, em direção à luz. Imediatamente ela volta para cá, mas o espaço está vazio, ou acontece uma coisa completamente diversa, ou é a mesma ação mas trinta anos mais tarde...

Esse é um dos modos da montagem que infelizmente é completamente desconhecido no trabalho do diretor: a montagem por meio do itinerário da atenção. Mas mesmo a montagem de sequências à maneira do cinema, como falou Eisenstein, na realidade só pode ser vista no teatro se o diretor for competente. O princípio é este. Vocês elaboraram ações precisas com os atores e, em um certo momento, vocês cortam um pedaço da primeira ação e a colocam em conexão com o fragmento de uma outra ação. Assim obtêm uma montagem das sequências, com todas as leis que nela agem segundo Eisenstein.

Isso é importante sobretudo quando se quer passar da improvisação para o espetáculo. Logo se encontra o primeiro obstáculo: saber fixar a improvisação. Esse é um tema vasto demais para poder ser apresentado aqui. No entanto é preciso saber tomar nota do corpo durante a improvisação. Quando digo corpo falo também da voz, da entonação, do canto, de todas as ações que o ator faz. Portanto também a alma e o espírito, tudo. Mas dado que a alma é sua, se eu trabalho com vocês, para mim ela é como fumaça, não posso esculpi-la por dentro. Não poderei nunca saber verdadeiramente o que seja, a sua alma, quanto ao seu espírito, posso apenas supor, em certos casos individuais, que exista. Assim devo concentrar-me nas coisas que se podem fixar fisicamente, mas com grande exatidão, sem perder nenhuma das motivações que tem o ator. E portanto sem perder a alma e nem o espírito, se estão no seu lugar.

Portanto em primeiro lugar é preciso fixar a improvisação. Mas se se trabalha com a improvisação para fazer um espetáculo, isso dura frequentemente anos. E o material fixado pode durar vinte ou quarenta horas. E assim vocês devem passar pela montagem: cortar, cortar, cortar. E, frequentemente, de maneira totalmente consciente, vocês fazem conexões paradoxais como na montagem cinematográfica "nobre". E aqui aparece de novo um problema, porque vocês não lidam com uma película que podem simplesmente cortar quando quiserem na moviola. Vocês são obrigados a cortar fragmentos da atuação dos atores, mas de tal maneira que eles não percam as motivações, o fluxo interior daquela sequência.

Há várias subtécnicas para fazê-lo. Por exemplo, vocês têm um fragmento que pertence a uma sequência de improvisação que tem por si só um início e um fim. Mas vocês precisam só de um pequeno pedaço de alguma parte no meio dela. Então, recomeçando várias vezes a sequência que precede o fragmento que querem cortar fora, a transformam com os atores em uma preparação.

Concretamente: na sequência que não é necessária, o ator faz um discurso cheio de sentimento a seu filho por todas as bobagens que este cometeu. Durante essa sequência, ele se levanta, se movimenta, bate o punho na mesa, muda as mãos de lugar e assim por diante. Então vocês lhe dizem para fazer as mesmas coisas quase sem se movimentar, procurando só *começar* dentro do corpo os pequenos impulsos em direção a esses movimentos. Assim, por exemplo, em vez de bater o punho na mesa, mostre a vocês somente um pequeno impulso do ombro. O ator começa esses pequenos impulsos, mas quase sem mover-se. Se nessa sequência dizia algo, o ator no início faz esses pequenos impulsos deixando correr o texto. Depois começa a dizer essas frases na mente, sem pronunciar as palavras, na sua cabeça, e quando chega àquele fragmento que precisa realizar, o faz porém em plena ação. Tal preparação, na verdade quase estática, eu diria caracterizada por uma retenção dos impulsos, ou por impulsos contidos, não o colocará de modo algum em uma posição difícil para começar. Ao contrário, será como uma catapulta que o lança. O paradoxo é que, uma vez acabado aquele fragmento, deverá terminar sempre com impulsos contidos, o resto da sequência que não será utilizado. Porque se na primeira vez é parado no fim do fragmento necessário para a montagem, fará isso bem. Mas na segunda vez, saberá já que não existe a continuação e todo o fragmento mudará de perspectiva. Se eu sei que depois de ter me movimentado de uma certa maneira corro, me movimento em relação ao fato de ter que correr depois. Mas se sei que depois não devo mais correr, a perspectiva muda e modifica também o primeiro movimento. Mas esta é somente uma das subtécnicas úteis para separar um pedaço de improvisação.

Para colocar depois esse fragmento em conexão com outro sem perder o seu elã vital é preciso uma técnica especial, que é já rara no teatro, se bem que esta seja uma montagem de nível muito elementar: a montagem de sequências. Mas há uma outra montagem que é verdadeiramente sofisticada. É aquela que passa *unicamente pelo itinerário da atenção*. Voltemos ao exemplo que lhes dei anteriormente. Lembro-me de ter realizado de maneira bastante semelhante o fim de

Sakuntala no Teatro Laboratório em Opole. A ação representa um casal de enamorados. Eles serão mostrados, quando toda a história tiver chegado a sua bela solução, como pessoas já velhas. Não há mais o fascínio da juventude, não há mais aquela energia, como quando Eros os conduzia. Tudo é muito velho. É a mesma ação, o casal de enamorados; eles se mantêm na mesma posição e dizem o mesmo fragmento de texto, mas já com uma voz de velhos. Nós podemos realizar isso muito simplesmente segundo a montagem número um. Isto é, a ação do casal para, em uma certa posição, e eles começam a ação dos velhos mudando o corpo, a atitude, a voz, embora conservando a posição de início. Para mim essa montagem número um nunca poderia dar certo, seria banal. Suponhamos que eles estejam, ao contrário, na metade de sua ação e que uma luz apareça do outro lado. Deve haver uma razão natural para isso, e absolutamente não algo que tenha um efeito absurdo. Digamos por exemplo que alguém acende uma lamparina: basta isso. Há aquele fogo que tem uma força de atração. Olha-se a luz mesmo escutando ainda o diálogo que continua. Sim, reconhece-se que é simplesmente uma lamparina. Olha-se de novo para o outro lado, mas agora há dois velhos a terminar a mesma frase que já tinha sido dita pela metade quando aparecera a luz. É como nos contos populares. Uma menina saiu de casa e se perdeu no bosque, encontrou uma bruxa, foi levada de volta para casa. Entra e não há ninguém que a reconheça. Há outras pessoas, ela as interroga, pronuncia o nome de seu pai e de sua mãe mas ninguém sabe nada deles. Então fala de seu irmão, de sua irmã e, àqueles nomes, alguém diz: "Ah, sim! Moravam aqui há cinquenta anos atrás". Vejam, é assim; no breve momento em que o espectador distraiu a sua atenção, passaram-se quarenta anos na ação. Essa é a montagem número dois. Fazer a montagem por itinerário da atenção é maestria da cena.

Os diretores não são todos instrutores de atores. Podem ser grandíssimos diretores, perfeitamente senhores da encenação, sem saberem, por exemplo, ensinar a um ator a técnica da voz – por exemplo, porque não têm interesse algum nisso. Era o caso, por exemplo, de Swinarski. Ele sabia agir maravilhosamente com os atores em nível psicológico e do imaginário; sabia armar um complô com cada um dos atores durante os ensaios. Mas nunca procurou propor um certo tipo de treinamento, de exercícios, de desenvolvimento vocal; não era o seu trabalho. Mas como espectador de profissão era genial. E é desse aspecto que estou falando, não das metodologias de formação de atores.

O diretor tem uma primeira visão do espetáculo quando lê o texto, dado que quer ser um espectador fascinado. Mas essa é também uma questão entre ele e os seus irmãos espectadores, e os seus inimigos espectadores (Como Swinarski que fez várias coisas para os seus amigos espectadores e também – por exemplo com aquele seu terrível "sinal da cruz" – para os seus inimigos espectadores, e para mim, como me disse). Portanto o diretor deve tirar dessa visão ainda confusa, que não é a concepção mas o sonho de um espetáculo, certos primeiros planos de trabalho. Deve necessariamente traduzir aquilo em termos precisos: quais atores? quais espaços? Deve ter um projeto. É inevitável. Se for muito estúpido, depois vai se ater ao seu projeto. O projeto é necessário para dar a partida no trabalho; mas depois chegam as coisas desconhecidas, dos atores emergem coisas ignotas, ao diretor mesmo chegam novas associações, os objetos mostram novas funções possíveis.

A propósito disto abro um parêntese. No teatro tradicional o espaço dos atores é bem equipado, mas nunca o palco. No palco podem existir máquinas, mas só porque servem para o público. Mas na maioria das vezes os atores trabalham em condições penosas e até mesmo sem os objetos que devem utilizar. Só no final, no ensaio geral, recebem os objetos: isso é completamente idiota. Se recebem os objetos a partir do primeiro projeto do diretor, tudo é diverso. Tomemos um exemplo: uma mesa – agora eu penso na mesa do *Doutor Fausto*, de Marlowe, que montamos quando estávamos ainda em Opole. Todos os espectadores eram acomodados atrás de duas grandes mesas. Era a última cena de Fausto, em que ele apresenta os acontecimentos da sua vida como os pratos de um banquete, antes de cair nas mãos daquele senhor que agora governa a terra. Portanto há a mesa. Eu olho a mesa, olho o monge encapuzado que pede a Fausto a sua confissão. Não há um confessionário, mas no fim eu sinto, por causa da minha educação e do meu contexto, que uma verdadeira confissão deve ser feita em um confessionário, se não for um pouco falha. Não temos um confessionário mas podemos colocar daquele modo a mesa, colocá-la na vertical. O monge está de um lado e Fausto fala do outro. Então a mesa se torna um confessionário, como em um outro momento se torna um navio, uma senda no bosque, ou outras coisas ainda. Não se pode inventar isso antes. Veem-se os objetos e estes começam a se apresentar. Vocês talvez se lembrem de Iben Rasmussen em *As Cinzas de Brecht*, em ação com as tesouras que se tornam um sinal de alarme.

A mesma coisa vale para os figurinos. Se são um pouco mudados, eles se tornam completamente outra coisa. Portanto essa transformação dos objetos ou das funções dos objetos é um elemento muito importante do trabalho. São coisas que aparecem e que modificam o projeto inicial. Evidentemente porém o que altera mais o projeto inicial é aquilo que emerge dos atores. Mas as duas coisas andam juntas.

O espectador de profissão olha; mas como é que ele realiza a sua intervenção? Mas sim, há uma confissão e nenhum confessionário e, com as coisas que há, se muda. Acontece. Há uma vestimenta pessoal que se torna uma túnica de monge só porque se desloca um pouco alguma coisa. Porque eu, como espectador de profissão, olho algo e acho chato aquilo que acontece, não me encanta, no sentido mágico do termo. O que posso mudar? Ou tentar? Como posso impulsionar o ator? Então o projeto inicial começa a evoluir, a evoluir... e finalmente a coisa vai muito longe com relação àquele projeto, e começa a perder-se.

Então se olha. Se se tem a impressão de que já acabou, que já está em um estado em que é preciso bem rapidamente convidar a concorrência, isto é, os outros espectadores, nesse caso não é preciso se preocupar porque o material é móvel, como a massa do pão que começa a subir. Porque nesse ponto é preciso começar a montagem. E para montar é necessário pensar de maneira muito disciplinada. Isto é, fazer a primeira montagem, fazer a escolha dos cortes, do que depende se o projeto que nascerá vai ser coerente, ou se vai se perder do todo. E para poder aplicar então a segunda montagem, aquela do itinerário da atenção, é preciso já estar completamente pronto com a primeira e é preciso saber que está dando completamente certo – mas não até o fim. Agora é preciso fazer a coisa verdadeira. Finalmente temos o material, não estamos mais na obscuridade, agora o problema é fazer a coisa verdadeira. Agora o mínimo pequeno impulso que seguimos se torna importante. Se uma pessoa tem um impulso e outra tem um outro, como funciona o itinerário da atenção? Estamos frente à obrigação do perfeito domínio.

E se não estiver ainda pronto para a chegada da concorrência? Então o diretor deve olhar de novo o material que lhe passa diante e dizer-se: é como uma alusão a uma coisa possível que ainda não chegou. É como se toda a ação fosse uma tela que é preciso retirar para ver a verdadeira ação. E portanto começa de novo a colocar-se nesse caminho do sonho vigilante e consciente, e com todo este material ainda uma vez, inicia um projeto. Como poderia ser? Talvez... Talvez...

Para falar dos diversos elementos do ofício seria necessária uma enorme quantidade de tempo; mas para acabar quero dizer-lhes agora uma coisa que vocês podem não acreditar nem um pouco, mas que mesmo assim é absolutamente verdadeira. Em todos os períodos do meu trabalho no Teatro do Espetáculo, no Teatro da Participação e no Teatro das Fontes, em todo o meu trabalho, as coisas mais importantes apareceram quando eu era apenas testemunha do nascimento de uma possibilidade, como uma revelação desconhecida.

Talvez isso seja mais fácil de explicar com um exemplo tirado do Teatro do Espetáculo. Trabalha-se como diretor com algum ator.

Procura-se uma vez, duas vezes um certo fragmento: funciona, não funciona... Então dizemo-nos que é preciso recomeçar ainda, e ainda, e ainda. O que é necessário é a paciência. É importantíssimo o modo como o diretor olha e escuta. Muito frequentemente o diretor ama perturbar o ator cortando-o na metade de sua ação. Antes que o ator possa fazer algo até o fim, já é cortado. Por que o diretor corta? Porque o ator não faz aquilo que ele imagina. Mas assim pode somente matar as possibilidades do ator.

Lembro-me do período de trabalho sobre *Samuel Zborowski*, uma peça que evoluiu através de várias encarnações até *Apocalypsis cum figuris*. Foi um trabalho muito preciso e muito longo, que durou três anos. Eu fiquei mais de cinco meses sentado olhando os meus colegas sem pronunciar uma palavra. Mas eles sentiam muito bem como eu os olhava. Entendiam que os olhava porque esperava de cada um deles o máximo e não queria ver as coisas que já sabiam fazer. E portanto não valia a pena dizer: não chegamos ainda. Era melhor não dizer nada e ficar olhando. Até o momento em que *A Coisa* chega. Evidentemente então chegou. Conosco havia um jovem pesquisador do C.N.R.S. de Paris que estava escrevendo uma tese a respeito de *O Príncipe Constante*, de que tinha visto porém só o espetáculo e que naquele momento assistia aos ensaios do novo trabalho. Quase no momento em que, depois de cinco meses, o meu silêncio acabaria, aquele jovem pesquisador, um tipo muito simpático e inteligente, devia partir de novo para a França. Então me puxou de lado e me disse: "Desculpe-me, poderia me dizer como o senhor faz finalmente as suas direções?". E então eu olhei para ele e lhe respondi: "Olhando". E ele replicou: "Mas o senhor não faz nada". Então eu lhe respondi: "Sim, mas espero que o espetáculo se faça". Ele partiu e depois de algum tempo retornou à Polônia para visitar-nos e assistiu a *Apocalypsis cum figuris*. Perguntou-me depois: "Mas quando o senhor fez este espetáculo?". "O senhor estava presente durante os ensaios". E ele me repetiu: "Mas o senhor não fez nada". "Já lhe disse, espero que o espetáculo se faça".

Durante os ensaios eu espero, não corto, não explico nunca como gostaria de ver a ação. As palavras do diretor são, magicamente, palavras de poder. Devem empurrar. O problema não é explicar de maneira teórica ou descritiva, porque cada um de nós se vê de modo diverso de como é visto do exterior (da mesma forma que nós não reconhecemos a nossa voz reproduzida no gravador). Assim é necessária uma outra capacidade de lançar observações: as observações que empurram. Por exemplo, olho uma nova sequência que os atores ensaiam e descubro que eles fazem algo que não tem relação alguma com o projeto do espetáculo. Olho então e me digo que é formidável! Há, porém, uma pequena voz em alguma parte dentro de mim que diz:

"Mas olhe, não pode servir para você. Não tem relação alguma com o que vocês fazem. Sim, sim, é extraordinário mas está completamente fora daquilo que vocês fazem!". Então eu digo àquela pequena voz: "Mas fique quieta! Quero ver esta coisa até o fim".

É daí que as coisas emergem de verdade; é nisso que o nosso trabalho se desenvolve sempre *hic et nunc*, em cada momento dos ensaios. E aí está o valor. Se hoje, sexta-feira, à hora tal, o milagre dos atores emerge, se isso emerge, então eu sou o espectador e olho, estou fascinado. O problema não é absolutamente se servirá para alguma coisa ou não. Hoje aquilo existe e isso é importante. O que sucederá depois? Será esquecido talvez. Será esquecido, mas as marcas permanecerão em nós. Não trabalhamos assim na verdade, no sentido da arte e da vida? Isto mudará, talvez, toda a perspectiva do espetáculo, mesmo se em sentido indireto. Assim aconteceu com *Apocalypsis cum figuris*, quando um dia, enquanto ainda trabalhávamos sobre *Samuel Zborowski*, Antek começou a fazer algo que era completamente fora do contexto. E eu quis somente, com todo o fascínio que sentia por aquilo que estava acontecendo, resolver a questão: mas o que está fazendo?... Certamente é o pope! O padre ortodoxo e, além do mais, russo! Assim me chegou o Grande Inquisidor como um pope russo, enquanto não existiam ainda nem o Inocente, nem Cristo. Então Antek, estimulado por mim, colocou em pé um "complô", e começou a manipular os seus colegas para que um deles fosse colocado na situação do Salvador. Então tudo mudou.

Em outros casos descobre-se que *aquilo* encontra lugar no espetáculo, que o tínhamos até mesmo previsto. Mas pouco importa se encontra lugar ou não, porque aquele foi o momento de tocar o verdadeiro segredo do trabalho. Apresentou-se a mais alta noção de criatividade do nosso ofício. E isso não fica nunca sem resultado, mesmo se não é meu problema saber exatamente como. Assim é *hic et nunc* no nosso campo. Se o diretor não olha como quem pode ser fascinado por uma possibilidade desconhecida, mesmo só por aquele dia, só por aquele momento, ficará sempre no nível limitado e banal das próprias concepções.

O Diretor Como Espectador de Profissão
Transcrição de uma intervenção feita em Volterra, em 1984, por ocasião de um encontro organizado pelo centro de cultura ativa Il Porto sobre "A Arte do Espectador".
Texto publicado, sob os cuidados de Ugo Volli, em *Teatro Festival*, n. 3, Aprile 1986.
Texto original em italiano.

Jerzy Grotowski

Da Companhia Teatral à Arte Como Veículo

I

Quando falo de "companhia teatral" quero dizer teatro de *ensemble*, o trabalho a longo prazo de um grupo. Um trabalho que não é ligado de algum modo específico a concepções de vanguarda e que constitui a base do teatro profissional do nosso século, cujos inícios remontam ao final do século XIX. Mas podemos também dizer que foi Stanislávski que desenvolveu essa noção moderna da companhia como fundamento do trabalho profissional. Penso que começar por Stanislávski seja correto porque, qualquer que seja a nossa orientação estética no âmbito do teatro, compreendemos de algum modo quem tenha sido Stanislávski. Não fazia teatro experimental ou de vanguarda; conduzia um trabalho sólido e sistemático sobre o ofício.

Mas o que havia antes do teatro de conjunto? Podemos imaginar, no século XIX, sobretudo na Europa central e oriental, certas famílias de atores em que, por exemplo, o pai e a mãe eram atores, o velho tio era diretor, mesmo se na realidade a sua função se limitasse a indicar aos atores: "você deve entrar por esta porta e sentar-se naquela cadeira", além disso cuidava dos detalhes dos figurinos e dos acessórios quando era necessário. O sobrinho era ator e, quando se casava, a mulher também tornava-se atriz; se depois chegava um amigo, se unia à família teatral.

Essas famílias tinham um brevíssimo período de ensaios, mais ou menos cinco dias, para preparar uma novidade. Assim os atores daquele tempo tinham desenvolvido uma memória prodigiosa: aprendiam o texto com grande rapidez e em poucos dias eram capazes de dizê-lo de cor. Mas, visto que às vezes se confundiam, era necessário o ponto.

Se observo aquele período à distância, penso que não era tão mal o trabalho daquela gente. Não eram capazes de elaborar todos os detalhes de um espetáculo, mas sabiam que os detalhes deviam estar presentes. Além do que, conheciam as situações dramáticas que deveriam aparecer e sobretudo sabiam que tinham de encontrar o modo de ser *vivos* através do seu comportamento. Desse ponto de vista, considero que o que faziam seja muito melhor do que ensaiar quatro ou cinco semanas; porque quatro ou cinco semanas são bem poucas para preparar a verdadeira partitura do papel e são demasiadas para tentar captar a vida dele unicamente improvisando.

E quanto tempo é preciso ensaiar?

Depende. Stanislávski frequentemente ensaiava por um ano e chegou até a trabalhar na mesma coisa por três anos. Também Brecht trabalhava por longos períodos. Mas existe algo como a duração média. Por exemplo, na Polônia dos anos sessenta, o período normal de ensaio era de três meses. Para os jovens diretores que preparam o seu primeiro ou segundo espetáculo, pode ser oportuno ter diante de si uma data definida para a estreia, dispondo de um período relativamente breve para os ensaios, por exemplo, de dois meses e meio. De outro modo, podem abandonar-se a um desperdício de tempo. No início do seu trabalho artístico, eles estão repletos do material recolhido no decorrer da vida, material que não foi ainda canalizado nas obras.

Por outro lado, certos diretores aparentemente experientes admitem que, ao final do período estabelecido de quatro semanas, não sabem mais o que fazer. Eis o problema. Falta a cognição do que seja o trabalho com o ator e sobre a encenação. Se querem obter em um mês os mesmos resultados que antes as famílias de atores obtinham em cinco dias, é lógico que, bem cedo, não se saiba mais o que trabalhar. Os ensaios se tornam sempre mais sumários. Qual é a causa? A comercialização. As companhias teatrais desaparecem, cedendo lugar à *indústria* do espetáculo; sobretudo nos Estados Unidos, mas sempre mais também na Europa. Os teatros se tornam agências que contratam o diretor, o qual, por sua vez – sozinho ou com o responsável pela escalação do elenco (*casting director*) – escolhe, entre dezenas ou centenas de candidatos, os atores para a estreia programada; então começam os ensaios que duram algumas semanas. O que significa tudo isso?

É como cortar o bosque sem plantar as árvores. Os atores não têm a possibilidade de encontrar algo que seja uma descoberta artística e pessoal. Não podem. Portanto, para enfrentar, devem explorar o que já sabem fazer e o que lhes deu sucesso – e isso vai contra a criatividade. Porque criatividade é antes descobrir o que não se conhece. É este o motivo-chave por que são necessárias as companhias. Elas dão a possibilidade de renovar as descobertas artísticas. No trabalho de um grupo teatral deve-se procurar uma continuidade por meio de cada uma das estreias que se sucedem, durante um longo período de tempo e com a possibilidade de o ator passar de um tipo de papel a outro. Os atores devem ter tempo para a pesquisa. Então não é cortar o bosque, mas plantar as sementes da criatividade. É exatamente aquilo que Stanislávski começou a fazer.

Segundo as "leis de fato", a vida criativa de uma companhia não dura muito tempo. De dez a quatorze anos, não mais. Depois a companhia se aridifica, a menos que se reorganize e introduza novas forças; de outro modo, morre. Não devemos ver a companhia teatral como um fim em si. Se a companhia se transforma unicamente em um lugar seguro, atinge um estado de inércia; então não importa mais que haja vitórias artísticas ou não. Tudo se estabelece como em uma empresa burocrática: que continua indo, continua indo e para no tempo. Eis onde está o perigo.

II

Nos Estados Unidos existem numerosos Departamentos de Teatro universitários e alguns são bem grandes. Muitos professores trabalham em nome de Stanislávski procurando, na própria medida, o que Stanislávski indicou, ou afirmando "desenvolver" o que Stanislávski propôs. E aqui nos deparamos com um absurdo. Como é possível estudar Stanislávski por dois ou três anos e preparar uma estreia em quatro semanas (como se faz habitualmente naqueles departamentos)? Stanislávski não o teria jamais aceitado. Para ele, o período mínimo de trabalho em um espetáculo era de diversos meses e só se podia estrear quando a companhia estivesse pronta.

Fora dos Departamentos de Teatro existe uma explicação: a falta de dinheiro. Mas dentro desses Departamentos há, em geral, verbas, mesmo que mínimas e, além do mais, há tempo. Pode-se trabalhar por quatro, cinco, nove meses, um ano, porque se tem tempo. Os Departamentos de Teatro pegam como atores os estudantes de arte dramática (que não são pagos), portanto pode-se trabalhar nos ensaios tanto tempo quanto se deveria. Mas geralmente não se faz isso.

Nos Departamentos de Teatro existe portanto a possibilidade (no âmbito do programa de estudos) de criar algo que poderia funcionar como um grupo teatral; e não por um princípio político ou filosófico, mas por razões profissionais. Não perder tempo com cada nova peça na pretensão de fazer grandes descobertas, mas procurar quais possibilidades existem e como superá-las. Findo um trabalho, estar já pronto para o seguinte.

Em 1964, no meu Teatro Laboratório na Polônia, fizemos um espetáculo baseado em *Hamlet*, considerado pelos críticos um fiasco. Para mim não foi um fiasco. Para mim foi a preparação para um trabalho essencial e, de fato, alguns anos mais tarde fiz *Apocalypsis cum figuris*. Mas para chegar lá eram necessárias as mesmas pessoas, a mesma companhia. O primeiro passo (*Hamlet*) se mostrou incompleto. Não era mau, mas não se realizou até o fim. Porém estava próximo da descoberta de possibilidades essenciais. Depois, com o outro espetáculo, foi possível dar o passo seguinte. Há numerosos elementos ligados ao ofício que exigem um trabalho a longo prazo. E isso só é possível se existe a companhia.

Se se trabalha em nome de Stanislávski, deve-se começar do mínimo que ele requeria: o tempo para os ensaios, a elaboração da partitura do ator e o trabalho no grupo. Ou então voltar às famílias de atores e fazer o espetáculo em cinco dias. Isso talvez seja melhor do que as suas míseras quatro semanas.

III

Passarei agora ao tema seguinte. Nas *performing arts* existe uma cadeia com numerosos elos diferentes. No teatro temos um elo visível – o espetáculo – e um outro quase invisível: os ensaios. Os ensaios não são apenas a preparação para a estreia do espetáculo, são para o ator um terreno em que descobrir a si mesmo, as suas capacidades, as possibilidades de ultrapassar os próprios limites. Os ensaios são uma grande aventura, se se trabalha seriamente. Tomemos o livro de Toporkov sobre o trabalho de Stanislávski, com o título de *Stanislávski nos Ensaios*. É um livro muito importante. Nele vemos que as coisas mais interessantes aconteciam durante os ensaios de *Tartufo*, quando Stanislávski não pensava sequer em fazer dele um espetáculo público. Para ele o trabalho com *Tartufo* era só um trabalho interno para os atores, que ele tratava como os futuros mestres da arte do ator, ou como os futuros diretores, e mostrou-lhes em que consista a aventura dos ensaios.

Fleming não procurava a penicilina, ele e os seus colegas procuravam uma outra coisa. Porém a sua pesquisa era sistemática e eis: apareceu a penicilina. Pode-se falar de modo semelhante com relação aos ensaios. Procuramos algo de que temos só uma ideia inicial, uma certa concepção. Se procuramos com intensidade e conscienciosamente, talvez não encontremos exatamente aquilo, mas poderá aparecer uma outra coisa que pode dar uma direção diversa a todo o trabalho. Recordo a situação, quando no Teatro Laboratório começamos a trabalhar com *Samuel Zborowski*, de Słowacki, e, sem nos darmos conta, mudamos de direção durante os ensaios. Isso porque depois de alguns meses apareceram alguns elementos vivos e interessantes, mas que não tinham nada a ver com o texto *Samuel Zborowski*. Como diretor eu estava do lado daquilo que estava realmente vivo. Não procurava o modo de inseri-lo na estrutura do espetáculo programado, eu observava antes o que teria acontecido se o tivéssemos desenvolvido. Depois de um certo tempo, nos tornamos mais precisos, o que nos levou ao texto "Grande Inquisidor", de Dostoiévski. Por fim apareceu *Apocalypsis cum figuris*. Apareceu na metade dos ensaios do outro espetáculo; poderia dizer que apareceu na semente dos ensaios.

Portanto os ensaios são algo de muito especial. Neles está presente um único espectador, aquele que chamo de "o diretor como espectador de profissão". Então temos: ensaios para o espetáculo e ensaios não de todo para o espetáculo, voltados antes a descobrir as possibilidades dos atores. Na realidade, já falamos de três elos de uma cadeia muito longa: o elo-espetáculo, o elo-ensaio para o espetáculo, o elo-ensaio não de todo para o espetáculo... Isso em uma extremidade da cadeia. Na outra extremidade encontra-se algo de muito antigo, mas desconhecido na nossa cultura de hoje: a arte como veículo, o termo que Peter Brook utilizou para definir o meu trabalho atual. Normalmente em teatro (vale dizer no teatro dos espetáculos, na arte como apresentação) trabalha-se sobre a visão que aparece na percepção do espectador. Se todos os elementos do espetáculo são elaborados e perfeitamente montados (a montagem), aparecerá na percepção do espectador um efeito, uma visão, uma certa história; em alguma medida o espetáculo aparece não no palco, mas na percepção do espectador. Essa é a particularidade da arte como apresentação. Na outra extremidade da longa cadeia das *performing arts* está a arte como veículo, que não procura criar a montagem na percepção dos espectadores, mas nos artistas que agem. Isto já existiu no passado, nos Mistérios dos antigos.

IV

Na minha vida passei por diferentes fases de trabalho. No teatro dos espetáculos (a arte como apresentação) – que considero uma fase muito importante, uma aventura extraordinária com efeitos de longo prazo – cheguei a um ponto em que me desinteressei de fazer novos espetáculos.

Suspendi então o meu trabalho de artífice de espetáculos e continuei concentrando-me em descobrir a sequência da cadeia: os elos depois daqueles do espetáculo e dos ensaios; daí emergiu o parateatro, quer dizer, o teatro da participação (portanto, com a participação *ativa* de gente de fora). Aqui, havia *Holiday – o dia que é santo*: humano, mas quase sagrado, ligado a um "desarmar-se" – recíproco e completo. Quais foram as conclusões? Nos primeiros anos, quando um pequeno grupo trabalhava a fundo sobre isso, por meses e meses, e quando em seguida se uniam de fora só alguns novos participantes, aconteciam coisas no limite do milagre.

Porém quando depois, à luz dessa experiência, fizemos outras versões visando incluir mais participantes – ou quando o grupo de base não tinha passado antes por um longo período de trabalho intrépido – certos elementos funcionavam mas o conjunto decaía bastante facilmente em uma sopa emotiva entre as pessoas, ou em uma espécie de animação. Do parateatro nasceu (como elo *depois*) o Teatro das Fontes, em que se tratava da fonte de diferentes técnicas tradicionais, do "que precede as diferenças". Nessa pesquisa a abordagem era mais solitária. Trabalhávamos frequentemente ao ar livre e procurávamos sobretudo o que o ser humano pode fazer com a própria solidão, como ela pode ser transformada em uma força e em uma relação com aquilo que é chamado de ambiente natural. "Os sentidos e os seus objetos" (*the senses and their objects*), "a circulação da atenção" (*the circulation of attention*), "a Corrente 'vislumbrada' quando se está em movimento" (*the Current "glimpsed" by one while he is in movement*), "no mundo vivente, o corpo vivente" (*the living body in the living world*) – tudo isso de algum modo se tornou a palavra de ordem do trabalho. Com o Teatro das Fontes chegamos a processos fortes e vivos, mesmo se, por assim dizer, não superamos as fases das tentativas: faltou-nos o tempo necessário para continuar porque o programa foi cortado (tive que deixar a Polônia).

Tanto o parateatro quanto o Teatro das Fontes podem implicar em uma limitação: a de fixar-se no plano "horizontal" (com as suas forças vitais, portanto principalmente corpóreas e instintivas) em vez de decolar desse plano como de uma pista. Se bem que isso seja evitável se se presta muita atenção, é oportuno falar a respeito, porque o predomínio do elemento vital pode bloquear no plano horizontal: não permite passar na ação *acima* daquele plano.

O trabalho atual, que considero para mim como final, como o ponto de chegada, é a arte como veículo. No meu percurso cumpri uma longa trajetória – da arte como apresentação à arte como veículo (que, por outro lado, está ligada aos meus mais velhos interesses). O parateatro e o Teatro das Fontes encontraram-se na linha dessa trajetória.

O parateatro permitiu colocar à prova a essência da determinação: não esconder-se em nada.

O Teatro das Fontes revelou possibilidades reais. Mas ficou claro que não podíamos realizá-las *in toto*, se não passando além de um nível um tanto *"impromptu"*. Nunca rompi com a sede que motivou o Teatro das Fontes. Contudo a arte como veículo não é orientada ao longo do mesmo eixo: o trabalho procura passar, consciente e deliberadamente, acima do plano horizontal com as suas forças vitais, e essa passagem se tornou A saída: a "verticalidade". Por outro lado, a arte como veículo se concentra no rigor, nos detalhes, na precisão comparável àquela dos espetáculos do Teatro Laboratório. Mas atenção!

Não é um retorno em direção à arte como apresentação; é *a outra extremidade da mesma cadeia.*

V

Desse ponto de vista farei algumas especificações sobre o trabalho do meu Workcenter, em Pontedera, na Itália.

No Workcenter, um polo de trabalho é dedicado à formação (no sentido da educação permanente), no âmbito dos cantos, do texto, das ações físicas (análogas àquelas de Stanislávski), dos exercícios "plásticos" e " físicos" para atores.

O outro polo compreende o que avança em direção à arte como veículo. Pretendo dedicar o resto do texto a essa pesquisa, visto que se trata de algo de desconhecido ou, digamos, esquecido no mundo contemporâneo.

Pode-se dizer "arte como veículo", mas também "objetividade do ritual" ou "artes rituais". Quando falo do ritual não me refiro a uma cerimônia, nem a uma festa; e ainda menos a uma improvisação com a participação de gente de fora. Não falo de uma síntese de diversas formas rituais provenientes de lugares diferentes. Quando me refiro ao ritual, falo da sua objetividade; quer dizer que os elementos da Ação são os instrumentos de trabalho *sobre o corpo, o coração e a cabeça dos atuantes.*

Do ponto de vista dos elementos técnicos, na arte como veículo tudo é quase como nas *performing arts*; trabalhamos sobre o canto, sobre os impulsos, sobre as formas do movimento, aparecem também motivos textuais. E tudo sendo reduzido ao estritamente necessário, até criar uma estrutura tão precisa e finita como no espetáculo: *Action*.

Então pode-se colocar a pergunta: qual é a diferença entre essa objetividade do ritual e o espetáculo? A diferença está por acaso unicamente no fato de que não se convida o público?

É uma pergunta legítima; quero então indicar algumas premissas que esclareçam qual é a diferença entre a arte como apresentação (o espetáculo) e a arte como veículo.

Entre outras, a diferença está na sede da montagem.

No espetáculo, a sede da montagem está no espectador; na arte como veículo a sede da montagem está nos *atuantes*, nos artistas que agem.

Quero lhes dar um exemplo de sede da montagem *na percepção do espectador*. Tomemos o Príncipe constante, de Ryszard Cieślak, no Teatro Laboratório. Antes de encontrar-se no trabalho sobre o papel com os seus *partners* no espetáculo, por meses e meses Cieślak tinha trabalhado só comigo. Nada no seu trabalho era ligado ao martírio que, no drama de Calderón/Słowacki, é o tema do personagem do Príncipe constante. Todo o rio da vida no ator era ligado a uma recordação muito distante de toda obscuridade, de todo sofrimento. Os seus longos monólogos eram ligados às ações que pertenciam àquela recordação concreta da sua vida, às menores ações e aos impulsos físicos e vocais daquele momento rememorado. Era um momento da sua vida relativamente breve – digamos algumas dezenas de minutos, quando era adolescente e teve a sua primeira grande, enorme experiência amorosa. Isso se referia àquele tipo de amor que, como pode acontecer só na adolescência, leva toda a sua sensualidade, tudo aquilo que é carnal mas, ao mesmo tempo, detrás daquilo, algo de totalmente diferente que não é carnal ou que é carnal de um outro modo e que é muito mais como uma prece. É como se entre esses dois aspectos, aparecesse uma ponte que é uma *prece carnal*. O momento de que falo era portanto isento de toda conotação tenebrosa, era como se esse adolescente rememorado se liberasse com o seu corpo do corpo mesmo, como se se liberasse – passo a passo – do peso do corpo, de cada aspecto doloroso. E, sobre o rio dos menores impulsos e ações ligados a essa recordação, o ator colocou os monólogos do Príncipe constante.

Sim, o ciclo das associações pessoais do ator pode ser uma coisa e a lógica que aparece na percepção do espectador, uma outra. Mas entre essas duas coisas diferentes deve existir uma relação real, uma só profunda raiz, mesmo se estiver bem escondida. De outro modo, tudo se torna casual, fortuito. No caso do trabalho com Ryzsard Cieślak sobre o Príncipe constante, essa raiz era ligada à nossa leitura – ainda antes de começar o trabalho – do *Cântico Espiritual*, de João da Cruz (que se religa à tradição bíblica do Cântico dos Cânticos). Nessa referência escondida, a relação entre a alma e o Verdadeiro – ou, se quiserem, entre Homem e Deus – é a relação da Amada com o Amado. Foi isso que levou Cieślak à recordação de uma experiência de amor tão única que se tornava uma prece carnal.

Mas o conteúdo do drama de Calderón/Słowacki, a lógica do texto, a estrutura do espetáculo em torno dele e em relação a ele, os elementos narrativos e os outros personagens do drama sugeriam que fosse um prisioneiro e um mártir que tentam quebrar, e que se recusa a submeter-se a leis que não aceita. E através dessa agonia do martírio ele atinge o ápice.

Esta era a história para o espectador, mas não para o ator. Os outros personagens em torno dele, vestidos como procuradores de um tribunal militar, se ligavam à história contemporânea da Polônia. Mas esta alusão específica não era a chave. O fundamento da montagem era a narração (em torno do ator que interpretava o Príncipe constante) que criava a história de um mártir: a encenação, a estrutura do texto escrito e, o que era certamente mais importante, as ações dos outros atores, os quais, por sua parte, tinham motivos próprios. Ninguém procurava interpretar, por exemplo, o procurador militar; cada um interpretava seus casos, questões ligadas à sua vida, estritamente estruturadas e inseridas na forma daquela história "segundo Calderón/Słowacki".

Então, onde apareceu o espetáculo?

Em um certo sentido essa *totalidade* (a montagem) apareceu não no palco, mas na percepção do *espectador*. Sede da montagem era a percepção do espectador. Aquilo que o espectador captava era a montagem querida, enquanto aquilo que os atores faziam é uma outra história.

Fazer a montagem na percepção do espectador não é tarefa do ator, mas do diretor. O ator deve antes procurar *libertar-se* da dependência com relação ao espectador, se não quiser perder a própria semente da criatividade. Fazer a montagem na percepção do espectador é dever do diretor e é um dos elementos mais importantes do seu ofício. Como diretor de *O Príncipe Constante*, trabalhei de modo premeditado para criar esse tipo de montagem e para que a maioria dos espectadores captasse a mesma montagem: a história de um mártir, de um prisioneiro cercado pelos seus perseguidores que procuram quebrá-lo mas, ao mesmo tempo, são fascinados por ele et cetera. Tudo isso foi concebido de maneira quase matemática, para que essa montagem funcionasse e se realizasse na percepção do espectador.

Ao contrário, quando falo da arte como veículo, me refiro a uma montagem cuja sede *não está na percepção do espectador mas nos atuantes*. Não se trata de os diversos atuantes entrarem em acordo sobre qual será a montagem comum, não se trata de compartilhar uma definição qualquer do que farão. Não, nenhum acordo verbal, nenhuma definição; é através das próprias ações que é necessário descobrir como aproximar-se – passo a passo – daquilo que é o essencial. Neste caso, a sede da montagem está nos atuantes.

Podemos usar também uma outra linguagem: o elevador. O espetáculo é como um grande elevador do qual o ator é o ascensorista. No elevador estão os espectadores, o espetáculo os transporta de uma forma de evento a outra. Se esse elevador funciona para os espectadores quer dizer que a montagem é bem feita.

A arte como veículo é como um elevador muito primitivo: é uma espécie de cesto puxado por uma corda, com a ajuda do qual o atuante se eleva rumo a uma energia mais sutil, para descer *com ela* até o corpo instintual. Essa é a *objetividade* do ritual.

Se a arte como veículo funciona, existe essa objetividade e o cesto se move para aqueles que fazem *Action*.

Vários elementos de trabalho são semelhantes em todas as *performing arts*, mas exatamente nessa diferença entre os elevadores (um é o elevador para os espectadores e o outro, aquele primordial, para os atuantes) e, portanto, também na diferença entre a montagem na percepção dos espectadores e a montagem nos artistas que agem está a distinção entre a arte como apresentação e a arte como veículo.

Na arte como veículo o impacto sobre o atuante é o resultado. Mas esse resultado não é o conteúdo; o conteúdo está na passagem do pesado ao sutil.

Quando falo da imagem do elevador primordial e da arte como veículo me refiro à verticalidade. Verticalidade – o fenômeno é de ordem energética: energias pesadas mas orgânicas (ligadas às forças da vida, aos instintos, à sensualidade) e outras energias, mais sutis. A questão da verticalidade significa passar de um nível assim chamado grosseiro – em certo sentido poderíamos dizer "cotidiano" – para um nível energético mais sutil ou mesmo em direção à *higher connection*. Neste ponto, dizer mais não seria certo, indico simplesmente a passagem, a direção. Aqui, há também uma outra passagem: se se aproxima da *higher connection* – isto é, em termos energéticos, se se aproxima da energia muito mais sutil – coloca-se também a questão de descer *trazendo de novo* essa coisa sutil dentro da realidade mais comum, ligada à "densidade" do corpo.

Não se trata de renunciar a uma parte da nossa natureza; tudo deve ter o seu lugar natural: o corpo, o coração, a cabeça, algo que está "sob os nossos pés" e algo que está "sobre a cabeça". Tudo como uma linha vertical, e esta verticalidade deve ser esticada entre a organicidade e *the awareness*. *Awareness*, quer dizer a consciência que não é ligada à linguagem (à máquina para pensar), mas à Presença.

Podemos comparar tudo isso com a escada de Jacó. A Bíblia fala da história de Jacó que adormeceu com a cabeça sobre uma pedra e teve uma visão; viu, em pé, no chão, uma grande escada e percebeu as forças ou – se preferirem – os anjos, que subiam e desciam.

Sim, é muito importante se pudermos fazer, na arte como veículo, uma escada de Jacó; mas para que essa escada funcione, cada degrau deve ser bem feito. Senão a escada se quebrará; tudo depende da competência artesanal com que se trabalha, da qualidade dos detalhes, da qualidade das ações e do ritmo, da ordem dos elementos; tudo deve ser impecável do ponto de vista do ofício. Ao contrário, habitualmente, se alguém procura na arte a sua escada de Jacó, imagina que se ligue simplesmente à boa vontade; então procura algo de amorfo, uma espécie de sopa, e se dissolve nas próprias ilusões. Repito: a escada de Jacó deve ser construída com credibilidade artesanal.

VI

Os cantos rituais da tradição antiga dão um apoio na construção dos degraus daquela escada vertical. Não se trata só de captar a melodia com a sua precisão, se bem que sem isto nada seja possível. Deve-se encontrar também um tempo-ritmo com todas as suas flutuações *dentro* da melodia. Mas, sobretudo, se trata de algo que é uma sonoridade certa: qualidades vibratórias a tal ponto tangíveis que de uma certa maneira se tornam o sentido do canto. Em outras palavras, o canto se torna o próprio sentido através das qualidades vibratórias; mesmo se as palavras não são compreendidas, é suficiente a recepção das qualidades vibratórias. Quando falo desse "sentido", falo ao mesmo tempo também dos impulsos do corpo; isso significa que a sonoridade e os impulsos *são* o sentido, diretamente. Para descobrir as qualidades vibratórias de um canto ritual de uma tradição antiga é preciso descobrir a diferença entre a melodia e as qualidades vibratórias. É muito importante nas sociedades em que a transmissão oral desapareceu. Portanto, é muito importante para nós. No nosso mundo, na nossa cultura, conhece-se, por exemplo, a melodia como uma sucessão de notas, uma transcrição de notas. Isto é a melodia. Não é possível descobrir as qualidades vibratórias se se começa, por assim dizer, a improvisar; não quero dizer que se desafina, mas que se se canta cinco vezes o mesmo canto e a cada vez aparece um diverso, significa que a melodia não foi fixada. A melodia deve ser totalmente fixada, para que se possa desenvolver o trabalho sobre as qualidades vibratórias. Mas se bem que seja absolutamente necessário ser preciso na melodia para descobrir as qualidades vibratórias, a melodia não é o mesmo que as qualidades vibratórias. É um ponto delicado; porque – para usar uma metáfora – é como se o homem moderno não percebesse mais a diferença entre o som de um piano e o de um violino. Os dois tipos de ressonância são muito diversos; mas o homem moderno procura só a linha melódica (a progressão das notas), sem captar as diferenças de ressonância.

 O canto da tradição é como uma pessoa. Quando as pessoas começam a trabalhar com um suposto ritual, por uma grosseria de ideias e de associações, começam a procurar um estado de possessão ou de suposto transe, o que se reduz a um caos e a improvisações em que se faz não importa o quê. É preciso largar mão desses exotismos, é preciso apenas descobrir que o canto da tradição, com os impulsos ligados a ele, é "uma pessoa". E então, como descobrir isso? Só por meio do trabalho; porém posso dar-lhes uma imagem, justamente para que se saiba do que estou falando. Existem cantos antigos de que se descobre facilmente que são mulheres, e há outros deles, masculinos; há cantos em que é fácil descobrir que são adolescentes ou mesmo crianças, é um canto-criança; e outros que são velhos, é um canto-velho. Então pode-se perguntar: esse canto é mulher ou homem? É criança, adolescente, velho? O número de possibilidades é enorme. Mas colocar-se esse tipo de perguntas *não é o método*. Se se transforma em método, vai se tornar *chato e estúpido*. E ainda: um canto da tradição é um ser vivente; sim, nem todo o canto é um ser humano, há o canto-animal, há o canto-força.

Quando se começa a captar as qualidades vibratórias, isso encontra a sua radicação nos impulsos e nas ações. E então, de repente, aquele canto começa a *cantar-nos*. Aquele canto antigo me canta; não sei mais se descubro aquele canto ou se sou aquele canto. Atenção! Atenção! É o momento que requer vigilância, não tornar-se propriedade do canto – sim, *estar em pé*.

O canto da tradição, enquanto instrumento da verticalidade, é comparável ao mantra na cultura hindu ou budista. O mantra é uma forma sonora, muito elaborada, que engloba também a posição do corpo e a respiração, e que faz aparecer uma vibração determinada em um tempo-ritmo a tal ponto preciso que influencia o tempo-ritmo da mente. O mantra é um breve encantamento, eficaz como instrumento; não serve aos espectadores, mas àqueles que o praticam. Também os cantos da tradição servem àqueles que os praticam. Cada um dos cantos, que foram formados em um longuíssimo espaço de tempo e eram utilizados para fins sacros ou rituais (diria que eram utilizados como um elemento de veículo), trazem diversos tipos de resultado. Por exemplo, um resultado, por assim dizer, estimulante ou um resultado que traz calma (este exemplo é simplista e aproximativo, não só porque existem muitíssimas possibilidades, mas sobretudo porque entre elas há aquelas que atingem um âmbito muito mais sutil).

Por que dou o exemplo do mantra e depois me afasto em direção ao canto da tradição? Porque, no trabalho que me interessa, o mantra é menos aplicável, dado que o mantra é distante da abordagem orgânica. Ao contrário, os cantos da tradição (como os cantos da linha afro-caribenha) são radicados na organicidade. É sempre o canto-corpo, não é nunca o canto dissociado dos impulsos da vida que correm através do corpo; no canto da tradição não estão mais em questão a posição do corpo ou a manipulação da respiração, mas sim os impulsos e as pequenas ações. Porque os impulsos que correm no corpo são justamente aqueles que trazem aquele canto.

Existem diferenças impactantes entre cada um dos cantos da tradição. Do ponto de vista da verticalidade em direção ao sutil e da descida do sutil ao nível da realidade mais comum, existe a necessidade de uma estrutura "lógica". Um determinado canto não pode encontrar-se nem um pouco antes nem um pouco depois em relação aos outros cantos – o seu lugar deve ser evidente. De outro lado: diria que depois de um hino com qualidade altamente sutil, se – continuando a linha de *Action* – é preciso descer (por exemplo) ao nível de um outro canto mais instintual, não se deve simplesmente perder esse hino, mas manter dele algo *dentro de si*.

Tudo aquilo que eu disse até agora se refere unicamente a alguns exemplos do trabalho sobre os cantos da tradição. Por outro lado, os degraus dessa escada vertical, que devem ser elaborados com um sólido artesanato, não são apenas os cantos da tradição e a maneira que trabalhamos com eles, mas também o texto enquanto palavra viva, os modelos do movimento, a *lógica* das menores ações (aqui é fundamental, me parece, fazer sempre com que a forma seja precedida por aquilo que deve precedê-la, isto é, manter o processo que conduz à forma). Cada um destes aspectos pediria, a bem dizer, um capítulo à parte.

Gostaria, mesmo assim, de fazer algumas observações ligadas ao trabalho sobre o corpo. Pode-se resolver o problema da obediência do corpo por meio de duas abordagens diversas; não quero dizer que uma abordagem complexa ou dupla seja impossível, mas para ser claro prefiro limitar-me aqui a falar de duas abordagens distintas. Uma primeira abordagem é colocar o corpo em estado de obediência, domando-o. É possível fazer uma comparação com a abordagem no balé ou em certos tipos de "atletismo". O perigo dessa abordagem é que o corpo se desenvolva como uma entidade muscular, portanto não bastante flexível e "vazio" para ser o canal para as energias. O outro perigo – ainda maior – é que o homem encoraje a separação entre a cabeça que dirige e o corpo, que se torna uma marionete manobrada. Todavia, não obstante isso, é preciso sublinhar que os perigos e os limites desta abordagem são superáveis se se trabalha tendo cognição deles e se o instrutor for lúcido – frequentemente se encontram exemplos no trabalho sobre o corpo praticado nas artes marciais.

A outra abordagem é desafiar o corpo. Desafiá-lo dando-lhe tarefas, objetivos que parecem ultrapassar as capacidades do corpo. Trata-se de convidar o corpo ao "impossível" e de fazê-lo descobrir que se pode decompor o "impossível" em pequenos pedaços e tornar possível. Nessa segunda abordagem o corpo se torna obediente sem saber que deve ser obediente. Torna-se um canal aberto às energias e encontra a conjunção entre o rigor dos elementos e o fluxo da vida ("a espontaneidade"). O corpo então não se sente como um animal domado ou doméstico, mas antes como o animal selvagem e digno. A gazela perseguida por um tigre corre com uma leveza, uma harmonia de movimentos incrível. Se a olhamos em câmera lenta em um documentário essa corrida da gazela e do tigre dá uma imagem da vida plena e paradoxalmente alegre. As duas abordagens são totalmente legítimas. No entanto, na minha vida criativa, sempre estive mais interessado na *segunda* abordagem.

VII

Se se procura a arte como veículo, a necessidade de chegar a uma estrutura que possa ser repetida – de chegar, por assim dizer, ao *opus* – é ainda maior do que no trabalho em um espetáculo destinado ao público.

Não se pode trabalhar sobre si (para utilizar a fórmula de Stanislávski), se não se está dentro de algo estruturado que seja possível repetir, que tenha um princípio, um percurso e um fim, onde cada elemento tenha o seu lugar lógico, tecnicamente necessário. *Tudo isso determinado do ponto de vista daquela verticalidade em direção ao sutil e da sua (do sutil) descida em direção à densidade do corpo.* A estrutura elaborada nos detalhes – *Action* – é a chave; se falta a estrutura tudo se dissolve.

Assim, trabalhamos sobre o nosso opus: *Action*. O trabalho ocupa pelo menos oito horas por dia (frequentemente muitas mais), seis dias por semana, e dura anos, de maneira sistemática; compreende os cantos, a partitura das reações, os modelos arcaicos de movimento, a palavra, tão antiga que é quase sempre anônima. E assim chegamos a algo de concreto, com estrutura comparável à de um espetáculo que, porém, não procura criar a montagem na percepção dos espectadores, mas nos artistas *que fazem*.

Na construção de *Action*, a maior parte dos elementos-fonte pertence (de um modo ou de outro) à tradição ocidental. Eles são ligados ao que chamo de "o berço", quer dizer: o berço do Ocidente. Falando por aproximação, sem pretensões de precisão científica, o berço do Ocidente compreendia o antigo Egito, a terra de Israel, a Grécia e a Síria antigas. Existem, por exemplo, elementos textuais dos quais não se pode determinar a procedência, salvo que existe uma transmissão passada pelo Egito, mas existe também uma versão deles em grego. Os cantos iniciáticos que utilizamos (sejam aqueles da África negra como aqueles caribenhos) são radicados na tradição africana; tratamo-los no nosso trabalho como uma referência a algo vivente no antigo Egito (ou nas suas raízes), tratamo-los como pertencentes ao nosso berço.

Mas aqui se coloca um outro problema: não se pode entender realmente a própria tradição (pelo menos no meu caso), sem confrontá-la com um berço diferente. É o que se pode chamar de corroboração. Na perspectiva da corroboração, o berço oriental é para mim muito importante. Não só por motivos técnicos (as técnicas lá eram muito elaboradas), mas por razões pessoais. Porque as próprias fontes do berço oriental tiveram sobre mim um impacto direto quando eu era criança e adolescente, ou seja, bem antes que me ocupasse de teatro. A corroboração abre frequentemente perspectivas inesperadas e rompe os hábitos mentais. Por exemplo, na tradição oriental, aquilo que chamamos de Absoluto pode ser aproximado como a Mãe. Ao contrário, na Europa, a ênfase é colocada mais sobre o Pai. É só um exemplo, mas joga uma luz inesperada também sobre as palavras dos nossos longínquos predecessores no Ocidente. A corroboração técnica é palpável: as analogias e as diferenças são visíveis; dei um exemplo disso quando analisei o funcionamento do mantra e do canto de tradição.

O que eu desejo que se recorde é que no trabalho sobre a arte como veículo no Workcenter, em Pontedera, quando construímos o opus – *Action* – as nossas fontes se referem principalmente ao berço ocidental.

Action: estrutura performática objetivada nos detalhes. Esse trabalho não é destinado aos espectadores, mas às vezes a presença de testemunhas pode ser necessária; de um lado, para que a qualidade do trabalho seja comprovada e, de outro, para que não seja uma questão puramente privada, inútil aos outros. Quem foram as nossas testemunhas? No princípio, eram especialistas e artistas convidados individualmente. Mas, em seguida, convidamos companhias do "teatro jovem" e do teatro de pesquisa. Não eram espectadores (porque a estrutura performática – *Action* – não foi criada visando-os como objetivo), mas em uma certa medida eram *como* espectadores. Quando um grupo teatral nos visitava, ou se a nossa gente visitava um grupo teatral, uns observavam reciprocamente o trabalho dos outros, tanto as "obras" como os exercícios (porém nenhuma participação ativa recíproca, porque não fazemos teatro de participação).

Desse modo, no decorrer dos últimos anos, nos confrontamos com quase sessenta grupos teatrais. Esses confrontos não foram organizados por meio da imprensa ou por pedido escrito. Os encontros foram protegidos de toda a forma de publicidade e tomaram parte deles só o grupo visitante e o grupo que recebia, sem nenhuma outra testemunha externa. Graças a essas precauções, aquilo que tínhamos a dizer-nos depois do confronto do trabalho era bastante livre do temor de sermos criticados, ou de sermos colocados sob uma luz enganadora. É importante que não se tratasse de grupos chegados por meio de um anúncio. Nenhum grupo que se apresentasse por si, só aqueles que encontramos com os nossos meios. Nenhuma burocracia, nenhuma mecanicidade no modo em que se chegou a encontrar uma companhia convidada. Por essa via informal e discreta nos foi possível encontrar também pequenos grupos pobres, que agem sem qualquer publicidade, mas que realmente procuram entender o que funciona e o que não funciona no seu trabalho; entender não teoricamente, não na ordem das ideias, mas através de exemplos artesanais ligados ao ofício.

Isso é só um exemplo de como a arte como veículo, mesmo que isolada, pode todavia manter uma relação viva no campo do teatro, por meio apenas da presença dos colegas de profissão. Não procuramos nunca mudar os objetivos dos outros. Não seria correto, porque os seus esforços se ligam, de uma certa maneira, com uma outra categoria de significados, de circunstâncias de trabalho, de concepções da arte.

VIII

Pode-se trabalhar sobre a mesma estrutura performática em dois registros? Sobre a arte como apresentação (o espetáculo público) e, ao mesmo tempo, sobre a arte como veículo?

Esta é a pergunta que me faço. Teoricamente vejo que deve ser possível; na minha prática fiz essas duas coisas em diferentes períodos da minha vida: a arte como apresentação e a arte como veículo. São possíveis ambas na mesma estrutura performática? Se se trabalha sobre a arte como veículo, mas se quer utilizá-la como algo de espetacular, a ênfase pode ser deslocada facilmente e, portanto, além de qualquer outra dificuldade, o sentido de tudo isso corre o risco de tornar-se equivocado. Assim, poderíamos dizer que é uma questão bem difícil de resolver. Mas se verdadeiramente eu tivesse fé no fato de que, apesar de tudo, pode ser resolvida, seguramente eu estaria tentado a fazê-lo, admito.

É evidente que se no decorrer do nosso trabalho sobre a arte como veículo nos encontramos com quase sessenta grupos, sessenta companhias do "teatro jovem" e do teatro de pesquisa, podia aparecer alguma influência tão delicada que seria *praticamente anônima*, ao nível dos detalhes técnicos, dos detalhes do ofício. Refere-se, por exemplo à precisão – e isso é legítimo. Mas em alguns desses grupos vejo que, pelo próprio fato de terem visto o nosso trabalho sobre a arte como veículo, captam de algum modo o que é, e se perguntam como se aproximar de algo semelhante no próprio trabalho, que porém é destinado a fazer o espetáculo. Se fizerem essa pergunta ao nível mental, formulado, metodológico et cetera, então digo-lhes que não devem nos seguir nesse âmbito, que não devem procurar a arte como veículo no seu trabalho. Mas se a pergunta é suspensa, no ar, quase no subconsciente, para manifestar-se depois de algum modo no trabalho interior ou no trabalho sobre si durante os ensaios – não reajo contra isso. Nesse caso, a pergunta se delineia, mas não é formulada, sequer no pensamento. O momento em que é formulada é muito perigoso, porque se transforma em um álibi para justificar a falta de qualidade do espetáculo. Incentivar alguém a dizer-se: "Farei um espetáculo que é um 'trabalho sobre si'", no mundo assim como é, é incentivá-lo a dizer-se: "Tomo a liberdade de não completar a minha obra diante dos espectadores porque na verdade estou procurando outras riquezas". E aqui estamos já na catástrofe.

IX

Há pouco tempo alguém me perguntou: "Quer que o Centro de Grotowski, depois do seu desaparecimento, continue?" Respondi que não unicamente porque respondia à *intenção* da pergunta; a meu ver a intenção era: "Quer criar um Sistema que pare no ponto em que a sua pesquisa parará e que depois seja ensinado?". Foi por isso que respondi "não". Mas devo reconhecer que se a intenção tivesse sido: "Quer que essa tradição, que em um certo lugar e em um certo tempo você reabriu, quer então que alguém continue essa *pesquisa* sobre a arte como veículo?", não teria podido responder com a palavra "não".

No nosso trabalho há um paradoxo. Nós nos ocupamos da arte como veículo, que pela sua própria natureza não é destinada aos espectadores, mesmo assim temos confrontado esse trabalho com dezenas e dezenas de grupos teatrais; além do mais *sem incentivar* esses grupos a abandonar a arte como apresentação, mas ao contrário na perspectiva de que devem continuá-la. Esse paradoxo é só aparente. Isso pôde acontecer porque a arte como veículo coloca na prática problemas ligados ao ofício enquanto tal, válidos em ambas as extremidades da cadeia das *performing arts*, problemas artesanais.

No Workcenter existe também a formação. No início da quinta seção deste texto assinalei que um polo do trabalho do Workcenter é dedicado à educação permanente no âmbito da arte do ator (se bem que diversos elementos disto sejam ligados também às formas rituais). Os jovens artistas que ficam no Workcenter (por um ano, e às vezes por muito mais tempo) e que participam desse tipo de trabalho, fazem-no na perspectiva do próprio ofício: o ofício de ator e eu utilizo as possibilidades do Workcenter para ser-lhes de ajuda nesse campo. Ao mesmo tempo, não sou surdo à pergunta se o ofício enquanto tal possa sugerir algo do trabalho sobre si. Mas é uma questão extremamente delicada e eu prefiro evitar qualquer doutrinação.

Foi-me dado fazer aparecer no Workcenter o outro polo de trabalho, que se radica na arte como veículo: enquanto tradição e enquanto pesquisa. Ele não compreende diretamente todos aqueles com os quais trabalho. No que diz respeito às pessoas envolvidas diretamente na arte como veículo, não penso nelas como "atores", mas como "atuantes" (aqueles que agem), visto que o seu ponto de referência não é o espectador, mas o itinerário na verticalidade.

No Workcenter tudo aquilo que avança no sentido da arte como veículo foi confrontado com os grupos teatrais visitantes. E mesmo se surgiram para alguns conclusões práticas, o tempo limitado de tais encontros não permite uma eventual suposição de que se trate de "meus alunos". Com a arte como veículo somos só uma extremidade da longa cadeia e essa extremidade deveria permanecer em contato – de um modo ou de outro – com a outra extremidade, que é a arte como apresentação. Ambas extremidades pertencem à mesma vasta família. Entre elas deveria ser possível a passagem: das descobertas técnicas, da consciência artesanal... Tudo isso deve poder passar, se não queremos ser completamente cortados fora do mundo. Lembro-me daquele capítulo do chinês *I Ching*, o antigo Livro das Mutações, em que se diz que o poço pode ser bem escavado e a água dentro dele pura, mas se ninguém atinge a água daquele poço, irão habitá-la os peixes e a água vai estragar-se.

De outro lado, se fazemos esforços para exercitar uma influência, há o perigo da mistificação. Prefiro portanto não ter esses alunos que levem ao mundo a Boa Nova. Mas se chega aos outros uma mensagem de rigor, de exigência consigo mesmos, que reflita certas leis da "vida na arte", então é uma outra questão. Essa mensagem pode resultar mais transparente do que aquela colorida por uma tarefa missionária ou por uma exclusividade da orientação.

Na história da arte (e não só da arte) podemos encontrar inumeráveis exemplos de como uma influência *procurada* ou morre rapidamente ou então se transforma em caricatura, em um desvirtuamento tão radical que frequentemente é difícil reencontrar na imagem divulgada mesmo que seja um traço daquilo que era a fonte. Por outro lado, existem aquelas influências anônimas. Ambas as extremidades da cadeia (a arte como presentação e a arte como veículo) deveriam existir: uma visível – pública – e a outra quase invisível. Por que digo "quase"? Visto que se fosse inteiramente escondida não poderia dar vida às influências anônimas. Portanto deve ficar invisível, mas *não completamente*.

Da Companhia Teatral à Arte Como Veículo
O presente texto se baseia nas transcrições de duas conferências de Jerzy Grotowski: em outubro de 1989, em Módena, e em maio de 1990 na University of California, Irvine.

Jerzy Grotowski, "Dalla compagnia teatrale a L'arte come veicolo" em Thomas Richards, *Al lavoro con Grotowski sulle azioni fisiche*, Milano, 1993.

Segundo a vontade do autor, o texto foi traduzido das versões inglesa (Routledge, 1995) e francesa (Actes Sud, 1995) consideradas a redação definitiva de "Da Companhia Teatral à Arte como Veículo".

A redação definitiva apresenta inserções e cortes com relação às precedentes publicações italianas.

Teatrografia

Os espetáculos estão elencados em ordem cronológica, exceto as variantes de um mesmo espetáculo: nesse caso preferiu-se apresentar as diversas versões na sequência. Nas versões subsequentes à primeira indicou-se o *cast* artístico exclusivamente no caso de alterações: onde não aparece deve-se portanto considerá-lo idêntico à precedente.
O Teatro das 13 Filas – que, como aqui referido, no decorrer do tempo mudou várias vezes a própria denominação – era dirigido, desde a fundação, como geralmente os teatros na Polônia, por um diretor artístico (Jerzy Grotowski) e por um diretor literário (Ludwik Flaszen).
A reconstrução da presente teatrografia baseia-se naquela elaborada por Zbigniew Osiński no seu *Grotowski i jego Laboratorium*, Warszawa, 1980.

Orfeu (*Orfeusz*), de Jean Cocteau. Adaptação e direção: Jerzy Grotowski; cenografia: Jerzy Jeleński. Atores: Adam Kurczyna (Orfeu), Barbara Barska (Eurídice), Zygmunt Molik (Eurtebise), Stanisław Szreniawski (Cavalo), Rena Mirecka (Morte), Antoni Jahołkowski (Azrael, Primeiro ajudante da Morte), Tadeusz Bartkowiak (Rafael, Segundo ajudante da Morte). Opole, Teatro das 13 Filas, 8 de outubro de 1959.

Caim (*Kain*), grotesco ou mistério, de George Gordon Byron. Adaptação e direção: Jerzy Grotowski; cenografia: Lidia Minticz e Jerzy Skarżyński; direção literária: Ludwik Flaszen. Atores: Zygmunt Molik (Alfa e Ômega), Tadeusz Bartkowiak (Caim), Stanisław Szreniawski ou Andrzej Bielski (Abel), Adam Kurczyna (Cordeiro, Enoch), Antoni Jahołkowski (Adão), Rena Mirecka (Eva), Barbara Barska (Ada). Opole, Teatro das 13 Filas, 30 de janeiro de 1960 (primeira representação na Polônia).

Mistério Bufo (*Misterium buffo*), em três partes, segundo Vladimir Maiakóvski. Adaptação e direção: Jerzy Grotowski; cenografia: Hieronymus Bosch com a colaboração de Wincenty Maszkowski; assistente de direção: Rena Mirecka; direção literária: Ludwik Flaszen. Atores: Rena Mirecka, Tadeusz Bartkowiak, Andrzei Bielski, Antoni Jahołkowski, Adam Kurczyna, Zygmunt Molik. Opole, Teatro das 13 Filas, 31 de julho de 1960.

Sakuntala, antigo drama erótico indiano em dois atos, segundo Kalidasa. Adaptação e direção: Jerzy Grotowski; figurinos: as crianças da Escola de Arte de Opole; arquitetura cênica: Jerzy Gurawski; assistentes de direção: Rena Mirecka e Antoni Jahołkowski; direção literária: Ludwik Flaszen. Atores: Rena Mirecka (Sakuntala), Zygmunt Molik (Rei Dusyanta), Antoni Jahołkowski (Jogral, Pescador), Barbara Barska (Anasuya), Ewa Lubowiecka (Priyamvada), Andrzej Bielski (Primeiro Iogue), e muitas outras pessoas, animais, pássaros e plantas, para não falar dos insetos. Opole, Teatro das 13 Filas, 13 de dezembro de 1960 (primeira representação na Polônia).

Os Antepassados (*Dziady*), palavras de Adam Mickiewicz. Adaptação e direção: Jerzy Grotowski; arquitetura: Jerzy Gurawski; figurinos e objetos de cena: Waldemar Krygier; assistente de direção: Rena Mirecka; direção literária: Ludwik Flaszen. Atores: Ewa Lubowiecka, Rena Mirecka, Andrzej Bielski, Zbigniew Cynkutis, Antoni Jahołkowski, Zygmunt Molik. Opole, Teatro das 13 Filas, 18 de junho de 1961.

Kordian, segundo Juliusz Słowacki. Adaptação e direção: Jerzy Grotowski; arquitetura: Jerzy Gurawski; figurinos e objetos de cena: Lidia Minticz e Jerzy Skarżyński; assistente de direção: Rena Mirecka; direção literária: Ludwik Flaszen. Atores: Zygmunt Molik (Doutor, Satanás, Guardião do jardim, Papa, Czar, Desconhecido), Antoni Jahołkowski (Guardião, Presidente), Zbigniew Cynkutis (Kordian), Rena Mirecka (Bruxa, Laura), Maja Komorowska e Ewa Lubowiecka (Segunda Bruxa, Violeta), Ryszard Cieślak (Primeiro Louco, Mefistófeles, Gregório, Padre, Imaginação), Andrzej Bielski (Velho, Medo), Aleksander Kopczewski (Segundo Louco, Gregório). Opole, Teatro das 13 Filas, 13 de fevereiro de 1962.

Akropolis, com as palavras de Stanisław Wyspiański. Variante I. Adaptação: Jerzy Grotowski; realização: Józef Szajna e Jerzy Grotowski; arquiteto: Jerzy Gurawski; diretor-assistente: Eugenio Barba; direção literária: Ludwik Flaszen. Atores: Maja Komorowska, Rena Mirecka, Zygmunt Molik, Zbigniew Cynkutis, Antoni Jahołkowski, Ryszard Cieślak, Andrzej Bielski. Opole, Teatro Laboratório das 13 Filas, 10 de outubro de 1962.

Akropolis. Variante II. Atores: Rena Mirecka, Zygmunt Molik, Zbigniew Cynkutis, Antoni Jahołkowski, Ryszard Cieślak, Maciej Prus, Andrzej Bielski. Opole, Teatro Laboratório das 13 Filas, 24 de novembro de 1962.

Akropolis. Variante III. Diretores-assistentes: Eugenio Barba e Ryszard Cieślak. Atores: Rena Mirecka, Zygmunt Molik, Andrzej Bielski, Ryszard Cieślak, Antoni Jahołkowski, Mieczysław Janowski, Gaston Kulig. Opole, Teatro Laboratório das 13 Filas, 10 de junho de 1964.

Akropolis. Variante IV. Wrocław, Teatro Laboratório das 13 Filas, 16 de janeiro de 1965.

Akropolis. Variante V. Colaboração à direção: Ryszard Cieślak. Atores: Zygmunt Molik (Jacó, Arpista), Rena Mirecka (Rebeca, Cassandra), Antoni Jahołkowski (Isaac, Guarda), Ryszard Cieślak (Esaú, Heitor), Zbigniew Cynkutis (Labão, Páris), Stanisław Scierski (Lia, Helena), Andrzej Paluchiewicz. Wrocław, Teatro Laboratório – Instituto de Pesquisa sobre o Método do Ator, 17 de maio de 1967.

A Trágica História do Doutor Fausto (*Tragiczne dzieje Doktora Fausta*), palavras de Christopher Marlowe. Adaptação e direção: Jerzy Grotowski; arquitetura: Jerzy Gurawski; figurinos: Waldemar Krygier; diretor-assistente: Eugenio Barba; direção literária: Ludwik Flaszen. Atores: Zbigniew Cynkutis (Fausto), Rena Mirecka e Antoni Jahołkowski (Mefistófeles), Ryszard Cieślak (Wagner, Valdes, Benvolio), Maciej Prus (Kuba), Zygmunt Molik (Velho, Bartek), Andrzej Bielski (Cornélio, Cardeal, Imperador, Frederico), Tune Bull (Helena de Troia). Opole, Teatro Laboratório das 13 Filas, 23 de abril de 1963 (primeira representação na Polônia).

Estudo sobre Hamlet (*Studium o Hamlecie*), sobre textos de William Shakespeare e Stanisław Wyspiański. Adaptação e direção: a Companhia sob a direção de Jerzy Grotowski; diretor-assistente: Ryszard Cieślak; direção literária: Ludwik Flaszen. Atores: Zygmunt Molik (Hamlet), Rena Mirecka (Regina e Ofélia), Antoni Jahołkowski (Rei), Gaston Kulig (Polônio etc.), Ryszard Cieślak (Espírito do Pai, Rosenkrantz etc.), Andrzej Bielski (Guildenstern etc.), Mieczysław Janowski (Laerte etc.). Opole, Teatro Laboratório das 13 Filas, 17 de março de 1964.

O Príncipe Constante (*Książę Niezłomny*), com as palavras de Calderón--Słowacki. Variante I. Adaptação e direção: Jerzy Grotowski; arquitetura: Jerzy Gurawski; figurinos: Waldemar Krygier; direção literária: Ludwik Flaszen. Atores: Ryszard Cieślak (Príncipe constante), Rena Mirecka

(Fênix), Antoni Jahołkowski (Rei), Maja Komorowska (Tarudante), Mieczysław Janowski (Muley), Gaston Kulig (Henrique). Wrocław, Teatro Laboratório das 13 Filas, 25 de abril de 1965.

O Príncipe Constante. Variante II. Atores: Stanisław Scierski subsititue Gaston Kulig como Henrique. Wrocław, Teatr Laboratorium das 13 Filas – Instituto de Pesquisa sobre o Método do Ator, 14 de novembro de 1965.

O Príncipe Constante. Variante III. Atores: Ryszard Cieślak (Príncipe Constante), Rena Mirecka (Fênix), Antoni Jahołkowski (Rei), Zygmunt Molik (Tarudante), Zbigniew Cynkutis (Muley), Stanisław Scierski (Henrique). Wrocław, Teatro Laboratório – Instituto de Pesquisa sobre o Método do Ator, 19 de março de 1968.

Os Evangelhos (Ewangelie). Direção: Jerzy Grotowski; figurinos: Waldemar Krygier; direção literária: Ludwik Flaszen. Atores: Antoni Jahołkowski (Pedra), Zbigniew Cynkutis o Zygmunt Molik (Lázaro), Stanisław Scierski (João), Maja Komorowska e Rena Mirecka (Marias Madalenas), Sylvie Belai e Elizabeth Albahaca (Jovenzinhas), Ryszard Cieślak (O Amado), Ewa Benesz, Bernadette Landru, Mieczysław Janowski, Czesław Wojtala, Andrzej Paluchiewicz, Henryk Klamecki. Wrocław, Teatro Laboratório – Instituto de Pesquisa sobre o Método do Ator, ensaio aberto: 20 de março de 1967.

Apocalypsis cum figuris, citações da Bíblia, Feodor Dostoiévski, Thomas S. Eliot, Simone Weil. Versão I. Adaptação e direção: Jerzy Grotowski; codireção: Ryszard Cieślak; figurinos: Waldemar Krygier; direção literária: Ludwik Flaszen. Atores: Antoni Jahołkowski (Simão Pedro), Zygmunt Molik (Judas), Zbigniew Cynkutis (Lázaro), Rena Mirecka ou Elizabeth Albahaca (Maria Madalena), Stanisław Scierski (João), Ryszard Cieślak (o Escuro). Wrocław, Teatro Laboratório – Instituto de Pesquisa sobre o Método do Ator, 19 de julho de 1968 (pré-estreia fechada), 11 de fevereiro de 1969 (estreia oficial).

Apocalypsis cum figuris. Versão II. Animador: Jerzy Grotowski. Wrocław, Instituto do Ator – Teatro Laboratório, junho de 1971.

Apocalypsis cum figuris. Versão III. Wrocław, Instituto do Ator – Teatro Laboratório, 23 de outubro de 1973.

Este livro foi impresso na cidade de Cotia
nas oficinas da Meta Brasil,
para a Editora Perspectiva e Edições SESC SP,